高校辅导员
工作典型案例集

主 编 舒 琳
副主编 易 虹 孟丽萍 沈成晨 杨景森

人民交通出版社股份有限公司
北 京

内 容 提 要

高等院校是培养各类专业人才的基地,作为高等教育事业的一部分,学生管理工作显得尤为重要。而作为承担高校学生思想政治教育和日常管理工作的骨干力量,高校辅导员扮演着重要的角色。

本书收录的是重庆交通大学部分学院辅导员长期从事学生教育管理工作中亲历的九十个精选案例。按照教育部辅导员职业能力标准,本书内容分为十个篇章:思想教育篇、班级管理篇、学风建设篇、日常事务篇、心理健康篇、网络媒体篇、危机事件篇、就业创业篇、理论实践篇、疫情防控期间学生管理篇。

希望每个案例都能为高校辅导员提供一定借鉴作用,提供一定的操作性参考。

图书在版编目(CIP)数据

高校辅导员工作典型案例集/舒琳主编.—北京:
人民交通出版社股份有限公司,2021.6
ISBN 978-7-114-17283-0

Ⅰ.①高… Ⅱ.①舒… Ⅲ.①高等学校-辅导员-工作-案例 Ⅳ.① G645.1

中国版本图书馆 CIP 数据核字(2021)第 081015 号

Gaoxiao Fudaoyuan Gongzuo Dianxing Anliji
书　　名：**高校辅导员工作典型案例集**
著 作 者：舒　琳
责任编辑：李　瑞
责任校对：孙国靖　魏佳宁
责任印制：刘高彤
出版发行：人民交通出版社股份有限公司
地　　址：(100011)北京市朝阳区安定门外外馆斜街 3 号
网　　址：http://www.ccpcl.com.cn
销售电话：(010) 59757973
总 经 销：人民交通出版社股份有限公司发行部
经　　销：各地新华书店
印　　刷：北京虎彩文化传播有限公司
开　　本：787×1092　1/16
印　　张：13.25
字　　数：265 千
版　　次：2021 年 6 月　第 1 版
印　　次：2024 年 1 月　第 8 次印刷
书　　号：ISBN 978-7-114-17283-0
定　　价：50.00 元

(有印刷、装订质量问题的图书由本公司负责调换)

编写委员会

主　编　舒　琳
副主编　易　虹　孟丽萍　沈成晨　杨景森
编　委　（按姓氏笔画数排序）
　　　　　王　成　王　迪　王　辉　白　雪　全纪宇　刘　佳　李立国　李河星　李炳宏
　　　　　杨在兰　余　情　张一帆　张小琴　张荣杰　林　敏　秦静波　唐健斌　陶晓刚
　　　　　彭　睿　曾兴祁　谢晓锐　蔡　莉　谭　涛

主编简介

舒琳，女，汉族，四川成都人，硕士，讲师。现为重庆交通大学土木工程学院党委副书记，重庆交通大学首批辅导员名师工作室"舒琳工作室"负责人。擅长大学生情商理论与实践研究。开设《大学生情商与成功就业》和《大学生职业生涯规划与就业指导》等课程，出版专著1部。近20年主要从事高校大学生思想政治教育管理工作，致力于大学生思想政治教育和情商教育实践。多年来，以德立身，静心从教，潜心育人，深受广大学生欢迎。

前言

高等院校是培养各类专业人才的基地,作为高等教育事业一部分的学生管理工作尤为重要。

而作为承担高校学生思想政治教育和日常管理工作的骨干力量,高校辅导员扮演着重要的角色。他们与学生朝夕相处,是大学生学习上的良师和生活上的益友,指导学生健全品格的形成、正确人生观的确立,引导大学生健康成长,顺利完成学业,最终成才,成为对国家和社会有用的人。

高校辅导员在学生日常教育管理工作中,经常会遇到一些棘手的学生管理案例。这些案例虽小,但具有代表性和典型性。能否及时迅速妥善处理、解决根本问题,是对辅导员工作能力的考验,也会对学生产生较大影响。

日常典型案例有共性,若能加以分析梳理和反思提炼,就能总结出处理此类管理问题的指导性意见或经验。每个案例都是发生在学生和辅导员身边的真实事件,与其工作、学习、生活密切相关,可感可触,能够为大学生们提供遇到类似问题的解决办法;能够提高辅导员的综合素质和处理学生事务的职业能力,为高校辅导员提供一定借鉴。尤其对新入职的辅导员来说,可提供一定的操作性参考,避免走弯路、重复路。

本书收录的是重庆交通大学部分学院辅导员长期从事学生教育管理工作中亲历的90个精选案例。按照教育部辅导员职业能力标准,本书内容分为10个篇章:思想教育篇、班级管理篇、学风建设篇、日常事务篇、心理健康篇、网络媒体篇、危机事件篇、就业创业篇、理论实践篇、疫情防控期间学生管理篇。

本书在编写过程中力求原创,同时也参阅和借鉴了部分高校辅导员的研究成果,参考了类似教材和大量文献、文件资料。编委们撰写案例数分别为:谭涛5篇,王辉5篇,孟丽萍5篇,沈成晨5篇,张荣杰5篇,曾兴祁5篇,李河星5篇,舒琳4篇,杨景森4篇,王成4篇,余情4篇,王迪4篇,彭睿4篇,李炳宏4篇,杨在兰4篇,易虹3篇,全纪宇3篇,刘佳3篇,李立国3篇,张小琴3篇,唐健斌2篇,陶晓刚2篇,张一帆2篇,蔡莉2篇,对此深表感谢。

编者均为从事一线学生工作的辅导员,书中难免有不妥和瑕疵,恳请读者批评指正。

主编

2021年3月

目录

第一篇　思想教育篇 ··· 1

案 例 一　保持初心看世界 ··· 2
案 例 二　"另类"学生，你选择"躲"还是"惹" ······························ 4
案 例 三　做一个倾听者 ·· 6
案 例 四　学霸也有烦恼 ·· 8
案 例 五　大学生扶贫还需扶志 ·· 10
案 例 六　用爱打开学生的心灵之窗 ··· 12
案 例 七　电影沙龙，价值引领的新尝试 ······································ 14

第二篇　班级管理篇 ·· 17

案 例 八　共绘班级同心圆 ·· 18
案 例 九　让学生干部成为左膀右臂 ··· 20
案 例 十　经营好我的大学 ·· 21
案例十一　培养学生责任心，提升学生执行力 ······························· 23
案例十二　完善党员发展制度，提升党支部活力 ···························· 25
案例十三　创新党建工作出成效 ·· 27
案例十四　一名专科学生的逆袭 ·· 29
案例十五　沟通是一剂良药 ··· 31

第三篇　学风建设篇 ·· 35

案例十六　探索专业兴趣，寻找努力方向 ····································· 36
案例十七　多一分鼓励，多一分力量 ··· 38
案例十八　迈向科研之门，从第一份项目申报书开始 ······················· 40

案例十九	16岁的孩子在等待中迷失自我	42
案例二十	学习时别被功利思想熏晕了头	43
案例二十一	学生对专业不满意的处理之道	46
案例二十二	让留级生重塑自我	48
案例二十三	帮助降级学生重拾信心	49
案例二十四	学会面对不如意	52

第四篇 日常事务篇 …… 55

案例二十五	做好大学新生的引路人	56
案例二十六	用心做事，用爱感化	58
案例二十七	国家助学金评定过程中的"异议"之声	60
案例二十八	贫困生认定中的"富二代"	62
案例二十九	别让精致的利己主义者抬头	64
案例三十	再回首，网贷差点无归途	66
案例三十一	一句话引起的"血腥互斗"	68
案例三十二	宿舍恶习不改招来拳脚大餐	70
案例三十三	寝室似家不是家	72
案例三十四	新生换宿舍风波	74
案例三十五	打开心结，营造和谐宿舍氛围	76
案例三十六	文明寝室之塑造攻略	78
案例三十七	女生宿舍隐藏着另外一个"江湖"	80
案例三十八	沟通不畅引发寝室矛盾升级	82
案例三十九	用爱打开自卑的枷锁	84
案例四十	作弊后，流下悔恨的一滴泪	86

第五篇 心理健康篇 …… 89

案例四十一	与抑郁症大学生的近距离接触	90
案例四十二	失恋让他心如刀绞	92
案例四十三	为情所困两次自杀	94
案例四十四	防微杜渐，关注学生心理健康	95
案例四十五	消除疑虑，让心中充满阳光	97
案例四十六	在学习和工作的天秤中寻找平衡	99
案例四十七	关爱精神紊乱者	101

| 案例四十八 | 正视自己，赶走心魔 | 103 |
| 案例四十九 | 不必预支明天的烦恼 | 106 |

第六篇　网络媒体篇 109

案例五十	青年说：一个为青年发声的平台	110
案例五十一	行走在网络安全的边缘	112
案例五十二	戒赌瘾，用爱挽回悬崖边上的孩子	114
案例五十三	让网络空间更友善	116
案例五十四	网络平台是一把"双刃剑"	118
案例五十五	玩转新媒体，凝聚新青年	120
案例五十六	以爱之心，解千千结	122

第七篇　危机事件篇 125

案例五十七	别把学生的安全交给侥幸	126
案例五十八	家长是学生的心灵导师	128
案例五十九	分手时借酒浇愁，险些走上不归路	129
案例六十	午夜时分学生突发疾病	132
案例六十一	逃生演练之后又上了一课	134
案例六十二	小小电吹风酿火灾	136
案例六十三	QQ被盗后网络转账陷阱多	138
案例六十四	"网络刷单"套路深	140
案例六十五	果然是吃货，学生宿舍烫火锅	142

第八篇　就业创业篇 145

案例六十六	守得云开见月明	146
案例六十七	考研还是工作，站在人生的十字路口	148
案例六十八	研究生就业毁约面面观	150
案例六十九	热衷写网络小说的学生	152
案例七十	给一位大三学生的回信	154
案例七十一	"情商"决定人生的高度	156
案例七十二	走技术路还是管理路成为择业难题	158
案例七十三	在考研和就业中摇摆	160
案例七十四	生涯规划要当先	162

案例七十五　兜兜转转，弃稳求搏 …………………………………… 163
案例七十六　公考上岸路更宽 ………………………………………… 166
案例七十七　用一年的时间，做一生难忘的事 ……………………… 168

第九篇　理论实践篇 …………………………………………………… 171

案例七十八　辅导员专业化发展之路 ………………………………… 172
案例七十九　学生该多进行自我管理 ………………………………… 173
案例 八十　锻炼学生干部从有效选拔干部开始 ……………………… 175
案例八十一　激励学生常听讲座，促进科研素养提升 ……………… 177
案例八十二　网贷之伤，磁力附体难回头 …………………………… 180
案例八十三　学生工作无小事 ………………………………………… 182
案例八十四　如何缓解紧张的师生关系 ……………………………… 184

第十篇　疫情防控期间学生管理篇 …………………………………… 187

案例八十五　疫情期间困扰多，疏导情绪理思绪 …………………… 188
案例八十六　一句牢骚，变成全民谴责的焦点 ……………………… 191
案例八十七　疫情阻不断工作，远程心与心相连 …………………… 193
案例八十八　宅家当厨神，乡味秀起来 ……………………………… 195
案例八十九　疫情无情人心有爱 ……………………………………… 197
案例 九十　面对就业，选择性逃避可取吗？ ………………………… 200

第一篇
思想教育篇

本篇涵盖思想理论教育和价值引领。辅导员要引导学生深入学习习近平新时代中国特色社会主义思想,深入开展中国特色社会主义、中国梦宣传教育和社会主义核心价值观教育,帮助学生不断坚定中国特色社会主义道路自信、理论自信、制度自信、文化自信,牢固树立正确的世界观、人生观、价值观。辅导员也要掌握学生思想行为特点及思想政治状况,有针对性地帮助学生处理好思想认识、价值取向、学习生活、择业交友等方面的具体问题。

案例一 保持初心看世界

一、案例呈现

L同学，男，某学院某专业某班学生，平时遵守纪律、成绩良好，但在大四第一学期连续旷课三次。该生辅导员发现后，找到他的室友了解情况。室友反映L同学正在准备考研，平时常在教室复习，晚上才回寝室休息，最近与他交流比较少。了解情况后，辅导员约L同学进行了单独交流。

谈话起初，L同学比较警觉，只说他确实在准备考研，而且准备报考一所985高校，压力比较大，所以不去上课，选择专心复习。辅导员随即询问了他复习的进度，跟他分享了一些学习方法和各科目考试技巧。随着聊天的深入，L同学渐渐卸下心防，说自己对专业有些怀疑，虽然现在考研也选择相近专业，但并不确定是否适合自己。辅导员问他当初选的专业是不是自己的志向，他表示是和家人一起商量选定的，自己也并不反感。当时认识并没有那么清晰，而且周围的人都说这个专业以后好找工作，工资高，于是自己就欣然接受了。辅导员依此判断他对自己的专业认知和职业规划并不清晰，当初选择专业时受到周围人的意见影响并过度相信周围人的建议，现在的疑惑应该是在大学期间产生的，于是便让他说说是因为什么事情对自己的专业有了不一样的想法。他表示在外出实习时跟一个前辈聊天，前辈半开玩笑地说："这个专业又苦又累，工资是高，但是长期都在偏远地区，有钱也没地方花，陪家人的时间也少，如果要回城市就得往上爬，就要会喝酒、会说话、会处世。"他评估了一下自己，做事踏实，但是性格内向，愿意吃苦，但不想在基层待一辈子，于是开始怀疑自己是否适合从事与自己专业相关的职业，最终决定通过考研提升学历，提升竞争力，避免以后回不了城市。

二、分析处理

了解到L同学内心的真实想法后，该生辅导员判断这是关于考研动机、职业规划、自我评价、价值观、世界观等方面认知的问题，于是采取以下做法：

1. 帮助该生认识清晰自己是否热爱就读专业

辅导员引导该生主动思考，不考虑未来的就业环境、晋升渠道等，只考虑在大学里学习这个专业自己是否喜欢，学习这个专业能做什么有意义的事情。该生表示如果不考虑其他的情况，他还是挺喜欢自己的专业，学好了可以为国家基础设施建设贡献一份力量，感觉也挺有意义的。辅导员根据此情况继续强化引导，问其考研并没有换其他专业是不是因为自己还是不想放弃这个专业，学生没有思考就做了肯定回答。最终，通过辅导员层层引导，启发该学生得出结论：他热爱自己的专业。

2. 帮助该生认识自己是否适合从事与本专业相关的工作

接下来辅导员问从事与本专业相关的工作需要哪些能力，学生表示需要专业知识，然后愿意去基层做事。辅导员问，你已经有了一定的专业基础知识，愿意去做这些具体的工作吗？学生表示自己是农村的，这些苦也不算苦。最终辅导员通过逐级引导帮助学生得出结论：自己适合从事该专业相关工作。

3. 帮助该生正确认识职场中的人际关系

学生表示自己能够在基层工作，但特别强调不能在基层待一辈子，因为还要照顾家庭和父母。辅导员表示理解，然后问他是否选择去基层的人都会一辈子待在那里。他表示也不是，很多人都能晋升的，但是会喝酒、会说话的员工晋升得很快。辅导员反问他是不是会喝酒、会说话就一定升得比踏踏实实做事的人快。学生想了一下表示也不是，但是会喝酒、会说话是很大的优势。这种现象确实存在，但是职场的核心是工作，不管是不是基层工作人员，都需要围绕工作发展人际关系，做好本职工作才能得到上司和同事的认可，也才有晋升的机会。

能喝酒和会说话等都是处理人际关系的一些手段，能力强、人际关系好的人当然更有竞争优势，但是只把心思放在处理人际关系上却没有核心竞争力的人在职场中肯定是走不远的。处理人际关系的方法有很多种，乐于助人、踏实真诚的人也会受到领导和同事的青睐。每个人都有向别人表示善意的方法，让人感受到善意和真诚就是建立良好人际关系的基础，后续的维持和建设也依赖于个人的修养和品德。

4. 帮助该生重新审视考研动机

认识到自己热爱本专业且适合从事与本专业相关的工作后，接下来辅导员让L同学考虑考研动机问题。研究生学习专业性更强，学生将主要从事科学研究工作。一般来说在职场上学历高是优势，但对于具体工作也不一定符合，有时经验比学历更重要，关键看自己是否注意积累和总结，学生需要根据自己专业就业的实际情况进行分析和选择。

5. 课堂纪律问题

基于前期谈话比较顺利，谈到课堂纪律问题的时候学生态度很好，承认自己旷课是不对的，违反了课堂纪律，考研复习不应该成为旷课的理由，自己会改正。看到他这么坦诚，辅导员也建议他合理安排复习时间，同时可以和任课老师沟通，争取更多的支持，这样整个环境和心态都会更有利于他专心复习。

三、反思启示

1. 简单的一个纪律问题,背后的原因并不简单。辅导员不能凭空臆断,一开始就进行批评教育。这样学生就会产生逆反情绪,不能继续深入交流,也就无法了解学生真实的想法。

2. 谈心谈话要以学生为中心,以引导启发为主,可以利用一些学生需要的实用经验和技巧打开话题,表达出善意和真诚,并在谈话过程中思考判断、抽丝剥茧,帮助他们认清自己内心的需求,强化他们的信心,支持他们的决定。

3. 很多时候学生本身有正确的是非观和世界观,心思单纯,但当他们接触社会的时候有时候只是看到了表面上不符合他们认知的事物,尤其是道听途说,于是开始怀疑自己的判断和观念。辅导员要做的就是分析社会现象及背后的原因,帮助他们正确认识社会问题的复杂性和隐匿性,坚定他们本身正确的世界观、价值观,让他们继续保持纯真的初心看待世界。

案例二 "另类"学生,你选择"躲"还是"惹"

一、案例呈现

H同学为某学院某专业某班学生,男,成绩较差,性格内向,较为懒散,对集体不关心、不热心。该同学所在专业女生较多,一个班男生仅3人。由于自己表现一般,有时还被老师批评,该同学对某些现象看不惯,想不明白,思想较为消极,抵触情绪较重。

某次,该生辅导员给该同学班级上课,由于天气较热,就问有没有同学愿意帮忙去一楼管理员处取空调遥控板。H同学身边一男生刚起身想去拿遥控板,便被他一把拽住。辅导员目睹这一幕,非常惊讶。被拽住的同学赶紧低下头,H同学仰着头与辅导员对视,犀利的眼神似乎告诉辅导员:你别想让他去。

后来,其他女同学见状赶紧去取了遥控板,大家才得以在凉爽舒适的环境中上完了两节课。

二、分析处理

第一节课课间休息的时候,H同学主动找到辅导员,用挑衅的口吻说想跟辅导员聊聊。于是,两节课后辅导员留出足够的时间,找了安静的环境和H同学聊天。由于是H同学主动提出想聊聊,辅导员心想他必然有情绪需要发泄、有事情需要吐槽,于是请他先说。总结下来，H同学想表达的主要有三点：第一，大家都是学生，都是平等的，为什么一定要默认男生去取遥控板？第二，辅导员不应该开车来上课，办公室离教室不是很远，不该低碳出行吗？第三，刚才上课时辅导员列举的案例他不认同，他觉得优秀不是那样定义的，他更不会那样做。

听完H同学的话，辅导员很真诚地表示感谢H同学的信任，并就上述三个问题进行了相应的解释，表示会接受建议，逐渐改进，也欢迎H同学能继续表达自己的想法和意见。

事后，辅导员陷入深深的思考：辅导员的本职工作是什么？初心是什么？任务是什么？

思前想后，辅导员决定继续"惹"H同学。无论上课还是日常工作，辅导员对H同学都加倍关注，上课刻意点名让他回答问题，课后常找他聊天，时常深入宿舍探望他，并顺便交流。一两个月后，辅导员发现H同学的眼光不再犀利，言辞也变得柔和，慢慢地打开心扉，师生关系逐步走向融洽。

就业招聘季，来了一家大家心仪的企业参与招聘，由于名额有限，竞争异常激烈。H同学也投递了自荐材料，但由于成绩和优势不突出，只是抱着打酱油的心态试试。没想到的是，该单位由于自身原因，只招收川渝两地生源，北方同学不予考虑。非常不凑巧，H同学正好来自北方。当招聘官宣布这条规则时，H同学感到非常无奈。辅导员看在眼里，记在心里，决定尝试帮他争取这个机会。

经过辅导员的软磨硬泡，该单位答应给H同学一个机会。于是，辅导员又耐心给予H同学面试技巧指导，使他顺利被该单位录用。

这件事似乎成了一个转折点。H同学像脱胎换骨一样，变得外向、热情、喜欢帮助他人、乐于和老师交流，主动参与学院的集体活动，还协助筹办毕业典礼。

毕业时，H同学以一个阳光、开朗、自信的大男孩形象，满脸笑颜地迈出了学校大门。

三、反思启示

长期以来，老师们对"调皮""另类"的学生印象都是比较差的，并习惯性地把他们纳入"问题学生"来对待，对他们采取冷落、敬而远之的态度。久而久之，教师的这种偏见使得师生关系变得越来越冷漠，而学生自身的一些不良行为和习惯也得不到及时纠正和改变。

作为辅导员，再难管的学生也得管。辅导员是一个身兼双重身份的职业，这个职业不仅需要教给学生丰富的知识，而且更重要的是培养学生如何做人。

对待此类学生，辅导员可以从以下几方面入手：

1. 不戴有色眼镜，正确看待他们。首先要明确这类学生不是"问题学生"，要敢于从思想上改变和摒弃这种传统落后的认识，要用平等的眼光来看待他们，要看到他们的可爱之处，如同样有炽热的爱国心、富有正义感、乐于助人等。

2. 善于发现调皮学生的闪光点,并及时进行激励。只要辅导员们以平静的心态、平等的眼光看待他们,就会发现他们身上许多的优点,如思维敏捷、口齿伶俐、表现力强、有正义感等。而适时给予的肯定、赞许和表扬会变成一股巨大的推动力,不断驱使他们发扬自己的优点。

3. 持续关注、关爱、鼓励调皮学生,多交心,以心换心。爱是教育的生命,每一位教育工作者必须全面地"爱学生",处于教育一线的辅导员更要如此。对待此类学生,更加需要辅导员多付出一点关爱。辅导员的爱心对他们来说就是雪中送炭、雨中送伞。辅导员多关注学生的成长,主动找学生谈心,充分了解他们的情况,让每位学生都能享受和体会到关爱和鼓励,这样就能慢慢走进学生内心,融入学生内心。

"一切为了学生,为了一切学生,为了学生的一切。"辅导员应该把"爱学生"作为自觉行动,心中时刻充满爱,行动时刻蕴含爱。付出真情,奉献爱心,赢得感情,让学生们终身受益,自己也能从同学们成长的喜悦中获得幸福感和成就感。

案例三 做一个倾听者

一、案例呈现

"老师,我很迷茫。"一位主动来辅导员办公室的学生,开门见山地提出自己的困惑。

"哦,请坐,谈谈你的困惑吧。"该生辅导员平静地看着来访的Z同学,发现他执着的脸上有些许疲惫,应该是头天晚上没有休息好。

"老师,我觉得大学生活比较单调。我们有的同学参加社团活动,热闹过后好像也没有什么收获;有的同学为了争取奖学金拼命做题训练,这跟高中也没有什么区别;有的同学沉迷于网络游戏,晚起晚睡,旷课迟到,这不是我希望的生活……"Z同学滔滔不绝地诉说着自己心中对于学业、生活与人生理想的矛盾思考。

"嗯,你总结得很好,Nice!"静静等待着Z同学将自己的思考和问题说完,该生辅导员略带幽默地赞美他。毕竟,Z同学这些看似负能量的语言,背后都有着一颗渴望奋斗的愿望种子。谈话的目的是助其"拨开云雾见青天",绝非"拔苗助长"式的思想灌输。辅导员能做的第一步是鼓励和引导:"还能谈谈你的思考和问题解决之道吗?你想了这么多,一定思考过很久,一定有破解这些问题的答案。"

"当然,老师,我想过自己的未来,才有刚才的观点。不好意思哈,老师,可能您觉得我说的都是负能量……"很明显,Z同学清楚自己的观点带给辅导员的感觉。"我是希望自己成为一个对社会有用的人,但目前的大学生活和学习,让我非常迷茫,无法体会到它的价值……"

作为该生辅导员,此时选择静心聆听是最佳的。

半个多小时以后,Z同学的情绪缓和下来,也阳光了很多。

一个多小时以后,"谢谢老师,打扰您下班休息了。"Z同学似乎找到了自己思考问题的答案,满意离去。辅导员作为大学生求学阶段的人生导师,似乎也有不少收获。

一次简单而大有成效的沟通,能让一个大学生重燃对前途和未来无限美好的憧憬。谈话从来都是一种沟通的艺术,与大学生谈话更需要较高的沟通技巧和准确的心理把控。

二、分析处理

这是一次简单有效的谈心谈话,同时也是一次思想认识上的教育引导。这次谈话交流的主角是Z同学本人,解决问题的也是Z同学本人。该生辅导员在其中扮演的角色是倾听者和提问者。面对这类问题,良好有效的解决措施分三步:

1. 做一个良好的倾听者,促进交流过程的愉快推进

根据多年工作经验,诸如"迷茫""失去奋斗目标""大学生活也很乏味""现在的进取心还不如高中阶段时"等话题,若经由大学生自己提出,话匣子一旦打开,就会甩出一堆看似负能量满满的话。然而,这些"负能量"话题背后,却是学生对人生、对理想积极追求中感受到的不解、矛盾和困惑。合理引导他们解决这些困惑,可以重新激发大学生对梦想的追求和斗志。学生社团活动可以让大学生活丰富多彩,互动交流与谈话则可以帮助大学生走出困惑并建立实现理想目标的新期望。

2. 合理定位作为辅导员的教育引导角色,做好学生自身力量的引导和激发

作为高校辅导员,需要做很多又很少:需要做很多是因为大学生的困惑表现形形色色、非常多元,辅导员无法包揽所有大学生困惑或迷茫的具体内容;需要做很少是因为对于这些困惑或迷茫了解最多的人,恰恰是大学生自己,而辅导员需要做的是静静地倾听和适时地提问与引导。

3. 准确引导和点出矛盾的根源所在

在本案例中,当事人处于人生信仰和价值迷失的短暂阶段,这种情况往往在达成既定目标后出现。关于人生目标的追求和获得,从来不是一次简单的高考或者一次简单的成功就可以"一劳永逸"的,要帮助目标追求者持续建立人生目标的追求才是解决问题的关键所在。

如此三步走,可以更好地引导学生看到最本质的自己,而认识自己则是学生走出迷茫、确立人生新航向的起点。

三、反思启示

在与大学生谈话过程中,辅导员一定要找准谈话着力点,掌握自身教育引导的工作职责定位,才能做好思想工作。辅导员工作内容驳杂,但思想教育和引导是贯穿始终的一条主线。这种以学生为主体,通过自我倾诉排解的教育引导策略,或许是大学生谈心谈话类工作的一种有效解决方案。

引导学生通过现象看到问题本质,正是学生教育工作的价值所在。作为辅导员,在工作定位上,一定要对自身工作职责有清楚的认识。"师者,所以传道授业解惑者也。"大学生感到困惑或迷茫话题的交流,从来不存在标准答案,甚至参考答案也是因人而异的。对这类问题的解决之道,结合工作经验积累,较好的建议是:"解铃还须系铃人。"打开心结的钥匙,其实恰恰掌握在大学生本人手中。作为思想教育工作者的辅导员们,在面对各式各样的思想困惑问题时,需要做的恰恰是机动灵活的"解惑",做好大学生人生困惑的倾听者与提问者,循循善诱地帮助他们看透自身问题的本质。

案例四 学霸也有烦恼

一、案例呈现

H同学成绩优异,在班级名列前茅。根据该学院的规定,H同学所在的专业在大二期末时会进行专业分流,以便更有针对性地开展专业培养工作。当关于专业分流的通知下达后,H同学感到十分困惑与担忧,不知道自己该选择哪一个专业。同时,有些细分专业还需要面试,H同学对面试更是一筹莫展。周围的同学们都纷纷确定了自己的专业,H同学始终没有确定,对于自己未来的发展方向感到十分迷茫,有很长一段时间闷闷不乐,愁眉不展。

该生辅导员发现H同学的异常后,主动邀约H同学到办公室谈心谈话,帮助他分析自己的问题。经过了解,H同学不仅仅是专业选择的问题,在"纠结"的过程中还产生了自我怀疑、自责等不良情绪且难以排解。H同学一直以来都是同学们心中的"学霸",学习平均绩点高达4分,对自己的要求一向很高,认定的事情就会一丝不苟、全力以赴地去做,责任感十分强且做事专注度很高。专业分流的通知下达后,H同学突然发现自己一直都只是在"埋头苦读",疲于应付考试,根本不知道自己的兴趣所在,对未来也没有什么想法,一时间心理落差很大,极其焦虑。该生辅导员在谈话过程中还发现,H同学性格内向,不善于表达、展示自己。他初、高中都担任班长,但是在大学却没有担任任何班委职务,也没有参加社团或者学生会,社交面较窄。当选专业需要面试时,他感到自己的简历内容单薄,对过去两年的校园经历产生了严重的怀疑与自责情绪。辅导员还了解了H同学的心理状态、性格品质和家庭成长环境,以便帮助他更加全面地分析问题。H同学其实对待本专业保有很高的热情和浓厚的兴趣,这些源于家庭的影响与熏陶,其父母也是从事该行业的工作。他在班级同学们心中有良好的口碑,得到了同学们的信任和支持。该生辅导员理清H同学的问题后,将所有的问题按轻重缓急罗列在纸上,与H同学谈心谈话,及时帮助他解决困惑与不良情绪。

二、分析处理

通过本案例可以分析出:第一,正如大学生普遍具有的心理特征,由于缺乏实践经历与"做选择"的经验,面临大抉择时他们容易焦虑,焦虑的来源往往不是不知道如何选择,而是担心选错,害怕承担错误决定的后果。H同学其实已有了两个心仪的分流专业,但他对自己要求过高,凡事力求完美,选专业也想选最好最适合自己的。因此,辅导员的首要工作是指导H同学"做选择"的一些技巧,鼓励他大胆抉择。第二,有不少大学生成绩好,绩点高,但缺乏综合素质锻炼,对于面试(演讲、表达等)感到很陌生,缺乏表达技巧。第三,H同学很上进,善于总结分析,这样一段"焦虑"的经历正好可以提醒他在以后的学习中进行定期规划,了解自身发展的需求并进行改进。

针对H同学的问题,该生辅导员处理步骤为:第一,通过谈心谈话了解H同学的基本情况和诉求,记录下他所有的问题并根据轻重缓急进行分类。第二,针对H同学当前的紧急问题逐一分析,通过一些开放性问题引导H同学自己思考。例如针对H同学当前最需要解决的问题在于专业分流的选择上,辅导员引导道:"你认为这些专业有哪些优势与劣势,罗列出来。"第三,帮助其梳理面试简历上的内容,引导H同学分块列举自己的优势,充分展示自己,并分析专业面试中可能遇到的问题。第四,给予一些建议。例如,在专业选择上充分与父母沟通,听取父母的意见。第五,引导H同学思考自己的不足,鼓励其积极参与各类活动,锻炼提升综合能力。第六,谈心谈话结束后,进一步观察其学习和生活情况,在适当的时机给予学生锻炼综合素质与能力的机会。

根据H学生的反馈,这一次深入的谈心谈话给他带来了新的思考,让他学会更加全面地认识自我和思考问题。H同学再次梳理自己当前的问题和一些长远计划,一周后兴奋地告诉辅导员自己已经完成了一份相对满意的个人简历,并做出了专业选择。

三、反思启示

基于以上案例,引发如下几点思考:

1. 当代大学生的社会经验相对较少,进入大学校园后会逐步面临越来越多的选择。大学生在面临大的选择时往往会感到迷茫和不知所措,即便是成绩优异的学生也会在选择面前感到困扰。大学生应当学会全面认识自我,掌握如何更好地做出选择的方法。

2. 大学生往往会提出一个或者两个诉求,但通过谈心谈话辅导员会发现学生的诉求可能是多方面的,甚至问题的症结根本不是学生原来提出的那个问题。这时候需要辅导员认真耐心地剖析问题的症结,找到关键所在,针对学生的实际情况给予短期的帮助和长期的关注。

3. 辅导员除了帮助解决学生在谈心谈话中提到的问题以外,对谈心谈话过后的后续跟踪也十分重要。学生是否在后续的行动上有所改进,也是评价谈心谈话效果的一个重要标准。辅导员要在了解学生的基础上,适当地给予学生实际的锻炼机会,引导学生在实际行动中提升自身综合素质与能力,促进学生全面发展。

案例五 大学生扶贫还需扶志

一、案例呈现

Z同学入学报到的场景给该生辅导员留下深刻印象。当时,一位年过70岁的老人带着Z同学来到报到现场,Z同学衣着朴素。辅导员主动询问了Z同学,得知他家在四川偏远农村,父亲过世,母亲改嫁,他从小跟爷爷奶奶长大,上大学都是靠当地资助并办理了生源地助学贷款,他的家庭也被列为当地低保户。了解到以上情况后,该生辅导员将Z同学作为以后工作中重点关心关注对象。

开学后第一周,辅导员单独找到Z学生,询问他在校住宿、饮食等生活情况,然后让他介绍了自身家庭、成长、性格和学习等几个方面的情况。从他的讲述过程中,辅导员一方面感受到Z学生的艰辛和刻苦、怯懦和自卑,另一方面也意识到大学环境对他来说是一个不小的挑战,从他的表述中也能判断出这个学生性格孤僻。在整个谈话过程中,Z同学一直低着头,讲话不够清晰,声音也很小,说话也不太有条理。面对这种情况,辅导员鼓励他在班会和课堂上多发言,让老师和同学们对他多一份了解,并且告诉他,在大学里面辅导员就是他的朋友,在学习、生活各个方面遇到烦恼或问题都可以随时跟辅导员沟通交流,有了高兴的事情也可以同辅导员分享，遇到烦恼的事情也可以及时跟辅导员老师倾诉。同时还鼓励他竞选班委，在校园新环境中努力锻炼自我，提升自我。

在随后的困难学生认定工作中，该生辅导员鼓励Z同学积极申请，最终经过班级评议小组认定，确定Z同学为家庭特别困难学生，有机会获得国家助学金，这对他来说非常重要。同时，该生辅导员提醒Z同学，在大学四年期间无论是做兼职，还是参加社团活动，都要将学习放到头等重要位置。

二、分析处理

一个学期后，Z同学的学习成绩处于班级中等水平，但在课外活动方面不太理想，平时参加集体活动较少，跟班级同学和室友交流不多。第二学期开始，辅导员便主动找Z同学谈话，了解到他对大学生活感到困惑，缺乏方向，不适应大学学习节奏，遇到问题碍于面子很少求助老师和同学。针对这些问题，辅导员为他一一讲解分析，同时协助他制订学习目标和学习计划，争取在这学期将成绩提高到班级上游水平。在日常学习生活中，辅导员安排同寝室成绩较好的W同学带动、督促和帮助他，也经常到他们的宿舍和课堂了解他的实际情况。同时不定时地在QQ上给他发一些励志信息，鼓励他。在多方面的共同努力下，在学期结束时，Z同学的学习取得了较大进步，学习成绩进入班级前列，性格也开朗了很多，拿到了学院专项奖学金，通过了全国大学英语四级考试。通过一学年的适应和调整，Z同学已基本适应大学生活节奏，语言表达能力也有了进步和提升，跟同学们之间的交流逐渐增多，对学业规划也有了较为明确的思路。更为关键的是，Z同学的精神面貌有了较大的转变。

三、反思启示

在新形势下，尤其是在建设和谐校园的今天，要做好高校思想政治教育工作，就必须探索大学生精准扶贫的新思路，培养他们树立远大理想，自立、自强、自尊、自爱，培养出艰苦朴素、勇于担当的精神。

1. 在上述案例中，辅导员对家庭经济困难学生的帮扶工作做了深入的总结，确定了经济助困和心灵助困"双管齐下"的帮扶策略。除了针对学生制订个性化的解决方案外，还通过设立"爱心基金"帮助家庭经济困难学生解决经济上的燃眉之急。另外，通过每个宿舍设立的信息委员，密切关注家庭经济困难学生的心理动态，并给予适当的心理干预，真正给家庭经济困难学生以人文关怀和心理疏导。

2. 多为家庭经济困难学生提供活动锻炼的平台，让他们感受到师生大家庭的关爱和温暖，使他们不仅得到经济和生活上的帮助，更重要的是得到心理上的支持。利用班团活动，深入开展励志教育,帮助家庭经济困难学生树立自强不息的精神。作为引路人,要将他们引向"正确之路",鼓励他们不畏逆境,不怕困难,敢于同困难作斗争。

3. 像父母一样关心和呵护他们的成长。关心他们的衣食住行,教会他们怎样生活,怎样处理生活中的矛盾,鼓励他们通过自己的努力,减轻家庭负担。当然,也要特别关心他们的学习,安排优秀学生与他们结对帮扶,帮助他们找到合适且有效的学习方法。

大学教育要有针对性,具体问题具体分析。家庭经济困难学生更加需要耐心的引导、热心的帮助,使他们走上正确的路、成功的路、适合自己发展的路。

案例六　用爱打开学生的心灵之窗

一、案例呈现

L同学刚进校时,班干部反映他性格内向,穿着朴素,不愿意参加集体活动,不愿意与同学交流,特别不愿谈及自己的家庭,整天沉迷游戏,无心学习,可以说是该班出现的第一个"问题学生"。从贫困生认定申请中,该生辅导员发现L同学来自单亲家庭,母亲病故。在大学生入学心理普查中,他也属于需要重点关注的对象。

发现问题后,该生辅导员找到L同学,进行了一次较长时间的深入交流,从这次交谈中了解到:他家庭经济特别困难。父亲无一技之长,在外打短工,收入不稳定。家里的房屋已成危房,无法居住。父亲脾气暴躁,有严重的家暴行为。母亲在他六岁时已去世。听邻居说,母亲在世时经常被父亲家暴。他认为母亲去世可能与父亲有关,所以他从小就对父亲有怨气,甚至是恨。加之父亲自身性格暴躁,父子间缺乏交流,结怨较深,与父亲已有很长时间没联系(他把父亲电话拉黑)。父亲会不定期通过他姐姐转给他一定的生活费,但钱不多,生活比较拮据。姐姐已成家,姐弟俩感情很好,这些年也全靠姐姐的关爱和鼓励他才顺利考上大学,该生在学校学生管理一体化平台上的个人信息中家长一栏填的是姐姐的信息。姐姐住在她公婆家,家庭经济也不宽裕,他也不好意思经常去找姐姐。进入大学,L同学经常为假期去向发愁,还经常向辅导员打听寒、暑假学生留校的问题。另外,他对自己所学的专业也很迷茫,听别人说,这个专业是最新开设的专业,就业前景不明确,担心自己毕业后找不到工作。

通过交流,辅导员基本确定了L同学的问题根源:从小生活在一个缺乏温暖、缺乏爱的家庭环境中,内心充满怨恨,家庭经济窘迫,让他觉得自己无依无靠,生活无助,甚至无家可归。家庭成了他心灵深处最大的痛。加之对所学专业不了解,存在认识误区,他认为自己前途渺茫，找不到学习的动力，常感到严重的自卑与无助，于是他把自己封闭起来，用游戏麻痹自己，想在虚拟世界里找到自己存在的价值。

二、分析处理

1. 用爱温暖，用心帮助

首先，让同寝室的班长多与L同学接触，与他谈心，带他一起上晚自习，一起去图书馆，从生活上、学习上关心他；其次，在班级贫困生认定和国家助学金评定中充分考虑该同学的家庭经济情况，给予他一等国家助学金的资助，尽可能帮助他解决基本生活问题；然后，多次通过单独谈话、走访寝室和网上聊天，主动关心他的生活和学习近况，帮助他分析自身优势和存在的不足，明确努力方向；接着，用真实案例帮助他了解所学专业的发展前景，让他对所学专业树立信心；最后，给他介绍勤工助学岗位，并通过学院协调帮他解决寒、暑假留校事宜等。该生辅导员通过努力切实帮助他解决实际困难。这一切让L同学真切体会到了来自学校、老师和同学们的关爱，让他重树生活的信心和对美好未来的希望。

2. 发挥特长，鼓励参与，重新找回自信

通过深入了解，辅导员发现L同学理科成绩很好，篮球也打得好。在学院举办的新生才艺大赛、班级篮球赛、"聚力三项"班级挑战赛等活动中，大家都鼓励他参加。在学习上，高等数学科目比较难，班级组织让L同学利用晚自习给大家分享他的学习方法，同学们有不懂的问题也会向他请教。L同学性格内向，不善言辞，有些小腼腆，就鼓励他积极参加班级的"十分钟小讲堂"活动，锻炼语言表达能力，提升综合素养。慢慢地，大家发现那个消极、颓废的L同学不见了，展现在大家面前的是一个阳光、开朗、积极向上的L同学。

3. 充分了解学生家庭情况，加强家校联动

由于L同学家庭的特殊性，不方便与他父亲沟通，该生辅导员与他姐姐联系，希望其多与L同学交流，多鼓励他、关心他，让他重新感受家庭的温暖。他姐姐很理解弟弟的处境，也很支持学校工作，经常主动联系L同学，关心他，也经常主动联系辅导员，了解L同学在校情况。

通过近一学期耐心细致的工作，L同学的情况有了很大转变：玩游戏的时间越来越少，学习刻苦认真，积极争取奖学金，性格也变得越来越开朗，主动参与班集体活动。同学们都觉得他像变了个人一样，他还主动督促寝室其他同学上晚自习、晨读。

三、反思启示

每位辅导员都会遇到几个"问题"学生，而且他们的问题五花八门，各不相同。这就需要辅导员深入到学生中去,了解他们每个人的症结所在,分析产生问题的原因,从而帮助他们找到解决问题的办法,用爱去温暖他们,用心去引导他们走出困境。

1. 辅导员对"问题"学生务必要有爱心、耐心、细心。要把他们当成自己的亲人,关心他们的身心健康,走进他们的心里,了解他们内心的需求,在力所能及的范围内帮助学生解决实际困难,取得他们的信任,建立良好的师生关系。教育是一个持久的过程,"问题"学生的转变也不是一蹴而就,需要辅导员有耐心、持之以恒,并在过程中发现他们的每一点改变、每一步成长,给以充分肯定加细心引导,相信付出终会有回报。

2. 辅导员要注重学生工作中的每一个细节,从细节中及时发现学生可能存在的问题,提前做好预判,提前防范,尽可能让学生少走弯路,少走偏路,以免造成一些不可挽回的后果。

3. 对贫困生的教育引导中要授之以鱼,但更应该注重授之以渔。在对贫困生的教育过程中应该鼓励他们自立自强,想方设法激发他们自身潜能,通过自身努力去争取更多机会和更大收获,增强自信心。同时还要引导他们学会感恩,感恩社会,感恩学校,感恩老师和同学。

4. 重视学生干部在学生教育管理中的重要作用。学生干部是辅导员的得力助手,是同学与老师交流沟通的桥梁,是信息员。辅导员在工作中用好学生干部可以起到事半功倍的效果。可以安排每位学生干部关注3~4个同学,能更好、更及时地发现问题,便于辅导员及时处理问题。

案例七　电影沙龙,价值引领的新尝试

一、案例呈现

某辅导员在学院研究生群体中组织了数次电影沙龙活动,反响热烈。电影沙龙,就是让同学们共同观影后,在轻松的环境中通过对某一主题的讨论,达到加强思想交流、深化主题思考、拓宽眼界的目的。

观影的场所一般选择在教师发展中心会议室,良好的环境更显仪式感,让大家更容易融入电影情节。愉悦的观影后,大家的思维被激活,表达欲增强,出现积极讨论的热烈场面,思想教育也随之渗透到讨论和交流中。

电影类型的选择应尽量多样化,且具有教育意义。如爱国主义题材电影《厉害了,我的国》《红海行动》,诚信教育题材电影《天才枪手》等,观影后同学们都热情高涨地讨论。特别是《天才枪手》的观影会,气氛最为热烈。

《天才枪手》故事聚焦考试作弊这一诚信问题,影片节奏紧凑,高潮迭起,观影体验良好。影片放映后,辅导员先从影片的情节入手,让大家思考影片中作弊的手法和同学们现实中了解的是否有异同,考试作弊是不是广泛存在,大家有没有作弊的经历。同学们的谈论从作弊现象到作弊心理、从表象到本质层层深入,讨论的焦点集中在作弊为什么会越来越"猖獗"。X同学反映,遇到好朋友找你帮忙作弊是最头疼的问题,虽然都知道考场不是讲哥们义气的地方,但是很多时候还是会"碍于情面"抛弃原则。经过交流,同学们达成共识,考试作弊是一种投机行为,问题的根源是不良的学习习惯和不端正的学习态度,所以,对待学习一定要有端正的态度、良好的习惯和持之以恒的毅力,有真才实学才有信心应对各种考验。

随着讨论地深入,辅导员还发现了很多其他问题,比如很多学生考试作弊的"赌博心理";学生考试作弊的问责制度、惩罚制度落实还不到位;考试作弊手段越来越"高科技",通过手机网络集体作弊,分工明确,隐蔽性强;学校可不可以同样通过"高科技"手段反制作弊行为等。同学们在讨论中不但发现了问题,还能提出解决问题的办法,这让辅导员感到欣慰。虽然问题很多,也不能在短时间内彻底解决,但在聊天的过程中,辅导员能感受到同学们对于考试诚信意识的认可、对于更好的学术氛围的期待。

组织观看爱国主义影片《厉害了,我的国》是更大规模的活动。当播放到港珠澳大桥设计团队的校友接受采访的片段时,全场报以热烈掌声。"中国路""中国桥""中国制造"这些让人热血沸腾的词汇和生动辉煌的影像为同学们描绘了非常美好的蓝图。电影中的人物不再是高不可攀的"大神",而是曾与同学们在同一间教室学习、在同一个校园生活的学长,他的经历和感悟给了同学们更大的激励。一部电影有可能改变一个人的人生,至少作为一种积极的生活方式给人力量和鼓舞。

二、分析处理

电影沙龙的表现形式更多样,内容更丰富,学生接纳程度很高,但仅仅通过观影和讨论会的形式是不够的,如果能够与电影主创团队进行面对面交流,会让同学们对电影艺术,特别是对电影的幕后团队加深了解,对于电影会有更深入更立体的认识。恰逢该校65周年校庆,在一系列校庆活动中有一项"人文进校园"的活动,邀请了中国第四代电影代表人物——谢飞导演做专访。这是一个非常难得的机会,辅导员在学生中进行大力宣传动员,希望他们积极参加,聆听大师的创作心得,提升人文素养。

对于谢飞导演的见面会,刚开始同学们的反应并不积极。一方面,他们几乎从未参加过这种活动;另一方面由于年龄的关系,学生们对第四代电影导演的作品都不熟悉,没有认同感。辅导员向同学们介绍了谢飞导演的作品和履历,并告诉他们,电影人是有传承的,大家熟悉的电影大咖——陈凯歌、姜文、顾长卫都曾在谢导拍摄作品时担任过职务。这成功地引起了同学们的兴趣,纷纷报名参加见面会。

谢飞导演的讲座非常精彩、生动,充满智慧。他用平易近人的态度与学生们沟通探讨,从对西南电影的印象到对少数民族电影题材的偏爱,又谈到自己得"非典"的经历,以及如今编写电影史的心路历程。他平静地叙述让大家感受到一位老艺术家孜孜不倦的艺术追求从未止步。

同学们越听越投入,在最后的提问环节,一位来自内蒙古的K同学积极发言,说他很爱家乡的美景,但展现家乡的影视作品很少,他对小时候看过的《黑骏马》印象深刻,现在知道是谢飞老师的作品,非常感谢他创造了艺术以外的价值。

三、反思启示

有句名言:电影是眼睛的冰激凌、心灵的沙发椅。如今电影也是让人最容易接受的传播媒介,通过观影活动可对人进行心理健康教育、人生理想教育和爱国主义教育。此次观影活动,充分利用电影作为传播最为广泛的艺术形式这一优势,以同学们喜闻乐见的方式,在开展活动的同时达到了教育学生的目的。

当然,也有些同学不喜爱这项活动,认为与自身专业不相关,认为电影只是一种娱乐,不需要思考或讨论。美学是通识,作为当代的大学生、研究生,应不断提升自身艺术鉴赏能力。电影是世界七大艺术门类之一,具有独特的魅力和价值,如能将看电影培养成兴趣爱好,可起到陶冶情操、舒缓压力、开阔眼界的作用。电影沙龙将观影与讨论结合,通过观影体验与思考理解分享交流,碰撞出新的思想"火花",可以起到1加1大于2的效果。

第二篇
班级管理篇

本篇涵盖党团和班级建设。辅导员要开展学生骨干的遴选、培养、激励工作,开展学生入党积极分子培养教育工作,开展学生党员发展和教育管理服务工作,指导学生党支部和班团组织建设。

案例八　共绘班级同心圆

一、案例呈现

C同学为某学院某专业某班班长。担任班长期间,他带领班级获得了很多荣誉(1次市先进班集体荣誉称号,1次市五四红旗团支部,2次校级先进班集体荣誉称号,1次校级五四团支部,1次院级春季运动会优秀组织奖等)。在学生个人荣誉方面,C同学所在班级中,有14人被发展为中共(预备)党员,7人为入党积极分子,1人被评为市青年志愿者先进个人,2人被评为市优秀毕业生,22人被评为校级三好学生,5人被评为校级优秀学生工作干部,4人被评为校级优秀共青团干部,6人被评为校级优秀共青团员,4人被评为校级青年志愿者先进个人,12人被评为校级科技创新先进个人,6人被评为校级优秀毕业生。在获得奖学金方面,该班级中有2人获得国家奖学金,2人获得茅以升铁道教育希望之星奖,2人获得明德奖学金,12人获得国家励志奖学金,23人获得校级专项奖学金。在硕士研究生录取方面,该班级中有3人获得推免资格,有16人考上研究生。而C同学大学期间曾获得市青年志愿者先进个人、校级三好学生、校级优秀学生干部、校级青年志愿者先进个人、校级优秀毕业生等荣誉;曾担任学校某社团社长,积极参与公益活动20余场;目前已在某校攻读硕士研究生。在班级中,C同学很有爱心,积极协助其他同学,特别是帮助家庭困难同学解决生活、学习、工作上的困难。他敢于担当,主动承担辅导员、任课教师交代的任务,也积极协助其他同学完成工作。他还具有较强的管理能力,能够有效组织大家参与各级各类活动,提升班级凝聚力,强化团结协作的感情联结。

二、分析处理

通过以上案例,可以看出C同学是一个立体鲜活的学生榜样,具有带动引领作用。他之所以能够在个人发展和班风建设领导方面表现优秀,主要有以下四个重要原因:第一,学校和学院思想政治教育引领力度大,效果显著。学校和学院注重学生思维创新和思想政治教育,组织和举办了各类丰富多彩的公益活动、学科竞赛活动、文体活动等,丰富了大学生的业余生活,开阔了学生视野,提升了学生综合素养。第二,C同学个人素质较高,大学期间目标明确。该生进入大学后在认真学习的同时,能够清晰规划自身发展,通过积极担任社团社长、参与各级各类公益活动等,有目的地强化自身社会实践能力,提升综合素养,开阔视野,增长才干。第三,C同学工作认真负责,乐于奉献,擅长与人沟通。一方面,他工作认真负责,做事踏实,能够及时传达和完成辅导员和任课教师交代的任务,责任心较强;另一方面,他善于与人沟通交流,主动与任课教师、辅导员、同学们沟通,准确表达自己的想法,及时理解他人的意图,沟通能力强,群众基础好。第四,C同学积极主动参加学校和学院组织的各级各类活动,通过参与各类活动增强自身才干,丰富自身阅历,提高自身素养,更好地锻炼沟通能力和人际交往能力。同时,C同学也积极组织动员班级同学参与各类活动,提高班级凝聚力,提升同学们的综合素质,构建和谐班集体。

三、反思启示

基于以上案例分析,在学生教育管理工作中,需要从学校和学院层面为学生搭建良好的平台,提升学生综合素养,具体建议如下:

1. 举办适合大学生参与的丰富多彩的社团活动,提升大学生综合素质。学校和学院积极举办"无止桥""小小工程师"等志愿服务公益活动,举办"引航沙龙"、迎新晚会、辩论赛、运动会等各类活动,积极鼓励更多的同学们参与到活动中来。同时积极鼓励同学们向学院甚至学校申请举办其他有意义的活动,让活动更加多元化,给予同学们更多"主动权",提高学生参与度。同时,能够将一些有意义的活动进行融合升级,形成有特色、有传播力的精品活动。

2. 重视大学生职业生涯规划教育,提升学生自我规划能力。C同学能够在大学期间成长成才,与他的兴趣、规划能力和执行力有很大关系。因此,高校要重视大学生职业生涯规划课程,将大学阶段的职业规划作为重要内容讲解,提高学生会规划、能规划、执行规划的能力。同时,更要注重大学生职业实践探索、就业实习训练等,强化学生的职业规划能力和就业竞争力。

3. 培养学生领导力。作为班长,C同学积极和班级成员沟通,落实班级管理的各项工作,确保工作有序开展。沟通能力是大学生的一项重要能力。C同学积极主动与身边人沟通,群众基础好,得到班级同学的一致好评。另外,该生善于管理,沟通表达能力强,解决问题效率高,体现出较强的领导能力。因此,学校和学院可以通过"先锋骨干培训班""初级党校"等途径培养学生综合管理能力,提升学生管理素养。

案例九　让学生干部成为左膀右臂

一、案例呈现

W同学,男,新生军训期间,积极参加训练,协助辅导员处理班级事务,开朗活泼,追求上进,在班级干部民主选举中被选为班长。军训结束后,班级事务工作增加,班级寝室矛盾出现,学风问题日益凸显,同学交往"帮派化"。在重重的问题压力之下,W同学与辅导员的沟通也出现严重的问题,他向辅导员提出了辞职。

二、分析处理

此案例中,学生干部队伍建设出现问题的原因大致如下:

1. 在班级干部队伍选拔中辅导员没有实质性介入,仅仅凭借同学们自发的民主选举不一定能选拔出能力突出、态度端正、适合领导班集体的学生干部;

2. 承担学生干部角色的学生自我定位不准确,缺乏责任心,凭借一腔热情办事,容易产生畏难情绪;

3. 学生干部缺乏管理经验,缺乏必要的培训指导,特别没有经过学生干部职责培训和工作方法及能力培训;

4. 案例中的W同学工作任务重,但他没有合理调动和利用其他的资源,导致在班级的全面管理中显得能力不足;

5. 客观上学生问题具有很强的复杂性和灵活性,需要较强的综合能力才能妥善应对。

因此加强干部队伍建设是非常重要的,特别是要加强对班长这样的主要干部的培训,可以预防班级学风涣散等许多深层次问题发生。

三、反思启示

学生干部队伍建设是辅导员工作的重要部分,是高效管理的基础,是衡量一个辅导员工作质量的标准之一。良好的学生干部队伍能使辅导员在位而不越位,以学生与学生之间交流方式的优势弥补老师与学生沟通的先天劣势,取得事半功倍的效果,能让辅导员不必时刻紧盯却能全面了解全体学生的具体情况,包括其中的细节原因等,这就非常适合疫情中辅导员角色的导入和职责定位。可以从以下两方面入手:一是时间投入和沟通,培养学生干部的信任感、责任感和使命感;二是培训学生干部基本的管理知识和技巧,于问题中提升能力,使学生干部有获得感、荣誉感和成就感,愿意继续努力,形成良性循环。

辅导员要从以下几点入手:

1. 选拔干部的过程要凸显严肃性和庄重性。如举行一个正式的面试,不能仅凭感觉和群众基础,要对干部的语言表达能力、组织能力、工作态度等做一个全面的了解和调查。这样既能确保干部选拔的科学性,也能给予参与学生较强的成就感与获得感,更好地激励学生干部认真对待工作。

2. 在干部正式履行职责前,要加强培训,包括管理、人际交往、解决问题的方式方法、沟通技巧、职责定位等问题,让学生干部明白干部身份的重要性和重大责任,认识到一旦缺位,会对整个班级的班风学风以及未来大学的生活产生严重不良的后果,既要有思想立场,又要有方式方法。

3. 引导学生干部学会处理学习和工作的关系,学会利用各种资源,学会分工协作、统筹安排。尤其是在遇到难题或不好协调的情况的时候,可以寻求辅导员老师的介入和指导,进而避免学生干部自行随意处置或闷头低效工作所带来的各种潜在隐患。

4. 以项目为平台,打造有特色的班级文化活动,让干部有施展的空间。奖惩分明,对那些不负责任的干部要建立引退机制,对工作出色的干部要进行奖励,让学生干部有荣誉感、获得感,有干劲,利于形成干部工作的良性循环。

学生干部队伍建设需要辅导员投入情感、时间,时刻加强与干部队伍的沟通,及时发现问题和解决问题。当然这不是一劳永逸的,这是学生干部队伍建设工作的特点。疫情期间,发挥学生干部队伍的作用更为重要。相信做好这一点,辅导员在应对更复杂的情况时,就有了左膀右臂,工作会更加从容和高效。

案例十　经营好我的大学

一、案例呈现

大学班会活动是辅导员开展思想政治教育、心理健康教育、职业规划与就业引导等的重要抓手。辅导员通过开展主题鲜明、学生喜闻乐见的班会活动,能够集中了解、把握并及时引导学生的思想认识,进而达到良好的教育效果。对于刚刚进入大学的新生来说,从紧张忙碌的高中生活切换到相对自由的大学校园,面对全新的学习环境和生活节奏,不少人像"脱缰的野马",在大学里完全放松下来,整天无所事事,一年过去了才发现自己浪费了大好时光;还有些人怀着满腔热血,准备在大学里"大干一场",但因为缺乏科学合理的规划,最终也是遗憾收场。总之,大学新生普遍缺乏必要的心理准备和思想认识,自律能力不够强,入校后会产生诸多的不适应,面对困境通常会感到无所适从,较长一段时间会有迷惘和失落感。因此,开学的第一次主题教育班会显得尤为重要。好的班会能帮助大学新生端正思想认识,树立正确的大学学习目标,激发自身的动力与潜能,科学合理地规划大学四年生涯,迈好大学生活的第一步。

某校一新生班在入学军训后便组织了班委竞选,竞选出的班委们也都干劲十足,但是该班不少同学依旧反应面对全新的环境仍会感到迷茫和困惑,班委们也一筹莫展。于是,该班辅导员带领班委们一起策划了班级的第一次班会活动,旨在引导新同学们梳理问题,理清思路,找到解决问题的方法,规划好自身的大学生活,全面提升大学生的综合素质,进而建立良好的班风学风。

二、分析处理

通过对以上情况的简要分析,该新生辅导员确定了组织班会的如下步骤:第一步,组织班级班委们一起讨论,共同确定班会主题。经班委讨论,新生入学的班会主题确定为"我的大学我做主",主要围绕"为什么上大学""在大学里学什么""如何高效率完成学习任务""在大学里要完成的十件事情"等问题展开。第二步,指导班级班委策划班会活动,确定班会流程。大一的班委委员虽然热情满满,但对于班会活动的组织与策划还相对生涩,因此在班会之前,辅导员须带领、指导班委们做好策划,确定班会流程等细节问题。第三步,带领班级班委组织开展班会。在正式班会开展过程中,充分发挥班委们的作用与才能,辅导员随时给予引导。第四步,班级班会的效果评估与复盘。班会结束后,辅导员带领班委们一起总结这次班会组织的优点与不足之处,引导班委们反思总结,以便下一次更好地开展班会。

在此次班会中,该班辅导员担任班会活动的主持人与引导人。辅导员以破冰游戏开场。因为都是大一新生,大家还不熟悉,通过破冰游戏,班会的氛围会迅速热烈起来,同学们也很快加深了彼此的认识和了解。然后,辅导员抛出本次班会的主题——"我的大学我做主",采用"世界咖啡"的讨论形式引导每个小组就主题展开探讨。接着,每个小组围绕班会主题发散思维,积极讨论。辅导员要求将讨论的结果呈现在一张白纸上。有些小组以文字的方式表述,有些小组则以图形的方式表达,各具特色,精彩纷呈。最后,辅导员要求每个小组的成员依次上台展示小组讨论成果,并且小组之间互相点评和提出建议。班会结束后,同学们把讨论的结果汇总整理成文档发到班级群里,形成班级班规的一部分,以督促同学们端正思想、积极向上,用实际行动来赶走迷茫,用自律来严格要求自我。同学们纷纷表示这次入学班会为他们今后的学习和生活指明方向,使他们开始从进校的迷茫中逐步走出来,开始考虑如何充实大学生活,开始规划属于自己的发展计划。他们写下大学第一年里要完成的事情,一件一件地完成,相信通过自己的努力和行动,能够从容地应对将来生活中的各种竞争和挑战。

三、反思启示

基于以上案例,引发如下思考:

1. 良好的开端是成功的一半,新生辅导员对新同学的教育引导工作对他们的成长成才有着十分重要的影响。大一新生的特点决定了新生辅导员的工作是纷繁复杂的,这更需要新生辅导员细致、深入、全面地开展工作,以对教育事业负责的态度和对学生满腔的热爱,将自己的真心、热心、耐心和细心投入到新生的教育工作中,全方位关心他们的思想、学习和生活,切实履行自己的岗位职责,培养社会主义合格建设者和接班人。

2. 辅导员在开展班会的过程中,还可以增加辅导员个人总结或经验分享,这也是同学们最喜欢的内容之一。增加辅导员的个人分享,有利于推进教育民主,缩短与学生之间的距离,提高工作的透明度,还可以及时得到学生们的反馈,便于今后更好地改进和完善本职工作。

3. 辅导员应采取不同的形式组织班级班会,在班会中可以多采用讨论的方式,通过讨论加强同学们对一些问题看法的交流沟通,集思广益,增强说服力。例如,在本案例中,辅导员让学生自主地讨论设计、规划他们的大学生活,使得同学们更有参与感,讨论的结果也更有意义和说服力。在这个过程中,辅导员只是给予适当的引导和帮助。同时,班会活动组织中,充分调动、发挥班委们的主观能动性也是班会成功的一个重要经验。

案例十一　培养学生责任心,提升学生执行力

Q同学为某学院某专业某班团支书,做事认真踏实,责任心强,能保质保量完成老师交代的任务,积极解决同学们求助的事情,自身的成绩优异,和男朋友关系融洽,把所有事情打理得井井有条,可以说是大学生中的佼佼者。Q同学能够将班级活动、社团活动、网络团课、

主题团日活动、学生入党、团员学习、贫困认定等工作落到实处。同时，还积极协助辅导员处理多个班级团学材料汇总工作、入党材料的整理、日常事务的上传下达等，确保学生教育管理工作中学校、辅导员、班委、同学每个环节的信息畅通。在学习方面，Q同学勤奋刻苦，经常向任课教师咨询专业问题，经常与同班同学交流专业课内容，学习成绩在年级专业排名前30%，无挂科，单科成绩均在80分以上，成绩优异。另外，她擅长与人沟通交流，与班委相处融洽，与其他班同学经常交流，成为该专业的"红人"。该生辅导员考虑到现任助理即将备战考研，而Q同学已签约某知名公司，综合考虑工作能力和群众基础，将Q同学确定为自己助理。

二、分析处理

Q同学之所以能够从班级团支书成为辅导员助理，是因为该生拥有高度的责任心、良好的群众基础、较好的处事能力、较强的工作执行力和有效的沟通能力。第一，高度的责任心。正如知名作家爱默生所言："责任具有至高无上的价值，它是一种伟大的品德，在所有价值中它处于最高的地位。"该生把任课教师、辅导员、同学交代的任务放在心上，花心思思考，花时间处理，千方百计化解矛盾，想办法解决问题，毫无怨言，不找借口，从不拈轻怕重、推诿扯皮，具有高度的责任心。第二，良好的群众基础。良好的群众基础是Q同学能够担任班级团支书和辅导员助理的重要砝码之一。辅导员负责7个班234名学生的日常教育管理工作，不仅关注Q同学，还需关注所有学生的情况。作为班级团支书，Q同学体现出较好的组织能力，能够有序组织全班学生参与班级社团活动。班级同学认可她，其他班委和班级同学也与她关系融洽，充分说明她的群众基础好。这一点为辅导员开展各项工作奠定了坚实基础。第三，较好的处事能力。"说得好不如做得好，讲得好不如干得好。"Q同学能够恰当处理好班级同学关系、课程教学任务、辅导员工作内容、男女朋友关系，充分说明她具有较好的处事能力。Q同学能够在繁忙的事务中得心应手、如鱼得水，将这些事情处理得井井有条，不出差错，充分凸显较好的处事能力、较强的执行力和组织力，具有一步一个脚印把学生关心的工作落到实处的素养。第四，较强的工作执行力。所谓工作执行力就是在规定时间内保质保量完成上级交代任务的能力。Q同学不仅能够将班级团学活动执行得特别好，而且能够将辅导员交代的工作内容有条不紊地做好。Q同学能够意识到工作的重要性，能够明确各项工作任务的目标，能够根据任务目标分解任务并按照时间节点完成任务，能够合理安排工作任务的优先级，进而达到既定目标。第五，较好的沟通能力。Q同学能够将学校团学工作准确传达给班级每位同学，将辅导员交代的任务准确传达给各位班委，能够将各位同学反馈的问题汇报给辅导员，能够与师生融洽相处。以上各个环节，环环相扣，是执行力较强者必备的思维习惯和行为能力。

三、反思启示

基于Q同学的案例,作为学生工作干部,在工作中要遵循"以人为本"的原则,充分发挥不同学生的特长和优势,给学生提供锻炼的平台。这主要体现在以下几个方面:第一,学校和学院提供岗位,为学生提供锻炼平台,培养学生责任心。责任是一种品质,是一种使命,是一种不忘初心的追求,是对自己所负使命的忠诚和信守。因此,学校和学院提供辅导员助理、学工助理、团学助理、学生会干部、学科社团干部、新闻社干部等岗位,培养学生责任心,提高学生服务意识,搭建增强学生责任心的平台,为学生在未来职场中施展才华提供可能。第二,学生在岗位上尽职尽责,充分展示和发挥自身的才华。就像Q同学主动适应工作要求、主动学习,主动参与协助辅导员工作,努力争取当好学生干部,锻炼自己,提升自身能力。因此,责任意识是当代大学生必备素质。只有牢记责任,才能尽心尽力工作,才能尽职尽责坚守岗位。第三,开设与沟通力有关课程,提高学生沟通能力。腾讯和国际体验设计协会(IXDC)联合出品的用户体验行业调查报告系列指出:为保持核心竞争力,沟通能力是用户体验设计行业的从业者需要具备的一种重要能力。同样,2019年全美大学与雇主协会的数据分析表明,越来越多的企业招聘时更加关注应聘者的沟通能力。沟通能力已成为未来职场应聘者必备的一种能力。因此,学校应开设与沟通力有关课程,熏陶学生沟通意识,培养学生沟通思维,提升学生沟通能力。

案例十二 完善党员发展制度,提升党支部活力

一、案例呈现

硕士研究生班级中不乏方方面面都很优秀的同学,每次进行发展党员工作时,竞争都比较激烈,怎样才能做到公平公正成为一个难题。入党积极分子Z同学向党支部书记咨询关于发展党员的问题时询问这次他有多大的机会能成为预备党员。

党支部书记首先细致地给该生讲解了目前支部的基本情况、预备党员的发展流程及发展预备党员的考核推选制度。接着书记针对入党动机与他展开了进一步深入谈话。

在深入谈话过程中,Z同学结合自己的各方面情况讲述未来的规划——想在事业单位或高校工作。但是想进入这些单位,除了自身素质、专业能力必须与岗位匹配以外,还要求应聘者必须是党员或者预备党员。所以,他非常希望抓住在校发展党员的机会,成为预备党员。

二、分析处理

党支部书记了解了Z同学关于入党原因的考虑,先肯定了他积极向党组织靠拢、想要成为一名预备党员的想法,但明确指出他的入党动机还不单纯,需要在以后的工作、学习、生活中端正入党态度。

党支部书记再次给他讲解了支部考核推选的流程制度,并告诉他考核推选规章制度的初衷就是对每一个真心入党的同学负责,营造一个公平、公正、公开的环境,把真正优秀的、符合条件的同学推选上去。至于党组织发展哪些同学,要综合看其考察期的具体表现:入党动机是不是端正、纯粹;有没有积极向党组织靠拢;有没有认真学习理论知识、提升自身思想政治素养;作为学生,有没有搞好学习、搞好学术,做出成果;有没有积极参与支部、班级、学校的活动;有没有帮助困难群体;有没有保质保量完成发展过程中的材料;有没有较好的群众基础,起到模范带头作用等。

党支部书记对Z同学讲到,不能因为你找工作需要是党员就优先发展你成为预备党员,这是对党的不负责,对其他积极分子的不负责,也是对你的不负责。想要尽快成为预备党员,首先应该端正自己的入党态度,可以对照考察内容、党章要求,先进行自我检视,找出自己的不足并改正,争取早日达到标准。Z同学听了党支部书记的解答后,表示一定会好好反思,端正自己的入党动机,按照党员的标准严格要求自己,从多方面提升自己,争取早日入党。

三、反思启示

对于入党动机不纯、需要端正入党态度的同学,担任学生党支部书记的辅导员需要做到:

1. 对于渴望入党的同学,应该给予他们充分的鼓励。从最初学生递交入党申请书开始,支部书记或是该生的培养联系人就要了解其情况,并多方面考察他们的入党动机,及时纠偏。在推荐优秀团员作为入党积极分子时,更需严格把关。动机不纯的同学,须再次谈话考察,积极引导。支部在发展党员问题上,应当始终把政治标准作为发展党员工作的首要标准。在满足"关于学生党员发展中对发展对象学习成绩要求"的基本前提下,党支部支委会可以结合支部实际情况制定党支部发展预备党员评定细则,并提交支部大会表决,表决通过后写进党支部工作手册。

2. 在推选出积极分子后,应该及时告知积极分子党员发展的流程、制度以及成为党员的基本标准要求,让积极分子从一开始就知道自己的努力方向和成为党员需要达到的标准。

积极分子的培养联系人应在联系人成为入党积极分子后时常了解其思想动态,以便及时纠偏。在下一阶段的党课培训中,党支部委员也需要"高标准,严要求"地审查了解积极分子的情况,筛选出足够优秀的同学,进行集中培训学习。

3. 在培养考察期,充分发挥培养联系人的作用,定期对积极分子进行了解、谈话,掌握其在培养期各方面的情况,并给予适当的批评、建议、鼓励。在对发展对象进行考察的过程中,也要注意该对象是否能为党支部的发展承担一些责任。对于只关注自身、没有奉献精神的入党积极分子,在发展过程中应当慎重考虑。避免培养联系人的联系考核成为一种形式,把工作做实做到位,让党支部发展真正符合条件的入党积极分子成为党员。

4. 通过一系列的评比标准来引导学生坚定理想信念,端正入党动机。支部应完善党员发展具体实施制度,营造一个更加公平、公开、公正的环境,发展真正符合党员要求的同学。

案例十三　创新党建工作出成效

一、案例呈现

某辅导员在开展日常工作的同时,还任某院研究生党支部书记一职,对党员发展、学生党员、入党积极分子的思想政治认识等工作有所了解。该辅导员所在党支部在开展"不忘初心、牢记使命"主题教育的过程中,举办了一系列活动,将主题教育工作落到实处。通过志愿服务群众、人均完成一篇习近平关于"不忘初心、牢记使命"论述摘编经典文章阅读分享交流、参观红色景点等方式,开展"不忘初心、牢记使命"主题教育再学习,取得较好的工作成效。

为进一步推进主题教育的深入展开,研判主题教育阶段性成效和问题,该辅导员所在支部开展了"党员一对一谈心交流"活动,并对照学生党建工作各项要求,深入开展专题组织生活会。会上,有部分研究生入党积极分子存在以下情况:理论学习不够、个人思想认识存在偏颇或不足之处、入党动机有待纯净化等问题。进一步沟通中,还发现有些研究生入党积极分子存在认知深度不够、尚不能很好地理解新时代中国特色社会主义道路与自己学业之间的相关度问题。这些情况对主题教育的进一步开展具有一定影响。

为彻底改善研究生入党积极分子对党支部思想认识不够、入党积极性不足、纯洁性不明确等一系列问题,该研究生党支部书记结合"不忘初心、牢记使命"主题教育,以志愿服务、主题教育征文等活动为载体,开展了一系列重温入党誓词、思想认识再升华、入党动机纯洁性再提炼、入党积极性再把关等工作部署,收效明显。

二、分析处理

提高大学生思想政治素质,是高校辅导员、学生党支部书记的一项重要职责。该研究生党支部存在的情况和问题,成为支部深入开展"不忘初心、牢记使命"主题教育的工作题材。经分析,该辅导员所在研究生党支部存在具体问题如下:

1. 存在部分"佛系"入党积极性问题。"佛系"的入党积极性,指的是部分入党积极分子动机不纯、入党信念不够坚定、入党意志不坚定等众多容易在未来学生党建工作中埋下隐患的情况。他们入党积极性不够高,群众服务意识不强,面临工作或学习任务考验时偶会出现退缩等现象。

2. 存在部分支部的学生党员没有严格要求自己的情况。在"不忘初心、牢记使命"主题教育中,他们呈现出理论学习程度不足、思想认识存在偏颇或不足的情况,给党支部主题教育深入开展带来挑战。学生党员在自我成长过程中,不可避免也会遇到这样或那样的问题。这个时候,要体现共产党员的先进性,就是要做到先人后己、不忘初心,将解决问题或困难的效率提上来,自己主动查找问题,主动帮助身边群众一起解决问题、克服困难。特别是在理论学习中,要带着问题学,在学习中不断提高和完善自己。

3. 存在学业成绩与党员身份不匹配等问题。研究生党支部成员在学业上应做到表率和带头作用。而该研究生支部部分学生党员存在学习上努力程度不够、考试成绩不理想等问题。

处理以上问题时,一是从辅导员身份出发,分析部分党员或"佛系"积极分子在学业成长和日常表现中存在的问题,有针对性地给出解决方案。二是立足自身党支部书记角色,严把入党审核关。这样,才能提升党员发展质量。

该研究生党支部在加强支部战斗力、凝聚力,做好"不忘初心、牢记使命"主题教育等方面,主要采取了以下几个举措:

1. 通过重温入党誓词,加强支部凝聚力,为进一步开展"不忘初心、牢记使命"主题教育打下基础。

2. 合理运用活动载体,提高支部战斗力,做好群众志愿服务,争取群众认可,以获得党员身份荣誉感。通过服务同学、服务群众等方式,体现党支部的战斗力、凝聚力和代表性,树立党支部在群众中的良好形象。

3. 党员亮明身份,争做学业、生活带头人。党员应争做班集体、党支部的学习带头人、良好风气带头人、积极向上的形象气质代言人。通过以党建促学习、以主题教育促初心成长等系列工作部署,使党支部成员有获得感,在班级同学的呼声中得到认可与提升。

三、反思启示

高校辅导员身兼党支部书记是高校学生工作中的常见现象。一方面源于辅导员自身的党员身份可以更好地发挥党员思想政治引领作用;另一方面则是辅导员的教师定位可以在思想政治教育工作实践中获得教育成效。换言之,这既是高校辅导员自身党员身份的合理应用,也是工作需要和自我提升的良好渠道。

作为支部所在学生群体的辅导员与作为负责学生党支部工作的党支部书记,这是两种不同工作职责定位的角色,二者之间既有区别又有联系:辅导员要具备足够的思想政治教育工作能力,在思想认识、心理教育引导、安全教育、日常管理、奖(惩)助补等多个工作领域,都要有扎实的理论与实践功底;党支部书记是党的基层组织的领头人,学生党支部书记是学生党支部的"班长",个人品质、才能、工作方法等都对党员、群众的凝聚力起着重要作用。辅导员作为学生党支部书记,既要言传更要身教。

高校辅导员在担任党支部书记工作中,要时刻注重自身党性修养和思想政治素质的提升。本案例中,高校辅导员在履行教师职责的同时,所兼顾的学生工作具有范围广、教育职责重的特点,在履行自身党支部书记职责时需要具备政治立场坚定、党性修养高、政治业务素质能力强、具有坚定的原则立场等特点。

案例十四 一名专科学生的逆袭

一、案例呈现

C同学是某学院2015级的一名专科生,自入校以来目标明确,努力学习,工作能力强,在2015—2018年连续三个学年中,其专业成绩绩点和综合测评均名列专业第一。他在2015年9月就递交了入党申请书,2017年11月加入中国共产党,成为中共预备党员,2018年11月按期转正,成为一名光荣的中共正式党员。

2018年C同学通过专升本考入该学院某专业本科。在校五年间,C同学先后获国家奖励6项、省部级奖励5项、校级奖励15余项。在2019年毕业时C同学同时收到西安交通大学、英国曼彻斯特大学、英国杜伦大学、英国丁汉大学、英国南安普敦大学研究型硕士等国内外多个知名学校的研究生录取通知,最终选择西安交通大学的硕博连读机会。

C同学在大学期间勤奋好学,刻苦努力,先后荣获国家奖学金、国家励志奖学金。为了更好地提升自身综合素质,他积极参加各类竞赛、社会实践、志愿服务、创新创业训练等活动。在2017年7月，他担任学院"三下乡"社会实践队队长，前往某市某区县开展社会实践活动，助力完成"美丽乡村建设"乡村庭院规划，最终荣获团中央"深化改革行知录"全国奖。2018年参加世界大学生桥梁大赛，荣获三等奖，并于同年6月前往北京国家会议中心参加世界交通运输大会。2018年7月担任队长，带领团队（该市仅有的两支团中央专项队）赴山西省长治市参加"三下乡"社会实践活动，并完成了课题"农村特色农产品电商营销推广方案"，团队荣获了襄垣县"优秀实践成果奖"，C同学荣获重庆市"三下乡先进个人"和团中央"强国一代新青年"先进个人荣誉称号。2018年11月加入中国交通行业最具影响力学会——"中国公路学会"，成为学生会员。2019年1月赴澳大利亚墨尔本大学进行为期45天的访学和澳大利亚工地实地考察学习，发表论文已被万方、维普等数据库收录。2019年4月主研创新创业训练项目"一带一路沿线国家翻译眼镜的推广与设计"。

在学生工作方面，作为该校青年志愿者协会分会会长，C同学定期组织并参加小学义教、敬老院服务、城乡市民学校建设等各类志愿服务活动，多次获市、校级优秀志愿者称号。作为院学生会主席、院团委副书记、班长，成功组织举办学院迎新晚会、留学生成长营、国际文化艺术节等各级各类活动。他出色的工作业绩、严谨认真的工作态度、突出的组织协调能力，也得到了老师和同学的认可，先后多次被评为校级"优秀学生干部"。

二、分析处理

C同学无疑是大学生中的优秀典型，他的成功经验值得广大学生借鉴。他之所以能在大学期间取得较好的成绩，可以归纳为以下三个重要原因：

1. 目标明确，职业规划清晰。C同学自进校以来就有明确的学习目标，并且对每一阶段的学习和工作都有较为清晰的规划。他是一名专科学生，在本科院校中是很容易被忽视的群体，但该生刚进校就有异于其他同学的表现。首先他知道大学学习的重要性，更明白大学需要自主学习，所以学习异常刻苦，上课认真对待教学计划安排修读的每一门课程，课外泡图书馆，广泛涉猎管理、法律、人际交往、公关礼仪等各方面知识，每一学期考试成绩在专业都名列前茅。他更知道作为一个专科生他离自己的人生目标还较远，他的第一个小目标是要升本，通过自己的不懈努力，最终如愿实现。其次，他明白大学还要锻炼自己的人际交往能力、组织管理能力，所以他踊跃参与学生干部竞选，积极参加各级各类学生活动，不断开阔自己的视野，增长自身才干，提升自身综合素养。

2. 踏实做事，本分做人。C同学在校期间做事踏实肯干，作为学生干部能认真对待每一项具体工作，兢兢业业，求真务实，及时传达学校相关文件精神，并如实反馈学生意见建议，工作责任心强，善于与人沟通交流，不管是对领导、对老师还是对同学都能坦诚相待，关心集体，乐于助人，对人对事都能严格以一个优秀党员的标准要求自己，群众基础扎实。

3. 把握机会,敢于担当,勇于挑战。在以本科生为主的某学院,作为专科学生的C同学能担任学院主要学生干部,尤其需要勇气和魄力,引领团队,成功组织完成各项学生活动,更需要挑战自身能力。在他成功组织完成各级各类公益活动、学科竞赛、引航沙龙、社会实践、典礼晚会等丰富多彩团学活动的同时,自身也得到不断地成长。在他身上,不仅有当代青年人的青春与活力,更有当代大学生党员的责任与担当。这种不畏艰难、勇于挑战、敢于担当的精神,使他在人生的舞台飞得更高,走得更远。

三、反思启示

基于以上案例分析,学校在学生教育管理工作中需要在各层面为学生搭建良好的平台,提升学生综合素养,具体建议如下:

1. 组织开展丰富多彩的团学活动,为大学生展现自我、提高综合素质搭建平台。学生需要在各种活动中认识自我,锻炼自我,提升自我,学校可通过一定的激励机制和名师指导,引导学生积极参与各种专业竞赛、社会实践、文体活动等,培养学生实践能力、创新创造能力、组织协调能力,提升学生综合素质。

2. 重视大学新生职业生涯规划,提升学生自我管理、自我规划能力。大学新生进校后由于理想和现实的差异以及对大学生活的不适应,容易迷茫,甚至消极颓废,需要辅导员加以教育引导,引领他们了解大学,了解自我,了解社会需求,并根据自身兴趣爱好、性格特点、家庭情况及职业需求,制订出适合自身发展的职业生涯规划。

3. 充分利用学校资源,强化学生学业辅导。学业辅导主要针对学习目标、学习方法、学业规划、专业发展、学校资源利用等给予学生专业化的帮助和指导。学业辅导可以由学生辅导员、专业教师、优秀学长等进行。辅导员的学业辅导主要是引导大学生树立正确的学习观、价值观、人生观,增强学生的社会责任感和时代使命感。优秀学长的学业辅导主要是从学习方法、学业规划、学校资源利用等方面入手。专业教师主要从职业需求、专业前景、科研实践等级方面给予辅导。

案例十五 沟通是一剂良药

一、案例呈现

T同学是一位来自沿海城市的学生。初到大学,他积极参与班干部竞选,被班上同学选为班长。最初,同学们都很支持他的工作,比如班长统计周末回寝人数时,每进一个寝室,同学都热情地迎接班长。从陌生到熟悉，为了更好地管理班级事务，T同学花了不少工夫。然而大一半学期过后，班级里的一些同学陆续给辅导员发消息希望换班长。该班的团支书还将班上20位同学的联名签名信交给了辅导员，信里提到班长T近段时间工作不负责的情况。

辅导员从同学们那里了解到，T同学高中时比较内向，没有当班长的经验，现在就是一时冲动，想当班长过官瘾，但在辅导员看来T同学很积极，对同学也十分热情，经常帮助同学。有同学还反映，他很多时候都一个人在寝室打游戏，缺乏集体意识，也不组织班级活动，班级事务快到截止时间了就推给团支书去做，入学小半年了也没有组织班级活动。同学们觉得应该换一个比较有号召力或者愿意努力建设班级的人做班长。

辅导员听了同学反映的情况后顿感惊讶，随后对这几位同学进行安抚。作为辅导员，发生此事，他知道自己有很大的责任，表示会考虑同学们的诉求，和T同学沟通交流，并让同学们放宽心态，保持关注，不要采取过激行为。

二、分析处理

从之前的表现以及和同学们的相处来看，T同学具备一定的亲和力、执行力，这是一个管理者所必需的品质，这也是辅导员一开始看好他的原因。

之后，辅导员将T同学叫到办公室进行深度谈话。谈话中辅导员发现他确实存在同学们反映的问题。他和同班同学相处得并不愉快，也确实没有组织过班级活动，并且沉迷游戏，不听取同学们的建议，也不想和同学有过多接触，对这个"排挤"他的集体逐渐产生厌恶的情绪。但是，当辅导员询问T同学是否愿意卸任班长时，他开始激动起来，手攥得紧紧的，眼眶有点红，低声说他不愿意。

辅导员马上安抚T同学的情绪，把话题转移到他的家庭上。据他讲述，他是单亲家庭，从小跟着奶奶生活。他奶奶在开学不久就去世了，他想回去奔丧，但家人反对。他向辅导员坦白说，因为自己太压抑、太伤心，没有解决的办法才沉迷游戏。谈话结束后，辅导员决定和T同学一起吃晚饭，换个谈话环境拉近距离。在吃晚饭时，T同学和辅导员聊起高中生活，那时他成绩还不错，他的同桌和好朋友都考上985大学或是去了上海、北京，而他因为奶奶生病，发挥失常考进了现在的学校。当再次聊到班级事务时，辅导员发现T同学还是很有想法，只是目前有一些情绪牵绊着他。

通过约谈T同学，从当事人的角度审视最近班级里不和谐因素的来源，辅导员发现了班长让同学失望的原因。之后辅导员开导了T同学，鼓励他必须努力，才能对得起奶奶的养育之恩，同时称赞他奶奶一定是一个明事理的人，才能把他培养得这么优秀，所以不要辜负了她，逝者已去，缅怀之余一定要继续努力，生活还有很多美好去等着他发现。

辅导员还以班级干部团建为由,组织T同学、其他班委以及几位室长小聚。征得T同学的允许后,辅导员首先向大家陈述了他家里发生的事情。大家表示十分理解。T同学向大家保证,以后一定会尽职尽责,带好班级风气,不再沉迷游戏,了解同学需求,做好每一件小事。辅导员也示意各位班委要继续支持T同学。此事过后班级慢慢变得和谐起来。在后来查寝的过程中,辅导员发现T同学与其他同学相处愉快,已经走出了家庭的阴影,并且成为班集体的管理者、奉献者。

三、反思启示

误会总是容易产生隔阂,遇事及时沟通交流,寻求理解,才能解决问题。T同学在同学眼里成了表现派、表面派,原因是他们认为班长"尸位素餐",不干实事。同学没有和班长进行深入的交流,没有了解这位曾经热情、阳光的男生忽然变得一蹶不振的原因。作为班长,T同学也不够成熟,未能担起一个班长的责任。同时,T同学通过沉迷游戏发泄情绪的方式是错误的,而更应该自立自强,做一个扛起家庭责任的男子汉。

一个人的痛苦由几个人分担会减轻许多,在有爱的环境中学生也会快乐成长。大学生活很美好、很自由,T同学有心带领好班级,但是现实生活的不顺却让他逃避履行班长职责和义务。在被误会时,哪怕有一位同学站出来为他说一句话,说出他的苦衷,相信同班同学也会理解他、鼓励并帮助他走出逆境。而他拒绝向同学说出自己的难处,任由别人误会。

班级学生相处出现问题时,辅导员作为他们的领路人,应该及时与学生沟通交流,通过学生所反映的情况发现问题并寻找问题出现的原因,以理解、包容、耐心、细心为前提,解决班级里不和谐的问题,引导同学们多沟通,让同学们大学时代的友谊变得深刻可贵。

作为学生在大学校园里接触最多的老师,辅导员应该尊重、接纳自己的学生。每个学生身上都有自己的故事,当他们遇到问题时,辅导员要帮助他们从自己身上找到正向积极的力量,给予他们向前的勇气,坚定他们向前的决心。

另一方面,辅导员做学生工作,需要发自内心地关爱学生,要让学生信任自己,愿意敞开心扉。辅导员与学生建立了良好的关系,就为工作的开展奠定了成功的基础。

第三篇
学风建设篇

本篇涵盖辅导员熟悉了解学生所学专业的基本情况，激发学生学习兴趣，引导学生养成良好的学习习惯，掌握正确的学习方法，指导学生开展课外科技学术实践活动，营造浓厚学习氛围等。

案例十六 探索专业兴趣，寻找努力方向

一、案例呈现

C同学为某高校大二学生，入学时为某专业大类方向的学生，当时未明确具体专业分流方向。经过大一学年的努力，C同学在大二转入实验班学习，虽然明确了专业方向，但他对所学专业仍感到迷茫与无所适从。

经了解，得知C同学的焦虑来源于以下3个方面：

1. C同学在填报高考志愿时，对所学专业并无深入了解，其父母也仅从就业角度考虑。进入大学后，通过对各专业的了解以及与不同学校、学院同学的交流，C同学觉得自己更适合社科、管理方向的专业，便萌生了转专业的念头。

2. 对本科阶段的学习还没有充分了解，C同学觉得自身的能力素质与专业要求相去甚远，而这种想法并非源自成绩不理想，而是源自他对本科阶段的学习目标还没有科学合理的认识。他提到，在某次课堂上老师问有多少同学阅读过专业学术期刊，由于一篇专业学术期刊也没有阅读过，他感到莫大的差距，觉得自己差劲，并因此感到十分迷茫，对自己的能力和水平产生怀疑。C同学还经常思考本科阶段应该从事什么研究方向，开展哪些研究才能紧跟时代步伐而不被时代所淘汰，而并未将注意力放在原本应该在本科阶段打牢专业基础的方面。

3. 由于缺乏关注焦点，C同学虽然给自己定下了严密的时间安排计划，每日的学习、生活安排得十分充实，并且高度自律，每日遵循规律作息与生活，但是所学的东西过于繁杂，缺少焦点内容，什么都了解一点，却都只能略知一二，导致始终无法找到兴趣所在。

二、分析处理

针对C同学在专业学习上的困扰，该生辅导员在对他进行学业辅导时从以下几个方面入手：

1. 对本科阶段的人才培养目标要有清晰的认识。本科阶段的学习强调对基本功的锤炼，而不是确定研究方向。基本功若不扎实，再高大上的研究方向也仅徒有华丽外表，缺乏专业的支撑。至于阅读专业学术期刊，虽有利于能力素质的提升，但仅少数出类拔萃者能够

在本科阶段在专业期刊上发表文章,或者能深刻领会专业学术期刊的学术观点及内容,大多学生在研究生阶段才逐渐培养出这方面的能力。因此,认知上的偏差需要纠正,否则专业兴趣的培养会出现错位,造成认知混乱。

2. 要改变高中阶段的学习方法。大学课堂所授的是最基本的内容,在此基础上要掌握自学的方法与技巧。在教材之外,还有广阔的知识海洋,包括人文、历史、地理、前沿与热点、新材料、新技术等。大学毕业后所从事的工作或研究方向不一定与专业方向完全一致,所以大学阶段的学习除了掌握专业方向必备的基础知识外,还要拓宽知识的广度,将自己打造成为可塑性较强的综合型人才。

3. 积极参与学科竞赛,找准兴趣所在。如对软件感兴趣的学生可以以数学建模竞赛、制图大赛为抓手,熟练掌握几个行业软件的使用技巧与方法;对推理、推导、逻辑思维感兴趣的学生可以以力学竞赛为抓手,培养自己严谨、求实、钻研、孜孜以求的科学素养;对实操感兴趣的学生可以以结构竞赛等为抓手,通过团队协作寻求解决问题的方法等。

三、反思启示

1. 学生应该千锤百炼基本功,以应对时代发展带来的挑战

随着时代的进步与发展,尤其是人工智能、5G应用、大数据等新兴技术的蓬勃发展,传统行业正面临着技术飞速进步带来的深刻变化。例如,未来建筑行业的发展必将融入各项新技术的成果,朝着智能化、可持续、环境友好、人文关怀等方向不断深入推进,但不管该行业在新技术的引领下如何发展进步,对从业人员的基本素质要求是不变的。因此,对青年学生而言,除了对新兴技术保持足够关注度,紧跟时代发展进程之外,对基本功的锤炼仍不应放松。大学阶段是打下专业基础的重要时期,学生对此要给予足够重视。荒废了基本功的培养与训练,就如同空洞的躯壳,没有内在养分支撑。与基本功训练相辅相成的是对专业兴趣的培养。作为学生,要充分彰显个性,将某一方面的专业兴趣发挥到极致。这样所带来的将是一笔宝贵的且影响深远的人生财富。

2. 院系教师、高年级优秀学生、用人单位人员共同为新生答疑解惑,助力新生了解所学专业情况、掌握专业学习方法

针对大学生专业学习兴趣的缺失与目标的模糊,可采用多种方式解决。大部分学生在入学时对本专业并无深度认识,对本专业的人才培养目标亦不了解,所以在开展新生入学教育时,可引入院系专家、教授等师资力量,为学生专门开辟一个了解本专业基本情况以及人才培养方案的环节,使学生对本专业有基本的认识与了解,避免陷入迷茫。另外,可从高年级学生中挑选优秀代表,与新生开展面对面交流,从同学、朋辈的视角为新入学的大学生讲述对专业的认识、介绍专业学习方法等。这种方式相比院系老师的讲授,能更好地贴合学生的实际情况,以过来人的经历为学生带来启发,使学生尽快了解自己所学专业的学习内容和学习方法。还可以与用人单位加大合作力度,邀请用人单位资深专家、专业技术人员等,从工作实践的角度,为学生们讲授对专业技能的基本要求,使学生从专业技能需求角度,思考专业学习兴趣的培养,也不失为一种调动积极性的有效方式。

案例十七　多一分鼓励,多一分力量

一、案例呈现

Y同学,男,性格内向、沉默,独来独往,几乎不参与集体活动。学习成绩长期处于中游偏下,从不参加学术活动和学科竞赛,没有通过全国大学英语四级考试,也没任何获奖的记录。大三学年之前,他的学分绩点尚能保持在2.0左右。由于大三学年课程数量多且难度大,不少科目Y同学都是勉强及格,导致学分绩点大幅下滑,大四之初学分绩点只有1.5。

到了大四,除新开课程以外,Y同学另外有5门难度较大的课程需要重修。大四第二学期还有实习、毕业设计等事项,能否如期顺利毕业,能否达到被授予学位的要求,成为摆在Y同学面前的两大难题。辅导员了解到Y同学的学习情况后,积极主动对他进行学业帮扶。

二、分析处理

辅导员找来Y同学,先对他的学习状况进行了详细地梳理和了解。

双方一起分析了Y同学大四第一学期要学习的课程,并对课程结构和课时进行了分析。通过分析发现,大四第一学期课程中,专业课程数量多,普遍难度较大。尤其Y同学重修的5门课程均为难度系数高的课程,之前Y同学已重修但没通过。对于这些课程,Y同学学习时感到很吃力,有厌学和畏难情绪。此外,由于大四第一学期学生们还面临找工作的问题,课程安排上也比较紧凑,无形中也加大了Y同学学习的难度。

在对待学习和成绩的态度方面,Y同学表示由于长期以来学习成绩较差,自己在学习方面没有目标,缺乏动力,整天浑浑噩噩,上课的时候很难集中注意力,课堂学习效果不佳,遇到听不懂知识点的时候,就会开小差玩手机或是睡觉。课后他从来没有复习,每次都是在考试之前临时抱佛脚,借其他同学的笔记和复习资料匆匆忙忙备考,缺乏系统性的复习计划,疲于应付,而且时常会因担心挂科而焦虑。Y同学表示自己也很讨厌这种状态,但是又无力改变。

辅导员引导 Y 同学认识到自己学习中存在的不足,帮助 Y 同学树立信心,指出同学们能考进同一所大学,智力水平和学习能力方面基本上旗鼓相当,大量学习时间的投入是取得好成绩的保障。辅导员鼓励 Y 同学积极调整状态,先从时间管理入手,减少每天睡懒觉和玩游戏的时间,把更多的时间投入到课堂听讲和自习中。另外,摆正心态,暂时不期待有明显的效果,不急于求成,注重良好学习习惯的培养。辅导员每周一到两次找 Y 同学了解学习和自习情况。经过一个月的时间,在辅导员的督促和帮助下,Y 同学对学习的兴趣浓厚了很多,并养成了上自习的习惯,也开始主动来和辅导员交流自己的学习问题。

在此基础上,辅导员开始对 Y 同学进行学习方法上的指导。辅导员引导 Y 同学对所学课程进行详细的分析,结合各科课程的难易程度,调整在各门课程上的时间分配,注意各门课程的学习方法和学习规律,注重提高学习效率。此后,辅导员经常关心 Y 同学的学习状况,并给予鼓励和引导。考试之前,辅导员督促 Y 同学比其他同学更早进入备考状态,每天到自习室复习各科知识要点,认真备考。经过一个多学期的努力,Y 同学一次性顺利通过了所有课程考试,并补上了之前未能修到的学分。在毕业设计和答辩中,Y 同学也有良好的表现,顺利通过答辩,如期毕业。

三、反思启示

1. 时间投入的多少是影响大学生学习成绩好坏的重要因素

学业问题是大学生面临的最主要问题。相对于高中的学习方式,大学更为宽松、灵活,但难度有增无减。大学课程多、时间紧、内容广、难度大,学生不仅要做好预习,还要在复习环节投入大量时间。一些大学生进入大学之后,由于在学习上缺少高中时期强力的外在约束和内在明确的个人目标,逐步变得散漫、拖沓、不知所措。他们没能很好地转变学习态度和方法,而是将大量时间花在打游戏、玩手机、睡懒觉等事情上,从而导致成绩下降,学习陷入困难。

2. 树立信心,才能更好地投入学习

学生遇到学业困难时,自信心容易受挫,不能客观地面对和分析学习方面的问题,不能正视自己的缺点和不足,进而产生厌学心理和逃避心理,在游戏、娱乐活动中麻痹自己,自暴自弃,陷入恶性循环。在这种情况下,学生如同陷入泥潭,不能自拔,特别需要来自外部的力量的扶持,以及外界的鼓励和帮助。教师和辅导员要密切关注学业困难学生的状况,及时伸出援助之手,开展有效的学业帮扶与指导。要给学生一分鼓励、一分督促、一分指导,帮助他们重新树立对于学习的信心,激发他们学习的热情,帮助他们养成良好的学习习惯。要促使他们积极进行反思和总结,改进学习上存在的缺点和不足,主动探索学习的方法和途径,提升学习效率,帮助他们在学习的道路上走得越来越坚实,越来越好。

案例十八　迈向科研之门，从第一份项目申报书开始

一、案例呈现

H同学对大学生创新创业项目（以下简称"大创"）申报的问题感到很困惑，想参与其中，但是又无从着手。H同学主动找到辅导员，表达了自己的想法。辅导员从该生处了解到，很多同学对大创项目申报有一定的想法，毕竟能锻炼自己，还能作为找工作或考研面试的加分项，而且如果项目结题了，还有校级证书和项目经费支持，可谓一举多得。

如何才算创新？怎样申报项目？申报书又该如何写？写什么内容才更有可能立项……面对这些问题，H同学感到很茫然。这也是绝大部分学生望而却步的重要原因之一。对此，该生辅导员从学生实际情况出发，结合大创申报要点，为学生逐步理清思路，找准方向，将任务分解，最后帮助该生写出了人生第一份项目申报书，成功获立校级课题并顺利结题。

二、分析处理

在了解H同学想法后，该生辅导员对他的学习态度表示肯定，鼓励学生完成此次申报。辅导员还从以下几个方面分析大学生在参加创新创业项目时存在的问题：

1. 主题不够鲜明集中，想法很多，但是很发散，不够聚焦。

2. 财务分析能力非常薄弱，计算成本时考虑不够全面。有关税费、财务费以及人工物料等成本有所遗漏，预期收益上没有将可能存在的风险纳入考虑，而是在非常理想的情况下设想收益的丰厚和稳定，计算出来的收益率远高于市场实际水平。

3. 创业组织的结构、体质构想不清晰，对于长远发展过程中的产权、责任划分等问题不清晰。

4. 项目设计上浪漫色彩偏重，采用一些看似亮丽、实则无用的品牌包装、形象设计，项目名称和标识与所在的行业和市场的定位匹配度低。

分析之后，辅导员通过谈话，深入了解H学生具体的情况，和他商议创新创业项目的出发点。辅导员从H同学所学专业出发，了解学生对所学专业是否有一定认知，进而挖掘创新点。但是从实际了解到的情况来看，该生对专业认知还不深，从专业角度难以创新。

对此，该生辅导员转换思路，从该学生实际生活出发，了解他是否有兼职或创业经历。在了解到该生有送外卖兼职的经历后，针对学校外卖存在的缺点与他进行深入交流。在谈及外卖兼职方面，该生明显思路清晰，且有尝试创业的打算，很快分析总结了学校外卖存在的两个问题：一是外卖制作过程缺乏实况监督，消费者不是很放心；二是外卖点餐缺乏分类和搭配，做不到不同的口味适合不同的人群，不同的菜品有不同的滋养功效。在此基础上，该生提出尝试创业的打算，即针对上述两个问题，增加监督、分类等相关环节，努力使外卖做得更令人放心，让消费者点菜更加有针对性、菜品营养搭配更加合理。在发现这个创新点之后，该生辅导员结合大创创新类项目的申报要点，迅速帮助他理清思路，鼓励他看一些相关作品，尝试撰写申报书。在H同学及团队成员的协作下，很快形成了申报书初稿，之后通过不断地修改和完善，完成了此次大创的申报，并成功立项。

三、反思启示

"大众创业、万众创新"，鼓励和帮助大学生创新、创业是一项重要人才战略发展趋势。现如今越来越多的创新创业活动深入高校，比如大学生创新创业项目申报、"互联网＋"创新创业竞赛、大学生创业大赛等。参与创新创业类项目，不仅可以拓宽学生的思路、锻炼其写作能力，而且还能加深学生对专业知识的掌握程度，让学生提前与专业课题接触，激发学生对专业的热爱。

1. 积极引导，细心发掘。鼓励和引导学生参与创新创业活动，不仅是专业课老师的事情，而且也是辅导员同样应该做的事情。这就需要辅导员在平时工作中对学生细心发掘、耐心引导和积极鼓励，重点是鼓励学生走出第一步。至于如何走出第一步，可以结合学生实际情况进行指导，也可以推荐专业老师，起到牵线搭桥的作用，为学生参与创新创业活动提供帮助。

2. 因材施教，有的放矢。创新创业项目的主要目的就是打开学生思路，以创新带动创业，将好的创意融入实践，锻炼学生写作能力和动手能力。辅导员在平时工作中，应主动了解所带学生的专业程度，以及各专业老师所研究和擅长的领域。只有这样，在学生开展创新创业项目活动中，才能做好引导和推荐工作，充分发挥好牵线搭桥的角色。

3. 加强宣传，营造氛围。尽管国家高度重视创新创业活动的开展，宣传力度也很大，可是具体落实到学生大创申报的时候，还是有很多学生望而却步。毕竟申报项目，对于大部分学生来说是第一次，心里没底，很容易打退堂鼓。这就需要辅导员老师多动员，多宣传，积极鼓励，营造良好的氛围。必要时，可以定点宣传，落实到人，以少数带动多数。

案例十九　16岁的孩子在等待中迷失自我

一、案例呈现

Z同学只有16岁就上大学了，同龄人都非常羡慕，他自己也觉得非常光荣。据了解，他在中小学阶段，都是在父母的监管下完成学业的。为了逃离父母的监管，他报考大学的时候报了一所外地的大学，希望获得更多自由。在大一学年，他过得非常开心，没有父母过多的干预，他非常享受自由的时光。但他在学习方面没有高中那么用心，眼看着挂科越来越多，马上要留级了他也并不担心，因为他比同班同学小两岁。就是因为有这样的想法，他在学习上不努力，最终留级了。留级后，他发现自己的学习基础很差，很多课程都听不懂，因此他也越来越厌倦学习。父母每次问起他的学习情况，他都撒谎说没问题。

留级后，他很少与人交流，总觉得自己比别人小，即使再留级也没关系。过了一段时间，课程落下得越来越多，他开始慌张，担心自己未来能否毕业。但为时已晚，第二次留级，他和同龄人成为同学。这时的他变得非常不自信，没有了以前的优越感，他开始反思，逐渐认识到之前的错误，警醒起来，开始认真学习，最终，Z同学在多次补考中完成了学业。

二、分析处理

1. 赢在起跑线，也不能停滞等待。他有机会早上大学，比其他的同学更有年龄优势，本来已经赢在起跑线上，他却没有保持这种优势，反而浪费了几年的光阴，还差点没有毕业。在大学期间，他选择了以"等待青春"来消磨时光，浪费生命，却酿成悲剧，差点退学。大学期间应该将自己的优势发挥到最大值，如果有意消磨，反而会让自己变得非常平庸。对Z同学来说，他有年龄优势，应该花更多的时间在提升自己的综合能力上面，而不是选择在等待中迷失自我。

2. 心理年龄不成熟。一般来讲，心理年龄和生理年龄是同步增长的，但也有例外，比如案例中的学生。大学阶段，不仅需要重视知识的学习和素养的提升，同样也需要修炼我们的心智，让青年大学生认清现实，对自己的行为负责，做好明确的规划，完成学业，全面提升自己的综合素质。大学生的心理教育尤为重要，衡量一个人健康的标准，心理健康是其中的重要方面。因此，在大学生的心理健康教育方面，要多给予学生一些关注，对于出现一些不良的心理特征，要及时干预，否则，学生很难很好地经营自己的大学生活。

3. 对自由的向往过多,自控能力较差。在经历高中的高压学习之后,许多学生期待在大学享受自由的生活。殊不知,大学阶段是最能让人成长的几年,如果错过了黄金时段,对人的一生都会产生较大的影响。如果他的自控力好,能够协调学习与娱乐之间的度,也不至于最终落得一个曲折的大学求学路。

三、反思启示

1. 辅导员要引导学生在青年时代多奋斗,树立终身学习的理念,不要只在大学享受自由的时光,浪费大量的时间。学生在经历了高中阶段的高压学习之后,非常希望在大学里面找回自由的感觉,好好享受自由时光。殊不知,在大学的适应阶段,往往容易走入歧途不能自拔。

2. 辅导员要深入了解学生学习不佳的原因,一般来讲,挂科较多的学生都有一些具体原因,辅导员要善于了解他们的真实原因,如果知道他们是这样一种"等待青春"的态度,就该及时进行干预,帮助他们树立正确的人生观。

3. 在大学阶段,学生在课外自己分配的时间较多,很多自觉性较差、自制力不强的学生在大学中容易迷失自我。辅导员要善于观察,一旦发现学生存在自制力不强的迹象时,要加以提醒,讲明事情的严重性,帮助他分析当前的现状,以及未来可能会出现的后果,提前敲响警钟,让学生明白居安思危的道理。

4. 辅导员要特别重视大学生入学阶段的适应性教育。大学生入学阶段的适应性教育非常重要,许多同学开始进入大学阶段时不适应大学生活,可以通过班级团体心理辅导,凝聚班级力量,让同学们尽快找到家的感觉,让每个同学都能尽快融入新的大家庭。此外,辅导员要加强引导,引导同学们独立自主做决定,能将自己的大学生活安排得井井有条,特别是对课外活动的安排要充实有序,不能浪费掉大把的课余时间。浪费时间,学生内心会有空虚感,会逐渐失去对大学生活的信心。

5. 辅导员要加强学生的职业生涯规划教育,帮助大学生树立良好的职业生涯目标,每个阶段该完成什么任务,细致到每个学期每个月,甚至每周。这样,学生的学习任务就非常明确,学生也有紧迫感。有压力才有动力,在压力的驱使下,学生自然会多一些警觉,不放任自己。

案例二十　学习时别被功利思想熏晕了头

Z同学,男,某学院大二学生,平时遵守纪律,成绩优异,担任班级团支书,积极参加社团活动,大一时期就向党组织递交了入党申请书,是各方面表现优秀的好学生。

在一次班委会上讨论班级评优评先的问题时,班级宣传委员 L 同学因有一门专业选修课未达标错失评优的机会。对此 Z 同学直言:"你为什么要选这么难的选修课啊?那个老师又严格,要选就应该像我一样选容易过的。"会后,辅导员把 Z 同学留下来单独进行谈心谈话。

辅导员表扬了 Z 同学一直以来各方面的优秀表现,肯定了他为班级做出的贡献,当询问他的人生规划和目标时,他说他的目标是保研,获得学校的推免资格,然后到一所 985 高校继续深造。辅导员问他是否了解要获得推免资格的条件,他说早就打听好了,现在也在向这个目标努力。辅导员告诉他要获得推免资格,其中一个条件就是大学期间所有课程不能挂科,他表示正是如此,所以所有的必修课他都认真学习、认真考试,而对于选修课他会先向学长打听哪些难、哪些易,哪个老师严格,哪个老师"好说话",尽可能地避免挂科。

二、分析处理

了解到 Z 同学是因为想争取保研资格,在选择选修课时以"好不好过""能不能得高分"为标准,而不是以个人兴趣或提升能力为标准后,辅导员判断这是关于学习态度、动机和个人价值观等方面认知的问题,于是采取以下做法:

1. 肯定学生对于未来的清晰目标和具体规划

Z 同学从初入大学就立志读研究生,并且努力争取保研资格,说明其立志高远,目标清晰,并且有坚定的意志和良好的自律能力,用自己的努力一点一点靠近目标,这是在其他学生身上十分缺乏的精神和意识。并且,保研对他来说并不是遥不可及的目标,这个规划很合理很有指导性。同时,他也了解保研需要的条件,把各个条件作为自己努力的方向,这说明他思路清晰,行动力强。

2. 探讨学习的意义

接下来,辅导员让 Z 同学思考学习的目的和意义,Z 同学说学习就是为了让自己懂得更多知识,提升自我,让自己在社会上更有竞争力。辅导员问,那如果一个人已经属于社会的上层,衣食无忧,是不是不需要学习了?他想了一下,没有回答。辅导员问他,学习是不是达到成功的手段和方法,一旦成功了就可以不学习了?他说不是,但是说不出为什么不是。所以学习对他而言就是有目的才能坚持的活动,而事实上学习的意义远远大于成功。

辅导员跟 Z 同学分享了萨克雷的话:"学习能够开导灵魂,提高和强化人格,激发人们的美好志向,读书能够增长才智和陶冶心灵。"除了学习将来立足社会必不可少的知识和技术以外,还要学会思考,让自己的精神世界更富足,让自己对于社会环境更包容,对于情感和温暖更珍惜,让自己更独立、更有尊严⋯⋯

3. 引导学生认识自己的不良倾向

辅导员问 Z 同学，如果因为其他原因没有成功保研的话，这几年在大学里的学习就没有意义了吗？Z 同学表示当然不是，至少他真的学到了知识，辅导员对此十分肯定。学到了知识、提升了能力就是他学习的收获，辅导员引导他在有选择的情况下应该选择那些他需要提高的课程，或是自己感兴趣的课程，而不应该把课程是否容易通过作为选课的标准。

最后，辅导员鼓励 Z 同学，不管任课老师有多严格、课程内容难度有多大，只要他认真学习、思考、总结，根本不需要担心是不是能通过的问题，并且克服了这些困难他会更有信心和成就感。

三、反思启示

1. 学习成绩好的学生和成绩一般的学生面临的学习问题有着很大的区别，成绩好的学生学习自主性强、自我约束力强、勤奋刻苦，不需要过于强调努力奋斗等，但需要在思想上把握认知偏差，避免出现功利化、实用主义倾向；而成绩一般的学生则应该帮助其树立学习目标、激发学习动力、优化学习方法，以完成教学任务为主。

2. 学习成绩好、各方面优秀的学生并不代表他的思想、学习动机等是正确且健康的，但由于他们很少"惹麻烦"，所以容易被辅导员忽视，实际上好学生也需要时刻关注其思想动态，以便使错误思想在萌芽时就能被纠正和调整。

3. Z 同学的情况肯定不是个案，即使没有保研目标的学生在课程选择上也会拈轻怕重，选择容易过的科目也是人性趋利避害的特点，因此在课程设置上要考虑到这个因素，给予必修课和选修课最优的搭配方案。

4. 学习的意义和目的并不只是为了获得毕业证、学位证以及更好的工作和前途，学习影响着人一生的思维、眼界、胸怀，而这些也决定着人会怎样度过他的一生。辅导员应该引导和鼓励学生们正确认识广义的学习，不要只把目光聚焦在分数上。

5. 功利化和实用主义倾向，有整个社会大环境背景的因素影响，一般人都树立直线目标，且寻求短期利益最大化，利益得失非常明显，如果没有达到预期的目的，或者投入高出预估，就会被认为是"不值得"。而大学生活的丰富多彩在于体验，只有体验才能发掘自己各方面的潜能，大学应鼓励学生向上向善，鼓励他们参与各种体验和挑战，鼓励"试错"和"走弯路"。社会已如此现实和功利，大学应提供更宽松更自由的多元化目标和环境，这样，大学生活才能成为人生中最美好的一段时光。

案例二十一 学生对专业不满意的处理之道

一、案例呈现

H同学,女生,重庆人,系某高校某学院某专业学生。该生在入学不久后就找到辅导员,表达想转专业的意向。辅导员问她为什么要转专业,她低着头,沉默许久,最后倔强地说:"这个专业对于女生而言不好就业。"但根据学校相关规定,大一下学期才能转专业,新生刚入学就转专业是不符合规定的。辅导员耐心地向她解释转专业的相关规定,并告知她打算转入专业的成绩要求等相关情况。

开学上课后有学生向辅导员反映,H同学性格内向,几乎不和同学交流,平时都是"独行侠"。有一天,班级学习委员给辅导员QQ留言:"H同学有一个下午没有来上课了,估计又在宿舍睡觉。"于是,辅导员急忙去了H同学宿舍楼下,托宿管老师看看她在不在寝室,果不其然,H同学正在床上"酣睡"。

二、分析处理

不久,辅导员找到H同学谈心谈话。通过耐心细致的谈话,辅导员了解到,H同学家庭贫困,哥哥在外打工,父亲一个人在家务农,家庭所得非常有限。H同学希望大学毕业后可以找到一份体面的工作,改善家里的经济条件和生活状况。但她通过学长了解到,所学专业毕业后女生的就业机会不多,收入也不高。H同学一直对自己的专业不满意,不想上课。

辅导员这才明白因为H同学对所学专业存在误解所以要转专业。于是,辅导员耐心地解释:第一,该专业培养的是管理和技术人才;第二,目前该专业人才紧缺,就业没有问题,并且该专业就业率近年都保持在95%左右,收入可观,完全可以改善她的家庭经济状况;第三,大学更重要的任务是学会学习、思考问题的方法,只要扎扎实实地学好真本事,任何专业都可以有所作为。

经过这次谈话,H同学的情绪好转,但是思想上仍存顾虑。通过细心观察,辅导员发现她有较强的管理能力,在征求她的意见后,辅导员安排她担任学风建设负责人,还主动帮她联系与她情况相似的W学姐,并且多次提醒H同学,学校对于转专业同学学习成绩的具体要求,希望她好好学习,等到这学期结束后再决定是否转专业。同时,辅导员鼓励她多与同学交流,积极参加课外活动,让她有机会挖掘自身特长,提高自身综合素质,为将来走上工作岗位做好充分铺垫,这是任何专业的学生都需要的。

为了让H同学和其他同学对所学专业有一个客观、全面的认识,辅导员还和该专业的学业导师沟通,让导师为他们做了一场新生专业交流会,就专业的特色优势、历史和发展现状、就业前景等进行了详细地分析和介绍。通过这场交流会,同学们对自己所学的专业有了更深层次的认识和了解。同时,辅导员主动邀请H同学与其直系专业的保研学长开展了一场学习交流会,通过学长的切身体会,让他们对自己的学校和专业有了进一步的了解。后来,H同学主动找到辅导员,她在全面了解所学专业后,发现自己越来越喜欢这个专业,还决定考研深造。

三、反思启示

许多大学新生在刚入校之际,对所学专业缺乏足够了解。另一方面他们被一些片面的、不靠谱的传言所误导,对自己的专业存在某种偏见。因此,通过参与专业交流会等多种活动可以及时缓解和消除同学们的专业疑虑,帮助他们树立对自己专业的信心。

针对新生因为对专业误解萌生转专业的看法,辅导员老师可以从以下几个方面入手:

1. 了解学生对专业的看法后,辅导员用爱心和耐心与学生促膝长谈,让学生敞开心扉,让他们充分讲出对专业的认识,从而能够有针对性地介绍专业的知识信息,纠正学生的错误认知。

2. 学校、学院应有针对性地统一安排系统性专业介绍、专业思想教育,邀请本领域的名师专家讲座,介绍专业学科发展前沿等,辅导员老师可主动联系专业教师,引导学生参观专业实验室等。

3. 辅导员应对所带专业有尽可能多的了解,尤其是学生关心关注的方面,以便及时开展相关工作。

4. 善于发现学生的特长,提供机会让学生施展,锻炼提高自身综合能力,以利于将来走上工作岗位。

作为一名大学生思想政治辅导员,要做好学生的思想工作不仅要摆事实、讲道理,更重要的是要换位思考,站在学生的角度去考虑和解决问题。用爱心、细心和耐心去呵护他们,才能和学生建立深厚的感情,得到学生的认可和信任。

案例二十二　让留级生重塑自我

一、案例呈现

W同学为大三年级留级生，留级之前挂科较多，经常缺课，不合格学分超过40个。留级之后，根据W同学所在班级的班长、学习委员等主要班委反映的情况，W同学平时上课经常迟到、旷课，很少与班上同学交流，从不参加班级活动，平时通知的事情也基本不回复。此外，因留级生宿舍不变动，他仍然和原班级的同学住在一起，因此，形成了几乎与现班级成员隔离的局面。这样发展下去，W同学很有可能拿不到学位证或者面临被退学。

二、分析处理

在了解情况后，该生辅导员迅速对该生情况进行摸底，并采取了以下措施：

1. 加强沟通，帮助该生融入现班级。通过与该生谈话，了解到该生性格比较散漫，长期将自己隔离在班级边缘，久而久之，养成了各种不良习惯，比如打游戏、睡懒觉等。留级后，这种情况愈演愈烈，对于学校活动等都不上心，而且对班级成员甚至班长都不认识，根本没有融入新的班级。对此，辅导员通过班会和晚点名形式，多次让留级生W同学在班上进行自我介绍，加深同学们的印象。此外，辅导员还要求W同学加入现年级群和班级群，方便信息通知，并叮嘱班长、学习委员等主要班委，平时多关注W同学的上课情况，特殊情况要及时向辅导员汇报。一段时间后，W同学与班上同学，特别是班委逐渐熟悉，也逐渐参与一些班级活动了。

2. 将W同学纳入结对帮扶，重点跟踪对象。在"结对帮扶"工作中，辅导员主动担任该生帮扶人，不定期了解其学习情况。通过对W同学的成绩进行详细分析，发现该生主要是在大三学年挂科，大一大二挂科较少，而且偏科较严重，梳理中辅导员还发现，W在某个科目及其相关课程挂科较多，该生辅导员正好具有该科目及相关课程授课经验，于是他利用自身专业知识，帮助该生梳理课程知识点，尽量消除学生心理上的障碍，培养学生学习自信。

3. 联系家长，共同关注。在该生留级后，辅导员第一时间联系该生家长，告知该生家长其留级后的不良表现，并将严重后果一并告知。该生家长因为文化程度较低，对大学不了解，一开始还以为"问题不大"。经过多次沟通后，该生家长也紧张起来，每隔一段时间来学校看望W同学，了解W同学的学习情况并督促其学习。

通过一个学期的努力，W同学一次性通过了该学期的所有课程，并对顺利毕业充满了信心，相信下学期也能做到不挂科，精神面貌焕然一新。

三、反思启示

留级生是一个特殊群体，普遍自律能力较差，因为各种原因，比如打游戏成瘾、因缺乏关注关爱而变得懒散、不能适应大学生活、患有心理疾病等，逐渐被班级同学排除在外，最后变得自暴自弃、得过且过。相当一部分留级生最后都是结业离校，甚至被劝退。对于这个群体，辅导员应该给予更多的关心和帮助：

1. 要找到学生留级的真正原因，可以通过学生本人了解，也可以通过与学生家长沟通，或与学生原班级辅导员或原班级学生交流找到问题症结所在。只有先找到原因，才能找到有针对性的办法。

2. 根据具体原因，制定可行性措施。不同的学生措施不一样，但是有一点是共同的，那就是留级生普遍缺乏关注，内心深处渴望被关注、被关心。辅导员可以从班级归属感、寝室归属感、同学认同感等角度出发，让学生融入新的班级，回归正常学习轨道。此外，还可以制定切实可行的帮扶措施，帮助留级生跟上学习进度。

3. 告知学生家长实情，并做好记录。在处理留级生问题时，一定要让家长知晓学生的在校表现，并告知不能通过降级试读的后果，如此一来，一是双方可以共同关注、共同监督，二是避免出现信息不对称的情形，耽误学生的学业。

4. 留级生问题的处理是一项长期工作，短期内不容易见成效，需要付出很多的时间和精力，这就需要辅导员老师的默默坚持和无私奉献。

案例二十三　帮助降级学生重拾信心

L同学，男生，大三，在学业预警通知下发后，辅导员告知他因为不通过的学分太多，已达到退学处理条件，并鼓励他尽快申请降级试读。L同学在接到通知时很冷静，甚至有一种释怀和放松的感觉。随后，辅导员按程序告知他需要和家长沟通。第二天上午，L同学主动找到辅导员，表示决定放弃申请降级，选择退学。辅导员询问家长意见，他表示已经和父亲沟通过了,但父亲完全不理解。随后辅导员向该生父亲核实情况,得知父子俩一直关系紧张,沟通不畅。后来,在与学生的谈心谈话中,学生总结:之所以这么多学分不通过,主要是因为刚进大学,对很多的空余时间不知道如何利用和安排,于是沉迷游戏,无所事事,加上性格不太活跃,和寝室同学的生活习惯有差异,总是被室友半夜打游戏的声音吵得无法休息,耽误第二天的课程学习。该生由于母亲早逝,和父亲的沟通一直都不太顺畅,自己也开始产生怀疑,读书到底有什么用?甚至有想要尽快出去打工的想法,计划退学去做厨师。听了他的想法后,辅导员着重从学习的本质和沟通的技巧两个方面,对学生做了思想教育和价值引导,最终L同学和父亲达成一致意见,申请降级试读一年,L同学也打开心扉,决定要在这一年好好调整,认真学习,把落下的课程补回来,同时提高人际交往能力。

二、分析处理

1. "读书无用论"只是一种借口和遮羞布

否定上大学的意义和价值,是L同学无奈的表现,也是对于现状极不满意却没有解决办法的一种自我安慰。辅导员反复以案例来让学生知道:不要站在现在的位置看未来的自己,学习学的是方法,不要狭隘地理解为只是学习某个专业或某几门课程。肤浅地理解大学的学习,很容易因为某一门课程学得不好或者对专业不感兴趣而轻易放弃。不要把学习有用或无用挂在嘴边,只有真正学过的人才有资格评论。就像只有拿过第一名,获得过奖学金的同学,才有资格说我没拿奖学金是因为我不在意,而不是我没有这个能力。否则,一切鼓吹学习无用的说法,都是站不住脚的。

2. 学习是一种权利,为成为更好的自己而学

L同学急于退学去学厨,不想再为了父亲的期待而继续上大学,辅导员从他自身出发,引导学生认同学习是每个人的权利,只需要为自己而学,不需为其他人。如果是为了父母的期待而学,人会怀疑学习的意义,这种无形的道德绑架让人感觉学习是一件不快乐的事,是一种负担,于是就失去了主动学习的动力和刻苦钻研的干劲。只有为自己而学,为自己的未来而学,为自己的成长成才而学,人生才会充实而有价值。当核心能力得到锻炼和提高,才有更多的决定权和自由。有学历和真才实学的人,可以选择做一名优秀的厨师,也有机会成为一名管理众多厨师的老板。一名厨师是如何从普通做到优秀甚至卓越的?也需要经过买菜、打杂、墩子、打荷层层锻炼,或者上专业的厨师技能学校学习,需要自己不断地尝试、反思,并且需要师傅的点拨。想做一个普通餐馆的厨师,还是想做一个星级餐厅的大厨,这难道跟一个人的学习能力没有关系吗?后来,学生也承认退学只是一时冲动的想法,也明白了就算做厨师也要从头开始学的道理。

3. 爱是一种能力,不是一种静止的状态

L同学对于已逝的母亲只字未提,对于父亲严厉的管教、呵斥,感到极度的厌恶和鄙视,对自己有这样的家庭毫不掩饰地厌恶。辅导员提醒他,爱是一种能力。"父母生你,养你到这么大,没让你挨饿受冻,努力拼搏使你充分享受自己的权利——上大学,难道他们不爱你吗?仅仅因为他们在压力大的时候骂你几句,你就难受到要否定他们对你所有的爱吗?你有没有想过,父亲在工地打工,每天为了赚工钱,有多不容易?当他对你言辞不善,你是否看出来他是在寻找一个发泄的窗口?你可以尝试作为一个成年人去理解他。只有小孩,才会对父母无休止地索求,总希望父母的照顾无微不至,稍微有点疏忽,或是说话语气不顺耳,就会对父母有敌对情绪,这是不成熟的表现。但你不是孩子了,学习怎么去理解父亲,学习去感受他对你的爱,学习去爱他,这是你的义务,也是你作为一个有担当的成年人成长成熟的必经之路。父亲的爱不像母亲那么温柔细致,他说话的方式可能显得比较粗暴和单一,但不要否定他的爱。"

三、反思启示

1. 对在思想上有偏差的学生做思想教育引导时,要软硬兼施,既要理解他的困境,也要将残酷的现实摆在他面前

大学生虽然已经成年,但他们从学校到学校,一直在单纯和谐的环境中成长,没有遇到过太大的挫折和磨炼,自尊心和自我保护心理比较强,在遇到缺乏学习动力的情况时,一些学生会习惯性地逃避和自我安慰,以此来保护自己的自尊心。对于这种学生,辅导员首先要与他共情,先了解他不想学的原因,对他合理的理由表示部分赞同,也可以举"例子"说自己曾经也遇到类似的情况,也是同样的看法。接着就要引导,如何解决缺乏学习动力的问题,甚至可以利用他较强的自尊心,小小地刺激一下:"你觉得学习没用,你是看了个别案例还是你的学习能力比别人差?你说你不屑学这些书本知识,那你怎么证明你的学习能力呢?"通常学生不会承认自己比别的同学差,甚至有的同学会为了证明自己的学习能力没问题,而一改以前颓废的状态,只要当学生的状态调整回了正轨,就会慢慢从学习中发现乐趣,也会更喜欢积极的状态,持续的学习动力也就慢慢积累起来。

2. 帮助学生厘清一些价值观上的误区

很多同学都是在父母的万般期待中考上大学,以至于一上大学,没有了高中时候紧张的学习状态和父母直升机式的陪伴,他们开始感到无所适从,觉得终于摆脱了他人的控制和约束,要么缺乏学习动力,忽视学习的重要性,要么尽情放纵,沉迷网络游戏等。这个时候需要辅导员从各个层面引导学生,学习是一种权利,是为了自己而学,为了成为理想中更好的自己而学。可以引导学生思考:"你将来想成为什么样的人,想过什么样的生活,你的理想又是

什么?"用这些问题来启发学生思考,应该为未来的自己做点什么,从现在起,是否应该有所改变。

3. 用无条件的爱感化学生,提高学生爱人和感受他人爱的能力

高压式管教下成长的学生,容易与父母产生敌对情绪,也容易忽视父母的爱。因为从小到大受到360度无死角的照顾,让他们习惯一切有人安排,照着做就行,总是长不大。到了大学,还习惯"享受"父母和老师的照顾,总觉得一切理所应当,缺乏爱别人的能力。辅导员要引导学生学会在生活点滴中关心父母,理解父母,提醒学生作为成年人,应该担起责任。同时,鼓励学生感受父母的爱,无论父母的表达方式如何不妥,一定要放平心态,主动沟通,用更多的沟通技巧和方式,和父母达成一致意见,相信爱可以改变一切。

案例二十四　学会面对不如意

一、案例呈现

新学期伊始,在整理学籍警示名单时,一个名字吸引了辅导员的注意,H学生竟然有15门课程需要补考或者重修。在该辅导员的记忆中,H同学是个高瘦清秀的男孩,新生报到时他和母亲一起来,略显沉默,所有报到程序基本是母亲帮他完成的。H同学在大一时成绩虽然不拔尖,但是也没有挂科,为何现在突然在学业上有如此大的变化,辅导员决定当面向H同学了解大二这一年发生的事情以及他内心的想法。

辅导员立刻联系上H同学,让他到办公室谈话。在办公室见到H同学时,他睡眼惺忪,略显颓废,全然没有了当初的朝气,一问才知道他昨晚熬夜打游戏。辅导员开门见山地要求H同学谈谈自己过去一年为什么成绩突然下滑,本以为他只是单纯地缺乏自制力,沉迷网络,但与H同学详谈后得知,他家境富足,父母都是生意人,母亲对他的学业管得比较严格,高中时他成绩优异,对医学很有兴趣,本想报考本地优秀的医科院校,但由于高三时父母感情破裂后离婚,家庭的这一变故给他带来了不小的打击,也影响了他高考发挥,最终没能考上心仪的医科院校,不愿复读的他只得听从父亲的安排到该校读工科专业。

大一的课程都是通识教育、基础课程,不算太难。凭借高中学习优秀的底子,H同学顺利通过了大一的课程考核。另外,辅导员还了解到,H同学在大一时与学校同年级另一个专业的一个女生开始交往。父母虽然离婚,但经济上还是提供了他充裕的条件,大学生活还算滋润。但大二开学没多久,因为性格原因女朋友向他提出了分手,这对他来说又是一次沉痛的打击。他开始逐渐地自我封闭,沉迷于网络,加之大二开始修读专业基础课,课程难度大有提升,同时由于不是自己喜欢的专业,H同学没有用心听课。当他发现课程越来越难听懂时,厌学的情绪也越来越强烈,更加放纵自己在虚拟网络世界里寻找精神寄托。

二、分析处理

H同学高中成绩优秀,大一学习情况良好,出现成绩下降的原因不是学不会,而是不想学。学生家庭特别是父母的关系对孩子有着非常重要的影响,父母婚姻的失败造成他高考失利,以致他大学读了自己不喜欢的专业,本可以慢慢适应专业学习的他又因为个人感情的失意,对自己的大学生活甚至整个人生失去信心。

为了让H同学重新回到学习的正轨上,辅导员认为首先要转变他不想学的态度,同时为他树立起能学好的信心。另外,还需要H同学的父母一起介入,找回缺失的家庭温暖。考虑到辅导员自己与H同学年龄差不大,可以以朋辈的身份更好地进行沟通。

辅导员首先联系H同学的父母,告知他们H同学目前在学校的学习状态,让他们理解孩子目前这种状态的原因,尽量不要苛责他。同时让父母平时多与孩子联系,关心他在学校的生活和情感状态,让他感受到家庭的温暖,不能只给予经济支持。其父亲表示之所以让他报考目前的专业是为了以后能继承家业,如果孩子以后不愿意从事专业相关领域工作,家长也会支持;其母亲则表示孩子上了大学后自己确实对他关心得少了,也不像高中时期那样督促他学习,她承诺之后会和孩子多沟通,关心孩子在学校的学习生活与情感状态。

辅导员以朋友身份开导H同学,从他感兴趣的网络游戏找到话题,逐渐谈到游戏对学习的影响,让他明白沉迷虚拟网络只能得到一时的放松,不该把用来学习的时间全部投入其中。同时晓之以理,大学毕业后并不是一定要从事本专业相关的工作,辅导员还以自身的经历给他举例。他告诉H同学,大学时光已经走过一半,这些都已成为不可改变的事实,应该学会面对,坦然接受,他转告H同学他父母的表态,不管毕业后是否从事所学专业工作,他们都会给予最大的支持。

与H同学沟通交流之后,辅导员还召集H同学所在寝室的成员和班级干部开会,请他们共同督促H同学认真学习,如果发现他有沉迷网络逃课的情况时要及时汇报并提醒他,主要班干部还要对H同学进行学业帮扶,利用班级良好学风带动他主动学习,帮助他树立能够学好的信心。

最终H同学表示愿意端正学习态度,并且在班委的帮扶下通过了一大半补考科目。同时他承诺本学期用心学习不再挂科,需要重修的课程也会慢慢修读通过。经过一学期观察,H的学习情况明显好转,精神面貌也得到改善。

三、反思启示

现在不少大学生优越感强烈,缺乏挫折教育,在现实生活中一旦遭受打击,往往会选择放弃和逃避。对于这部分学生的教育,应该针对具体原因对症下药,根据不同情况采取相应措施,同时争取让学生能够主动配合,否则教育工作很难开展。这部分学生的帮扶是辅导员工作的重要课题,寻找正确思路、正确态度非常重要。单纯的说教不能达到较好的帮扶效果,辅导员应该用具体措施引导他们,进行一对一帮扶、实施计划与监督管理相结合起来,才能有较好的帮扶效果。

另外辅导员需要与班干部及时沟通、交换意见,了解这类学生的情况,早排查,早干预,早处理。辅导员还要与学生家长多沟通,家校联合教育对学生的监督和鞭策效果最佳,能让他们更好地完成学业。

辅导员要用真心对待学生,在学生遇到各种问题时,辅导员是学生第一信任的人,辅导员要用爱心去理解、包容他们,用真诚去温暖、感化他们,用真心去帮助、引导他们渡过难关。

第四篇
日常事务篇

本篇涵盖学生日常事务管理。辅导员要开展入学教育、毕业生教育及相关管理和服务工作；组织开展学生军事训练；组织评选各类奖学金、助学金；指导学生办理助学贷款；组织学生开展勤工俭学活动，做好学生困难帮扶；为学生提供生活指导，促进学生和谐相处、互帮互助。

案例二十五 做好大学新生的引路人

一、案例呈现

对刚刚步入大学的新生来说,理想与现实的差距源于变得相对自由、宽松的学习生活环境以及高中老师或者学长的一些误导,和脱离父母管教带来的放任等,这些都可能会让他们忘了上大学的初衷,忘记自己曾经的理想与抱负。这时需要辅导员更加细致入微地做工作,及时发现学生中的问题并加以正确引导,否则部分自觉性较差的同学一旦滑入泥潭后难以自拔,这可能会对学生本人及他的家庭造成不可挽回的损失。

Y同学是某专业的一名新生,刚进校就出现新生入学教育缺勤、周一晚上计算机课缺课、夜不归寝、周二上午高数课缺课等情况。接到相关老师反映的情况后,该生辅导员找他谈话,对他的缺课行为进行了严厉地批评,也给他讲明了学校的校纪校规,但后面连续两天他依然有缺课情况,两周累计旷课已有十多节,仍有夜不归寝的情况发生,违纪情况在新生中属于比较典型的。同时,班长和其他同学也向辅导员反映,该同学与本班同学交流不多,经常与高年级的同学在一起,并且Y同学十分喜欢音乐。

二、分析处理

收到同学反映的信息后,辅导员再次找到Y同学,与他进行了较长时间的谈话,首先了解他旷课、夜不归寝的原因。据他说,他家庭经济情况不好,父母都没有正式工作,父亲也是一个民间音乐人,靠演出维持全家生计,收入不稳定。受父亲影响,他也喜欢音乐,旷课和夜不归寝都是去社团和几个学长一起排练节目,然后去酒吧助唱,想通过一些助唱和业余演出帮家里缓解经济困难。另外听学长们说,大学学习很轻松,只要考前稍做努力,考试就能通过,老师一般也不会知道你上没上课。他也就抱着这种心理,漠视校纪校规,旷课也成了理所当然的事。

听Y同学说完,辅导员首先肯定了他想为家庭减轻负担的想法,喜欢音乐也没错,但进入大学,自己的首要任务是学习,课余时间在不违反学校纪律的前提下可以做自己喜欢的音乐、做兼职。辅导员让他再次学习学生手册相关章节,学习学校学籍管理规定和学生违纪处分条例,给他看了学校学籍处理文件,让他知道在学校不好好学习,肯定不能"混"毕业。最后告诉他,他前段时间违反了学校相关规定,必须承担相应的后果,接受学校相应的纪律处分,并将已拟好的处分文件给他看。看到处分文件,Y 同学流泪了,他说,自己没想到大学管理会这么严,自以为旷课、夜不归寝这种小事,老师不会知道,也不会管,只要自己等到期末认真复习,能考试过关就行,没想到刚进校不到一个月就受到处分。他表示会通过这次的教训,在以后的学习生活中严格要求自己,遵章守纪,好好学习,用实际行动让老师信任自己。

辅导员还可以从以下几个方面指导学生:

1. 严格校纪校规,强化挫折教育。学生违纪情况一旦出现,在第一时间进行批评教育,下达处分决定,确保教育的时效性。要让学生知道自己违反学校纪律就必须承担相应后果,并将处分决定进行张贴,以达到教育本人、警示他人的作用。但处分学生只是教育学生的一个手段,不是目的,对受处分的学生要给予更多的关心和帮助,要让学生能正视自己的错误,要勇于承担,在挫折中不断成长;要帮助学生重树自信心,走好自己人生的每一步。

2. 充分尊重学生,与学生在情感上建立一种朋友式的信任关系,客观公正地解决问题。在本案例中,Y 同学旷课,夜不归寝,违反了校纪校规,受到了学校相应的纪律处分,但学生本质是好的,不能否定他的一切,要尊重学生的兴趣爱好,尊重他们的情感,只有在充分共情的基础上,才能取得学生的信任,让他们吐真言、讲真话。

3. 及时联系学生家长,共同做好学生思想工作。辅导员在与家长的交流中可以充分了解学生的家庭背景、教育背景,以及特殊经历、性格爱好、个人习惯等。联系家长要注意方式方法,家长的文化程度不同、所处的环境不同,思想境界也不同,而且学生对家庭教育的接受程度也不同,所以联系学生家长前最好让学生知晓,一方面尊重学生,另一方面也让辅导员能更好地开展工作。

三、反思启示

1. 重视新生阶段学生教育引导的重要性

大学相对于高中有一个比较自由和宽松的学习生活环境,刚进大学的新生,离开了父母严苛的管教,没有高中紧张的学习氛围,容易出现懈怠情绪,这就需要辅导员抓住新生入学这一关键时期,强化学生行为规范教育、法制教育、理想信念教育,培养学生良好的学习、生活习惯。对学生中出现的问题,要及时处理,如果让学生在错误的路上走得太远就难以纠正了。

2. 建立良好的学生信息反馈渠道

学生干部在学生教育管理工作中起到至关重要的作用,学生问题的处理和解决有较强的时效性。学生干部及时的信息反馈,让辅导员能及时了解学生的情况,及时纠正学生的错误行为,避免出现严重后果。本案例中,辅导员能及时掌握 Y 同学的旷课情况,依赖于学生干部及时的信息反馈。

3. 重视学生的个性特点,正确引导学生的兴趣爱好

辅导员要充分了解每个学生的个性特点及兴趣爱好,要善于发现他们身上的闪光点,充分肯定他们的长处,多表扬,少批评,要注意培养学生的自信心,维护他们的自尊心,帮助他们成长成才。

案例二十六 用心做事,用爱感化

一、案例呈现

每到开学季,辅导员办公室里总是挤满了新生,大多新生不是来咨询问题的,而是军训期间来请假的。随着时间的推移,军训勤务连规模越扩越大。各种请假理由让辅导员哭笑不得。有学生说因"平原反应"时常头晕;有学生说血糖低;有学生说从小没运动过,军训怕自己晕倒……军训,是为了培养大学生吃苦耐劳的精神和奋进向上的品格,培养大学生的意志力,强化纪律意识,军训也能让学生更好地融入群体生活,但是由于怕吃苦,很多学生选择逃避军训这个重要环节。

一天晚上,新生们第一次列队站立出现在操场上,每位同学都身着迷彩服,迷彩色迅速渲染了整个校园,充满了青春的气息。操场上,总教官浑厚而又铿锵有力的声音回荡着,让人感觉到威严而肃静,为期半个月的军训生活拉开帷幕。

某新生辅导员来到操场,传入耳朵的是"报告教官,我肚子痛""报告教官,我脚崴了"……各种不和谐的声音在操场回荡。教官示意请假的同学必须经过指导员(辅导员兼任)的批准,话音刚落,几个想请假的同学跑向他们的辅导员,辅导员在现场无奈地同意了这些学生的请假要求。

第二天中午,A同学的辅导员对请假的学生进行宿舍走访检查。一进去,一股奇怪的味道扑鼻而来,吃剩的外卖盒还在桌上,请病假的A同学竟然在床上开心地打着手机游戏,打得有些投入居然没有发现辅导员的到来。辅导员问他为什么请假不去军训?A同学也很诚实地回答仅仅是因为不想去。辅导员严厉地说道,军训不是你不想去就可以不去的,你已经违背了学校教学管理制度,因为军训是必修课,假装生病逃避军训和逃课是一个性质,按照校规校纪应给予批评。在辅导员的教导下,A同学返回训练场参加军训。

二、分析处理

1. 军训休息的时候,A同学的辅导员到队伍中和学生交流,他说道:"谁想站在大太阳底

下站着军姿？谁想大清早六点就起床出早课？谁想打平时根本用不到的军体拳？可是，你们做到了，应该为自己点赞。"有些学生还说着他们一直想参军的想法，他们觉得军训很值得……大家你一言我一语地交流着，烈日下艰苦的军训生活也多了几分乐趣。

2. 步入大学以前，学校、家长和老师们很少让学生参加身体素质的锻炼和培养，甚至学生本人也认为锻炼身体和劳动是浪费时间。因此进入大学后，大学生的身体素质越来越差，不愿意参加军训，有其客观因素。

3. 因势利导，努力改变大学生的惰性。辅导员面对学生各种理由的请假，没有直接拒绝，而是先批准他们的请假。但是辅导员不应就此结束，在突击检查的时候，发现多数学生打着请假的幌子而逃避军训。当辅导员看到 A 同学假借生病不军训而在宿舍打游戏时，辅导员讲清利害关系，让他自己选择。慢慢地，新生们克服自己的惰性，勇敢面对他们所应承担的事情。

三、反思启示

1. 辅导员应该根据实际情况引导同学，走近学生，关心学生的状况，让他们明白军训的意义，同时多一点鼓励，让他们明白，军训确实能锻炼人。在烈日炎炎下走齐步、练正步、站军姿、喊口号……从小的方面来看，军训是同学们大学四年生活的开始，能不能开好头是关键。军训期间个人意志和纪律意识得到锻炼，这都是接下来学习和工作的宝贵财富。而从大的方面来看，军训是培养和储备我军后备兵员及预备役军官、壮大国防力量的有效手段，能培养大学生艰苦奋斗的品质。

2. 身体力行，现身说法。很多辅导员在和学生交流的过程中缺少自我经历的阐述，比如军训时，辅导员以自己学生时代的军训经历和学生交流，将现在的大学军训与自己军训时候的情况对比，让学生体会军训形式的变化以及军训最终能够带给他们改变，让他们有参考对比，意识到大学生入学军训的重要性。

3. 用心沟通，用爱感化。引导学生自愿参加军训，不是高谈阔论，也不是办公室说教，而是一点一滴地倾注爱的情感，润物细无声地影响他们。很多时候，他们需要的不是批评，而是一种发自内心的交流和鼓励。辅导员要切实指导学生积极参加军训活动，引导他们勇于迎接未来生活中可能遇到的一切难题。

4. 针对军训中很多学生体质状况不佳的问题，开展大学生劳动课非常有必要。对大学生开设劳动课，让他们参与社会实践，使教育和劳动相结合。劳动教育可以使德育教育落实在劳动中，增强大学生的身体素质和社会责任感。

案例二十七 国家助学金评定过程中的"异议"之声

一、案例呈现

国家助学金寄托了国家和学校对贫困学子的关爱以及对他们成长成才的期望,也为他们的日常学习生活提供了一定的保障。作为国家助学金评定的基层工作者,必须认真、谨慎地摸排每一位家庭经济困难学生的真实情况,这关乎学生的切身利益。然而,要完全做到公平与公正,确实是一件复杂的事。

国家助学金的评定工作大约在每年十月份进行。2019年国庆假期结束后的第一天,学工办主任根据学校下达的文件要求,确定了学院各个年级的名额指标。根据学生在学工部一体化平台提交申请的情况,以学院原有的评选方法为基础,制定更为详细的工作方案,进而成立班级助学金民主评议小组,由各班未申请助学金的同学担任,人员代表基本上囊括到班级每个宿舍,评议小组成员名单经班级公示后,均无异议才能实施。辅导员根据学生的家庭情况调查表和申请理由等,认真做好统计,详细记录每一位申请人员的情况,并将翔实记录复印给每一位评议小组成员,包括能体现申请学生们经济困难的细节材料:家庭常住地址、家庭人数、学生人数以及特殊情况说明等。然而某个班在进行国家助学金评议时出现了僵局,在初评结果发到QQ群进行公示后,某学院某专业L同学(初评结果未获得国家三等助学金)提出了异议。L同学认为评议小组有失公允,希望辅导员再认真调查核实情况。

二、分析处理

面对初评结果中出现的不同意见,辅导员立即通知评议小组成员对其所在专业班级中所有获国家三等助学金的同学及L同学的日常生活情况进行更为细致地调查,充分了解他们的具体情况。于是,该辅导员开展以下工作:查阅新生入学时可能提供的县区、村镇和家庭三级贫困证明,这类证明是当地政府和民政部门公证的材料,真实可靠,可以作为重要参考依据;查看申请者是否办理"绿色通道","绿色通道"是国家为了帮助无力负担学费的学生顺利入学的政策,这部分学生也是辅导员优先考虑的对象;通过和提出异议的学生所在班的同学、舍友沟通了解情况,问题终于浮出了水面,争议主要集中在W同学身上。对此,辅导员和评议小组进行了第二轮复评,原来W同学之前申请表填写的信息"老家在农村,家里的房子摇摇欲坠"等情况与实际有一定出入。实际情况是W同学本人是独生子女,农村老家的房子有倒塌的可能性,但该生隐瞒了父母在城里有一套三室一厅的新房、每个月生活费在1500~2000元之间的情况。而L同学的实际情况中,其申请表上填写的常住地址重庆南岸区为租赁房屋,实际家在重庆巫山偏远农村,父母均在城里打工,家里除了自己上学,还有一个正在上大学的姐姐和一个在读初中的弟弟,每个月生活费1000元。

了解到以上情况后,辅导员首先要求评议小组成员对调查情况保密。而后,经由班级团支书通知获得国家助学金的W同学到办公室单独谈话,并将了解到的情况如实告知W同学,同时对其进行了批评教育。W同学承认了自己的错误,同时表示愿意放弃国家助学金。事后,L同学表示对自己获得国家三等助学金的评议结果无异议。

三、反思启示

国家助学金的评定事关家庭贫困学生的切身利益和国家教育事业的良性发展。辅导员作为基层工作者必须针对现实问题进行反思和总结。

首先,从思想政治教育方面加强国家助学金评定过程中的公平性和合理性,加强思想教育,包括对学生的诚信教育和感恩教育。辅导员在日常教育工作中,应给学生树立诚信的榜样,将诚信教育融入学风建设和校园文化当中。

其次,从制度建设方面入手,建立科学合理的国家助学金评定制度,根据所在地区的经济发展状况、人均消费水平,确定包括申请的条件和程序,评议审查的流程和标准,做到有章可循。

最后,建议相关部门完善监督惩罚机制,加强学校和生源地的互动机制。建立健全国家助学金发放后的惩罚监督机制,通过各种渠道对获得资助的同学进行监督,完善举报公开渠道,一旦发现有挥霍浪费者,应追回发放的资助金额,并计入诚信记录档案。通过制定切实可行的评定办法,将国家助学金发放到真正贫困的学生手中,帮助他们顺利完成学业。通过加强学校和生源地的互动,提高国家助学金评定过程中的科学性和合理性,更好地发挥其助人育人的功能。

当前高校家庭经济困难学生的助学金评定工作面临着公平性、实效性和风险性等诸多方面的挑战,做好家庭经济困难学生的助学金评定工作对辅导员来说是一项长期且艰巨的挑战。在国家助学金评定过程中,应做好深入细致的调查分析,全面掌握评定学生的学习、生活和家庭的具体情况,并及时做出调整。同时应积极引导学生正确看待贫困问题,纠正错误观念,鼓励学生通过努力学习,以争取国家奖学金为奋斗目标,在同学们心中树立良好的导向,做好正确的引导。

案例二十八　贫困生认定中的"富二代"

一、案例呈现

Z同学是某学院某专业的一名大四年级学生,其父亲以经营公司为业,是同学们心目中的"富二代"。该生学习刻苦,成绩较好,专业排名稳定在第三至六名,与其成绩相近的同学大都获国家奖学金或国家励志奖学金,然而Z同学还未获得过一个市级奖励,于是打算申请贫困生认定,再凭借上一学年的学习成绩在毕业前获得一次国家励志奖学金。为此,Z同学到当地政府获得了一份盖章的家庭经济情况调查表,并在学校规定的时间内提交了贫困生认定申请表,最终在班级民主评议中被认定为当年家庭经济困难学生。但与此同时,多名同学向Z同学的辅导员反映,其家里经济状况未达到困难标准且日常生活消费水平较高,评议小组同学在班级民主评议中认定其为贫困学生多数是出于情面。

因Z同学前三学年都未曾申请贫困认定,辅导员对班级民主评议结果存有疑问,听到同学反映后,辅导员首先找到班级民主评议小组同学进一步了解情况。原来由于本班申请贫困认定的同学不多,加之Z同学也分别找过他们交流,所以才碍于情面通过了他的认定申请。然而,他们都知道该生家庭并不困难,也知道他认定贫困生的目的。知情后,辅导员找到Z同学本人,询问其家庭经济状况,进一步了解其申请缘由,Z同学直言表示其家庭经济尚可,不需要助学金的资助,认定贫困生资格的目的是获得国家励志奖学金,获奖后愿意将奖学金捐出给班上其他需要帮助的同学,个人只想要取得励志奖学金证书。他态度强硬,仿佛势在必得,认为既然通过了班级民主评议,即使是辅导员也无权干涉。

鉴于该生上述表现,辅导员态度明确地向他说明,首先辅导员作为民主评议小组组长,当班级同学对民主评议结果存有疑问时,有责任再次组织讨论,重新进行评议。此外,该生明确表示申请贫困生资格的目的是获得励志奖学金证书,自身家庭经济并不困难,倘若通过了贫困认定,对于家庭真正贫困的同学而言有失公正。在了解到国家资助政策、学校的贫困生认定办法和学院贫困生认定细则后,Z同学接受了班级重新评议的决定,后未被认定为贫困生,并在评议结果上签字确认。

二、分析处理

1. 客观公正,有错必纠

鉴于班级同学对民主评议结果存在疑问,辅导员在充分民主的基础上,重新组织班级民主评议,并全程参与。评议过程中,针对每位申请同学的具体情况进行充分讨论。在此基础上,首先将本班申请贫困生资格的同学初步按是否贫困进行分类,再将贫困学生按其贫困程度进行排序,在保护学生隐私的前提条件下将民主评议结果进行公示,使班级内每个同学了解结果并对评定决议签字确认。本次事件中,由于辅导员在整个事件的处理过程中坚持公开、公平、公正的原则,最终处理结果得到了全班同学的充分肯定。

2. 关注当事学生情绪,做好学生思想工作

功利心理在学生中是普遍存在的,其认知转变不是一蹴而就的,而需要一个循序渐进的过程。最终评议结果公布后,辅导员指派了班级干部主动与Z同学交谈,晓之以理,动之以情,并随时关注Z同学的动向,以防止其发生过激行为。一段时间后,辅导员再次主动找到Z同学交谈,该同学的态度发生了明显转变,认识到了自己欠缺考虑、盲目利己的行为是错误的,表示理解辅导员的做法,今后决定通过正当方式努力争取其他荣誉,问题最终得到了圆满的解决。

3. 深入学生,做好调查研究

辅导员工作务必要深入学生中去,真正了解每个学生的情况,包括每个学生的家庭情况、成长经历、兴趣爱好等。只有这样,工作中才能做到有的放矢,随机应变。本次事件处理过程中,正因为辅导员对学生的基本情况有较为充分的了解,处理事情才能做到有理有据,使当事学生欣然接受最后的处理结果。

三、反思启示

贫困生认定是落实国家资助政策的基础工作,是国家助学金、励志奖学金评定的依据,是关系到广大贫困学生切身利益的大事,这项工作政策性强,学生较为敏感。工作中,辅导员老师认真负责的工作态度,公平公正的处事原则起到了至关重要的作用。

1. 如何强化大学生诚信教育,提升大学生基本素养是每一个辅导员需要思考的问题

由于整个社会信用关系制度与道德体系尚未完善,人们在社会活动中失信现象频发,加之部分学生家庭教育产生的影响,出现了一系列的大学生急功近利、诚信缺失的现象。这就需要强化校园诚信教育,营造健康、高雅、积极向上的校园文化氛围,在潜移默化中影响大学生,在教育活动中不断强化诚信意识,培养大学生诚信品格,在校园营造一种崇尚诚信、失信可耻的良好育人环境。

2. 坚持原则,公平、公正、公开处理问题

贫困生认定是涉及学生切身利益的大问题,评定过程中必须坚持原则,做到客观公平、公正,不能有半点私心。辅导员要做到全程参与,避免学生之间因情面思想或者小团体利益而影响评议结果的客观公正。

3. 以理服人,以德服人

学生存在功利心并非"罪不可赦",实乃人之常情,关键是在于引导。这就要求辅导员深入了解学生情况,通过摆事实,讲道理,耐心引导,以大学生应有的思想境界和综合素养来鞭策他们,在班集体中弘扬正气,传播正能量,自觉摒弃功利、不诚信行为,让学生在潜移默化中提升自身素养。

案例二十九　别让精致的利己主义者抬头

一、案例呈现

某次奖学金评定过程中,某学院大二年级B同学因未获得奖学金而向学校信箱发送了一封信函,信中详细诉说了他在这一年时间里为获得该项奖学金而付出的辛苦努力,且在市级学科竞赛中获奖,但奖学金名单中仍未有其姓名。该生认为依照奖学金评定办法,获市级奖励者应优先获得奖学金,因而B同学对评定结果表示不满,认为一整年的努力辛劳白白浪费,遂向学校写信反映情况。

该生辅导员接到学校的反馈信息后,立即开始跟进此事。据悉,B同学家境贫困,父母长期在外务工且身患疾病,生活压力较大。因为家庭确有困难,该生本学年已被学校认定为家庭经济特别困难学生。另外,B同学入学以来,学习方面始终刻苦努力,希望能够通过知识改变命运。为了能在市级学科竞赛中获奖,经常通宵达旦,期待通过自己一年的努力获得奖学金以减轻父母的负担。除此之外,辅导员对该生的实际情况较为熟悉,因为他做事踏实仔细,辅导员还曾经叮嘱他特别关照其寝室一名患有心理疾病的同学,对他的突出表现十分肯定。

经仔细核查后,辅导员根据该生反映的情况判断,其申诉是无效的。首先,根据学校的奖学金评定细则:奖学金评定按照上一学年的综合测评得分由高到低评定。该生的综测得分排名靠后,因奖学金名额限制,并不能获得本次奖学金。其次,该生反映:奖学金评定过程中未优先考虑获得市级以上奖励者,这一点属对评定规则的"断章取义"。按照奖学金评定细则:若在同等情况下,奖学金优先评予获有市级奖励者,但该名同学综测得分较低,排名处于劣势,不满足"同等"的条件。

二、分析处理

类似 B 同学因参评奖学金落选向学校写信反映情况的事件时有发生。很多时候即使学生明知自身条件不足,但也想通过越级上报"闹一闹"的形式再搏一把。一方面,反映了现在大学生正在向"精致的利己主义者"发展,功利心越来越重;另一方面,也映射出学生对辅导员信任的不足,更希望通过越级信访的形式寻求突破。同时,辅导员在工作方式、沟通技巧上还有待提高,在与学生沟通的过程中,怎样更加注重细节,观察学生的行为举止,切实与学生感同身受,及时地化解学生心中的"疙瘩",潜移默化地修正学生"偏移"的价值观,这些都将是辅导员今后工作中应当不断加强的地方。

其辅导员了解基本情况后,找到该生谈心谈话。该同学表示,虽然知道自己按照奖学金评定细则不能获评,然而出于上一学年确实付出了很多努力,不忍心看到自己的努力付诸东流。他还谈道,若这一年如此辛苦努力都毫无回报的话,那么今后的学习生活都将会变得迷茫无助,因而希望通过向学校反映情况的行为再争取这次奖学金,其他并未多想。首先,该辅导员具体分析了本次不能获评奖学金的具体原因,办事须讲求规则,规则对事不对人,无规矩不成方圆。再者,辅导员鼓励他今后在学习方面不要气馁,务必要继续保持上一年的劲头,不能放弃,继续参加学科竞赛,争取明年获得奖学金。不能因为付出了很多就一定要求有同等的回报,要摆正自己的心态。最后,辅导员也建议他以后有疑问要第一时间与辅导员沟通,要相信辅导员能处理好这个问题。通过与辅导员的耐心交流,该同学意识到了自己冲动的错误,认识到自己在本次事件中欠缺考虑的地方。

辅导员通过开导和鼓励化解了该生的心结,同时根据该生这一年刻苦学习并取得竞赛奖项的条件,结合该生的家庭经济情况,在本学年学校的评优评先中满足先进个人称号的评定要求,最终评予其"自立自强先进个人"称号。通过此次事件,B 同学重拾了信心,继续保持了充沛的学习劲头,力争在下一学年获得奖学金,事后还成为班级委员会的一员,尽心尽力为班级同学服务。

三、反思启示

1. 这一封"举报信"应引起辅导员如下几点思考:一是 B 同学对于个人荣誉和利益的重视,觉得自己的行为理所当然,表现出了很强的功利心,这是当下大学生中普遍存在的现象。例如:争当班委却不为同学服务,目的在于入党或争取更多荣誉;成为志愿者却不真心奉献,只是走个过场希望为自己的综合测评多加几分；在网上购买杂七杂八的证书，甚至伪造证书，只为在评奖中争取更好的名次。对于以上这种"精致的利己主义者"现象，引导大学生树立正确的价值观显得极为迫切，这需要学校、家庭、社会的共同努力。二是反映出辅导员缺乏工作经验，没有及时发觉该生的不满情绪，沟通还不够顺畅，没有对学生感同身受。这也说明了要成为一名合格的辅导员，仅按程序解决问题是远远不够的，一定要做到"有温度"地解决学生问题，重视工作中的方式方法，走进学生的内心。

2. 为了争夺奖学金，评优评先名额，学生之间拉关系、走后门，同学间相互揭短、争斗等伤害同学间感情的事件时有发生。各种荣誉争夺的背后反映的是当今大学生日益增强的功利心。作为辅导员，怎样引导大学生树立正确的价值观，正确看待自己的得失等诸多问题还值得继续探究。

案例三十　再回首，网贷差点无归途

一、案例呈现

2018年10月某天，正在办公室工作的辅导员突然接到A同学的电话，声称B同学借钱不还且失联，请老师帮忙联系他并要求他尽快归还欠自己的钱。B同学平常性格老实、腼腆，经多方了解，得知该生此次借钱的事情仅是"冰山一角"。B同学以优异的成绩考入大学，他出生在农村，父母为了给他良好的教育，将其送到城市里的亲戚家里，疏于管教，父子二人缺乏基本沟通交流，造成了B同学孤僻内向的性格。大一期间，家长陪读，成绩优秀。从大二开始，B同学脱离父母和老师管教，开始放纵自我，迷上了网上赌博，开始小赌，后来大赌，网贷加网上赌债已累计欠款二十多万，父母知晓后已帮他还清。之后的半年时间里，B同学又欠款五万多元。A同学与他是高中同学，关系较好，出于信任借钱、借身份证给B同学，B同学除了用自己的身份证进行网贷，还借用同学的身份证网贷，刚开始按月偿还，后无力偿还，就失联了。B同学陷入网络赌博之前和同学关系融洽，赌博之后关系越来越差，因向班上同学借钱不还，便渐渐地被孤立起来。

辅导员找其谈话时，他答应会尽快把钱还上，保证不再网贷不再赌博。接连深入交流了两三次后，辅导员认为情况正往好的方面发展，不料B同学的班长打电话告知辅导员，B同学突然失踪了，联系不上。于是，辅导员和与B同学关系要好的某同学和班长在附近网吧寻找。与此同时，辅导员第一时间联系B同学家长。最终找到时，B同学已经连续两个晚上通宵上网，吃睡都在网吧，整个人精神恍惚，不愿回学校。

考虑学生的人身安全,辅导员安排班长守在网吧等待他的父母赶来。次日,B同学及其家长和辅导员商量,一是父母把所有欠款还清;二是该生写下保证书,不再参与网上赌博和网贷,若不改正则按照学校相关规定严肃处理,直至开除学籍;三是联系专业课老师和班上学习成绩较好的同学,在学业上对他进行帮扶。事后,辅导员还安排他宿舍的一名同学随时关注他的动态。经过将近一年的关心、关爱、关注,在大家共同努力下,B同学顺利毕业,拿到了"双证",并获得了一份满意的工作。

二、分析处理

鉴于该生的情况,根据学校相关规定,学院领导商议后给予了该生相应处分。开始时,辅导员每周至少找他谈话一次,谈话内容涉及他的学业、成长经历、内心想法、人际关系以及今后打算等,以朋友的身份了解他的所思所想,了解该生的实际情况后,再有针对性、有目标地进行疏导和引导。

后来,辅导员让B同学每周至少找他谈话一次,时间地点由他确定,可以在宿舍、餐厅、操场等,谈话内容有关他自己的想法和人生目标,以后想做什么?成为什么样的人?给予学生充分的主动性和空间。

建立信息员制度,充分利用信息员关注学生动态。除安排班长关注他之外,辅导员还让寝室长C同学时时关注B同学的动向及时向辅导员汇报。

三、反思启示

应急处置突发事件是辅导员必备素质之一。近些年,学生突发事件层出不穷,极大地损害了学生自身利益,也给学生工作带来了巨大挑战。怎样正确引导学生维护自身权益,防止上当受骗,是当前学生工作的重点也是难点,其共性问题在于学生易于轻信他人。天上不会掉馅饼,虽是常识,但太多的学生抱有猎奇和侥幸心理而往往得不偿失,大学生虽已成年但心智尚未成熟,仍需要正确引导。

1. 经过上述案例之后,该生辅导员也反思了自己的工作,为什么每次学校网贷筛查都没有筛查出来,为什么没有同学说起此事?是不是辅导员对学生要求过于严格让他们不好开口?还是他们没有意识到自己的合法权益受到侵害?从辅导员自身来讲,"从严立规"是必须坚持的,大学生要有理想和担当,要有家国情怀,没有规矩不成方圆。

2. 从学生层面来讲,同学们的自我保护意识较差。当学生的合法权益受到侵害时,不知道怎么面对,往往选择各种形式逃避。辅导员应切实引导学生正确认识自我维权,意识到自己的人身财产权是不容侵犯的,并且引导学生学会运用法律的武器为自己维权,当自己的合法权益受到侵犯时,要第一时间寻找解决途径。

3. 部分大学生自制力不足。如今很多大学生身体成熟了,但思想尚未成熟。自制能力较差,面对诱惑缺乏抵挡的能力和意志力,做事情不考虑后果。今后辅导员应该加强劳动课程的学习和实践,让学生在劳动过程中磨炼自己的意志力。

4. 学生家长疏于管教。该生父母将他送到主城上学,无法呵护和陪伴他,致使其性格内向、敏感而脆弱。B同学给辅导员的第一印象就是怯懦,不敢大声说话,非常腼腆。但与父亲交流时又极为叛逆,不耐烦听父亲说话,不赞同父亲的意见。如果家长与B同学经常交流沟通,给予应有的关注、关心、关爱,能够很大程度避免类似事件的发生。

5. 学生之间的"丧"文化应该避免。"大一土、大二洋,大三忘了爹和娘",这种消极文化有待净化,学长学姐的抱怨和叹气对学弟学妹的影响较大,负面情绪不利于艰苦奋斗、积极乐观精神的传承。学校应当加强校园文化建设,建立淘汰"不良文化"机制,净化文化氛围。

案例三十一　一句话引起的"血腥互斗"

一、案例呈现

W同学和L同学是室友。两人生活处事方式不尽相同,W同学处事较为谨慎,而L同学性格较为随性、得过且过。某个周六早晨,W同学很早就起床了,在宿舍的电脑桌前写作业,他歪坐着凳子的一半,另外一半正好对着下床铺楼梯的位置。L同学醒来迷迷糊糊地下床,膝盖却碰到凳子角,非常疼痛。他一下就生气了,认为凳子是W同学故意放的,气愤地说:"你的凳子怎么放的啊?"听到这句责备的话,W同学也回过去:"下来不长眼睛吗?"L同学一听这话,火气更大了,捏紧拳头就朝W同学打来,两人揪起衣领厮打起来。L同学力气稍大,一拳击中W同学的鼻子,W同学只觉大脑一片空白,鼻子里鲜血直流。隔壁寝室的同学听到动静,立即过来劝阻,最终阻止了这场"互斗"。W同学的鼻血止不住地流,同学们把他送到医院,经检查最终诊断为鼻骨粉碎性骨折。

二、分析处理

1. 第一时间将受伤学生送医院。面对争执与拳脚相向的情况要及时制止,若不能在第一时间到达现场,要及时委托班干部第一时间进行劝解,阻止事态恶化发展。将不良后果"最小化"是处理好类似事情的首要原则,尽可能大事化小,小事化了。这就要求辅导员在对班委干部进行培训时,要注重教育他们具备处理突发事件的意识与能力。班干部在发现一些突发事件的苗头时,能处理的第一时间处理,不能处理的第一时间报告,再按照老师的指示进行处理。超出自己能力范围的事情须谨慎对待,不可贸然行事。特别要告诫同学们不要包庇、欺瞒老师,某些突发事件如果在第一时间得不到有效处理,会造成不可弥补的伤害。

2. 向L同学了解具体情况,掌握事情的起因和发展过程。向周围寝室同学了解情况,进一步调查事情的经过,获取第一手资料。务必要多方调查,不可听信一面之词,要准确了解事情的真相。最好采取"分离式"的方法进行调查,以核实事情的发展经过,便于公正处理。

3. 该事件造成的影响较为恶劣,因此要通知双方家长到学校配合调查处理。在双方家长沟通前,要做好家长的工作,讲明事情的原委和双方的问题。初步摸清家长的态度,辅导员要告知W同学的家长,虽然L同学打人是不对的,但这件事并不完全由L同学负责。W同学骂人的行为也是产生这种恶果的诱导因素;面对L同学的家长,要积极引导其认识到L同学动手打人要负主要责任,性质很恶劣,引导该生向W同学道歉,取得情感上的谅解,主动承担医药费等。

4. 禁止学生拍照,以免突发事件的现场照片上传至网络,造成负面影响。如果发现有同学拍照,要告知同学们不要在网络上发布。控制好舆论,在没有了解清楚事情之前不要随意发表个人观点和对外传播消息。如有记者采访,不可轻易接受,要报告学校宣传部门,请学校宣传部门和相关媒体进行对接。

5. 研判事件轻重,如矛盾有可能升级激化,在辅导员层面难以处理,要及时报告学院和学工部。在汇报前一定要掌握相应的信息,尽可能做到准确无误。

6. 若事情十分紧急,要随时与家长保持联系,及时录音和录制视频,掌握第一手证据资料。

7. 依照《学生手册》的规定,视两位同学的认错态度进行相应的处理,以警示他人。

三、反思启示

1. 因一句话引发的冲突,并无深仇大恨

作为学生,懂得礼貌待人极为关键,如果多一句解释,或者相互体谅,就不会出现这样的"互斗"场面。在平时的班级组织生活会中要进行相应的教育,做到教育在前。借发生在学生身边的案例来教育大家,更有说服力,也更加生动形象,更能触及学生的内心深处。案例教育是一种很好的手段,以案说理,以案说法。当学生遇到类似的情况时,他们会首先考虑到发生冲突的严重后果,特别是需要承担的法律责任。

在教育的过程中,也要强化大学生的法律意识,应该知法懂法守法,做守法的好公民,特别是遇到一些紧急事件时,如果具备法律意识,就会抑制冲动,避免冲突。大学生也要学会用法律的武器来保护好自己,做好相应的维权,尊重法律,不触碰法律底线,做法律的践行者。

2. 学会控制情绪

人在日常生活中会被很多情绪左右,什么样的心态才是好的,我们要学会在产生负面情绪时,主动调节,不要让消极情绪恶化,不要随意宣泄消极的情绪。在情绪宣泄的过程中,会对他人造成的伤害,同样也会对自身的生活产生不良的影响。在日常教育管理中应教会同学们关于情绪调控的知识,让同学们认识情绪,懂得情绪调节的正确方法,这样,学生面对冲突时,就会有意识地克制,避免出现不良后果。

3. 教会学生宽以待人

在大学生群体中,如果不相互体谅,容易产生一些误会,因为小事酿成大祸。在人生的漫长道路中,人们彼此之间难免会产生一些矛盾,这些矛盾的化解需要相互理解。作为青年大学生,要学会宽容,宽容能拉近人与人之间的距离,与人为善才能更好地与人相处。

案例三十二　宿舍恶习不改招来拳脚大餐

X同学,男,某学院某专业学生,入学以来,他在寝室经常使用音响公放音频且经常玩游戏到凌晨一点,煲电话粥;乱扔垃圾;不打扫寝室卫生;未经室友许可挪用其生活用品,令室友们不堪其扰。但为了维护寝室关系,室友均采取忍让的方式,但是X同学仍然我行我素。最终在尴尬地相处了两个月后,因为X同学再次玩游戏到凌晨,室友与其发生言语肢体冲突,两人均受伤,其余3人劝架并告知辅导员,辅导员马上介入处理。该寝室5位同学的学习状态急转直下,消极情绪蔓延。

二、分析处理

这是一起典型的大学寝室人际关系问题案例。问题涌现的原因有以下几点:

1. X同学因为家庭教育和社会环境的影响,没有形成正确的交往价值观念,采用过激的解决方式,而其他同学都抱有事不关己高高挂起的社交心态。

2. 学生干部队伍形同虚设,缺乏强有力的组织管理能力。

辅导员要从以下几点解决问题:

1. 迅速介入干预此事,避免矛盾进一步激化,迅速召开学生寝室会议,耐心倾听了解事情的前后始末,不着急下是非对错的结论,只需要耐心地倾听。

2. 在掌握情况的基础之上,从对方观点着手,用己所不欲勿施于人的观念引导全寝室同学,让同学在思考中明辨是非对错。别人玩游戏到凌晨一两点、煲电话粥到凌晨一两点、别人乱用自己的东西、乱扔寝室垃圾,这种情况发生在自己身上会是一种什么样的感受。学生在设身处地地反思中,在辅导员不断引导发问中,明辨事情始末。

3. 厘清责任和担当,当学生认识到自己的问题后,就要让他为自己的问题和行为承担责任。此案例中,X同学的问题是突出的,问题责任是主要的。与他发生冲突的同学没有及时与辅导员沟通,处理方式过激。而其他3位同学没有积极协调处理好寝室矛盾。这些问题和责任处罚方式可以让同学们共同商量,希望他们形成良好的学习生活习惯,并认识到人际交往的意义。

4. 全面了解X同学,从家庭学习生活以及平时生活细节着手,弄清楚他行为方式背后的主要原因,才能从根本上解决问题。

5. 辅导员要保持关注,并加强对寝室同学的关心和了解,加强对寝室干部能力素质的培养,让他们成为辅导员处理学生寝室人际关系问题的左膀右臂。

6. 着力打造积极向上的寝室文化,让学生走出网络,走出游戏,走进正常的人与人之间的交往生活。

三、反思启示

大学寝室人际关系问题是大学生学习生活中非常重要的问题,关系到学生基本的人生价值观养成,是学生成人成才的外在基础。没有良好的寝室人际关系氛围,学习效果就无从谈起,学生全面发展也就无从谈起。如何处理好大学生寝室人际关系,可按如下操作:

1. 辅导员要多陪伴,多倾听,了解学生的学习生活思想状态,关心他们的生活习惯、兴趣爱好、性格脾气。

2. 在走访宿舍过程中,指导学生树立正确的人际交往价值观,懂得真正的交往是责任、担当和包容。

3. 加强寝室规章制度建设,发挥寝室干部队伍的作用,成为辅导员寝室管理的制度保障。

4. 建设良好的寝室文化,引导学生将远大的理想和实际相结合。

案例三十三　寝室似家不是家

一、案例呈现

大三学年第一学期开学已经三个月了，某学院前后有三个男生寝室和两个女生寝室发生过矛盾和纠纷，大多起因都是寝室卫生值日的同学偷懒；晚上打游戏太晚影响其他同学休息；早上起床早的同学动静太大打扰到其他同学；因地区差异行为习惯不同产生矛盾等，这也是其他学生寝室普遍存在的问题。学生们在大一、大二学年对大学生活充满新鲜感和憧憬，室友之间容忍度较大，他们在新校区已经习惯和适应了寝室的环境和室友，到了大三学年搬到老校区后寝室进行了调整，这个时候矛盾和冲突就凸显出来，有之前遗留的矛盾，也有因为寝室调整出现的问题，但这同样也是一个很好的契机，就目前寝室关系问题对学生进行指导和教育，既能一次性解决目前凸显的和潜在的寝室关系矛盾，又能教育全体学生如何正确处理寝室人际关系，治标治本。

二、分析处理

在了解了有矛盾的寝室学生的具体想法后，辅导员发现他们存在一些认知上的问题。有些同学认为室友关系应该更亲密，自己愿意付出，但室友付出得不够是不对的，自己很失望和委屈；有些同学则认为室友之间是平等的关系，一切行为可根据自己的喜好决定，不应该勉强别人；有些同学认为寝室就是大家一起生活的地方，作为寝室的一员有权利在寝室娱乐放松，别人也可以在寝室有其他活动；有些同学则认为寝室也是公共场所，自己的所作所为不应该影响其他人。总之，学生对寝室这个场所的理解不同，态度也就不同，对于如何正确处理人际关系和寝室关系，需要辅导员平时对学生进行日常教育的时候经常提到尊重、宽容的原则。作为成年人的学生们对这些基本的道理都非常熟悉了，如果再老生常谈效果肯定不是非常理想，于是，辅导员打算换一种形式让他们自己表达出自己的观点，并且又能从活动中学习到如何与寝室同学更好地相处。这种形式就是辩论，辩题定为"寝室是不是家"，正方立场是"寝室是家"，反方立场是"寝室不是家"，其他同学观看辩论赛并发言点评。

在辩论中，认为"寝室是家"的正方说寝室是大家要相处数年的地方，在寝室里大家生活在一起、共同陪伴成长，寝室交流涉及每个人的学习、生活、家庭、籍贯等方面，室友之间不存在利益的竞争,并且还能互相影响和帮助。在人际交往、开阔眼界、认识世界等方面能取得最直接的经验,同时,寝室作为一个集体是温暖的、团结的,大家就是兄弟姐妹,也应该共同为营造良好的寝室环境做出贡献。认为"寝室不是家"的反方则表达寝室里的每个个体性格习惯不同并且独立,寝室是半公共半隐私的场所,大家都有权利和义务,室友关系也不是长期关系,室友之间没有血缘关系且包容度比家人低,在寝室不能完全任性而为,关系不好的寝室也毫无温暖可言。因此,室友之间也需要互相尊重并且给对方留有空间,在遵守共同规则的前提下生活。辩论双方站在完全不同的立场让观看比赛的同学们从不同的视角深层次思考和审视寝室的性质和室友的关系问题,他们也纷纷发表意见,觉得辩论双方说的都有道理,经过换位思考后,同学们考虑得更全面和成熟。

通过激烈的辩论,辅导员最后总结,寝室这个特殊的场所像家但不是家,大家要一起生活几年,如果寝室关系不和谐,受到影响的不仅是室友,更是自己。要处理好寝室关系,首先要意识到寝室里的每个人都是平等独立的个体,有相同的权利和义务;其次要靠制度规范行为,寝室内部建章立制,对于值日卫生、作息时间等公共问题达成一致意见并互相监督严格遵守;再次,对于室友个人不影响他人或影响不大的行为,要求同存异,理解包容,必要时忍让是性价比最高的行为;最后,自己也可以多发展其他的友谊和关系,走出寝室,融入更大的集体,给自己的感情和人际关系多一些空间和支撑。

同学们面临的人际关系会越来越多、越来越复杂,现在不仅是寝室关系,还有同学关系、朋友关系、师生关系,未来工作后还有同事关系、上下级关系、家庭关系、亲子关系等。因此同学们要放平心态,认识到现在面临的人际关系受挫正是为建立未来良好和谐的人际关系积累经验,不要逃避和郁闷,应该正视和面对,除了平等尊重,还需要真诚地沟通。沟通是人与人之间思想与感情传递和反馈的过程,沟通可以化解误会和疑虑,我们应鼓励同学们自主学习和掌握沟通的技巧和方法,自己处理人际关系问题,积累经验、收获感悟。

三、反思启示

1. 对学生的指导教育应采取多种形式,形式单一,效果有限,辩论赛能让学生主动参与,换位思考,自主教育,同时也提高了口头表达和思辨能力,是值得推广的活动形式。

2. 寝室的大多数问题都是日常的小摩擦,双方都有自己的道理,一般并无明显对错,对于小问题,批评教育作用不大,还会引起反感和抵触,而教会他们如何处理问题和调节情绪更为重要。

3. 辅导员在进行大学新生入学教育时应该教他们理性地对待寝室问题,而不是一味地夸大寝室友好而温暖的氛围,这样他们就有心理预期和准备,也会提醒自己要维持和谐的寝室关系必须遵守寝室规则和尊重他人的不同。

4. 面对人际关系问题，辅导员应给予学生信心和支持，提供正确的方法和原则，让他们自己尝试解决，因为有些人际关系涉及隐私，有些关系矛盾的爆发并不只是有"导火索"，背后还有长期的主观感受，而辅导员不能凭借学生对事件的陈述掌握所有的信息。

5. 如学生出现人际关系长期不和谐、自我封闭、敏感多疑等情况，辅导员应建议学生积极地到学校心理咨询中心寻求专业的帮助。

案例三十四　新生换宿舍风波

一、案例呈现

当今社会，随着生活水平的不断提高，物质生活更加丰富，一大批身处优越生活环境中的"00后"走进了大学校门。对于一些没有住校经历的学生而言，突然进入集体生活容易产生各种不适应的情况，如何处理好宿舍关系，成为学生们不得不面对的一个问题。不同学生的性格习惯、文化观念不尽相同。一些学生做事勤快、身体力行将寝室打扫得干干净净，每天注意保持卫生，每周做一次大扫除；而有的同学在家里从未打扫过卫生，到了大学更是无从下手，个人的衣物用品随意堆放，很少主动打扫卫生。时间一长，难免会引起其他室友的不满。教会大学生如何处理好宿舍人际关系，是辅导员老师不得不面对的一个共性问题。

某年级军训结束后的第一天，辅导员接到一名男生打来的电话："老师你好，我是L同学，请问怎么换宿舍？"辅导员为详细了解情况，通知学生到办公室详谈。短暂交流后，L同学要求换到指定宿舍，原因是他认为该宿舍有与他生活习惯相近、可以融洽相处的同学。据L同学反映，现宿舍同学的生活习惯让他不满，室友每天打游戏，还邀请其他宿舍同学来玩，使宿舍乱成一团。而且宿舍每天晚上都要开一个小时左右的"卧谈会"，严重影响了他的正常生活。

二、分析处理

该生辅导员立即找到L同学所在宿舍的另外四名同学，而他们在辅导员面前也吐槽了L同学的种种"劣迹"：L同学要求宿舍成员晚上10点前必须入睡，晚上10点后不准开电脑，不准聊天喧哗，不准带其他同学来玩。L同学早上6点30分起床学习英语，习惯虽好但起床洗漱声音大，影响大家休息。此外，L同学不讲究个人卫生，每次打完篮球后不洗汗湿的衣服,久放的鞋子袜子也不及时清理,臭气熏天。他也很少执行宿舍安排的值日工作表,宿管老师每日公布的宿舍卫生检查中,该宿舍四次被评价为"差",L同学"功不可没"……在向他们了解情况的同时,辅导员也做了思想教育工作,安抚大家的情绪。

辅导员到L同学指定想住的宿舍了解情况,该宿舍有两名同学表示对现在宿舍同学关系很满意,不接受其他成员。有同学表示已知晓L同学的情况,其宿舍成员反映的情况基本属实,一致表示不愿意与L同学同住。

了解到情况后,辅导员以检查寝室的名义走访L同学所在寝室,然后约L同学到办公室交流。L同学到办公室后,辅导员从关心该生的生活环境适应情况切入,逐渐引导他谈谈与同学们的相处情况。通过和L同学谈话,帮助他换位思考发现自己对室友造成的影响,进而帮助L同学寻找解决问题的办法。为了避免他们觉得"老师偏袒对方",辅导员明确解决问题的立场,让双方采取换位思考的方式,引导他们理解彼此。最后将大家聚到一起,开诚布公地谈看法。最终在辅导员开导下,L同学向室友道歉,室友也表示"人无完人",愿意接纳L同学,期待他有所改变。

同时,该生辅导员及时与L同学家长沟通,让他们了解事情的具体情况。借机了解L同学的成长史,以便分析问题,更好地帮助L同学。辅导员还安排班委及时关注他的状况,发现问题及时报告,及时疏导,并与其父母保持联系和沟通。在大家的共同努力下,L同学和室友的关系逐渐缓和起来,L同学的生活习惯也逐渐改变。

三、反思启示

宿舍关系是大学阶段最基本的人际关系,宿舍也是大学生日常最基本的活动场所。宿舍关系融洽,大家心情舒畅,不仅有利于学习,也有利于同学们的身心健康。宿舍关系紧张,则会给宿舍每个同学的生活带来一系列负面影响。大家都希望生活在一个文明、健康、温馨的环境中,寝室关系的相处之道,关键在于要有一个宽广的胸怀,有容人之量,互助友爱,己所不欲勿施于人。

在辅导员的日常工作中,妥善处理学生宿舍关系的纠纷和矛盾是经常性的。宿舍既是同学们大学四年最熟悉、最依赖的一方领地,同时也是同窗相处共同成长的一个家园;既是学生们交流生活和思想最集中的场所,又是他们纠纷矛盾最多、最突出的地方。因此,宿舍功能的充分利用与发挥,将会对大学生活起到极大的助推作用,同学间友谊更为深厚;反之,若宿舍矛盾未能妥善处理,则会给同学们造成很大的伤害。在处理宿舍问题上,辅导员应及时安抚大家的情绪,让每名同学从换宿舍风波中吸取教训、增长经验,得到提高。让申请换宿舍的同学明白,学会适应大学生活、与室友和谐相处才是解决问题的关键。

案例三十五　打开心结，营造和谐宿舍氛围

一、案例呈现

某学院 Z 同学，男，性格内向，但积极参加集体活动，虽然平时较为沉默，但在班级中以及宿舍里与同学相处较为融洽，学习态度也很认真。W 同学是 Z 同学舍友，性格外向，在班级表现很活跃，自我中心意识较强。W 同学每晚打鼾声音大，影响宿舍其他同学休息。Z 同学患有神经衰弱症，睡眠质量较差，易受鼾声影响，经常半夜两三点未能入睡，导致白天上课精力不足，容易走神和打瞌睡，学习效率低。这种状况持续一段时间后，Z 同学身心俱疲，对学习、前途都感到悲观和无望。一联想到贫苦的家境、年迈的父母、高中辍学打工的姐姐，Z 同学心中充满了愧疚。一天清晨，在彻夜难眠之后，Z 同学累积的情绪爆发了，他抱怨 W 同学影响自己休息。二人针锋相对，发生争执。在舍友的劝解和阻止下，双方矛盾未进一步激化。Z 同学当天上午找辅导员反映情况。

二、分析处理

当天中午，该辅导员分别找 W 同学及该宿舍舍长了解这两位同学发生冲突的详细情况。据悉，W 同学打鼾属于病理性打鼾，中学阶段至今曾到多家医院诊治，进行了很长时间的药物治疗，然终无成效，难以自控和缓解。为了减少对舍友们的影响，他特意每晚晚睡，等舍友们睡着了，自己再睡。长期晚睡，W 同学也感到疲惫与苦恼。除此次打鼾引发的冲突外，平时该宿舍五人关系良好。

当天下午，辅导员找来 Z 同学和 W 同学，与他们一同梳理冲突的过程。辅导员就 W 同学打鼾的情况向 Z 同学进行解释，得知 W 同学打鼾的原因和治疗过程，以及 W 同学为不影响大家做出的努力后，Z 同学情绪平复了很多，表示理解。

辅导员对 W 同学辱骂他人的行为进行了严厉的批评教育。W 同学认识到了自身的错误，承认自己处理问题的方式不理智，反应过于激烈，缺乏对他人的尊重，并诚恳地向 Z 同学道歉。辅导员教导这两位同学，在遇到问题时，要保持客观、冷静的态度，积极进行交流沟通，讲清楚事实，表达自己真实的内心感受，消除误解和纠纷。双方表示会尽量协调、调节好作息时间，保证做到和谐相处。

辅导员又单独找来宿舍长,叮嘱宿舍长持续关注这两个同学的情况,如果再出现争执纠纷,要及时反映。一周后,辅导员再次找到宿舍长了解情况,宿舍长表示这两个同学没有再发生冲突,宿舍五人会一起去上课、上自习,相处融洽。

三、反思启示

宿舍是大学生在校园里的主要活动场所。大学期间,大学生超过三分之一的时间是在宿舍度过的。宿舍舍友是大学生学习生活中接触最多、关系最密切的一个小群体。因此,和谐的宿舍人际关系对于大学生的学习生活、身心健康都有着巨大的影响。

由于个性禀赋、兴趣爱好、作息规律、处事方式等方面存在差异,宿舍成员之间要建立融洽的关系,形成良好的宿舍氛围,往往需要一个磨合、包容的过程,而这个过程的起点就是宿舍成员之间真诚的交流和沟通。交流是否充分,沟通是否顺畅,直接影响着宿舍的氛围和人际关系。此次发生宿舍冲突的一个重要原因就是沟通不畅。Z同学不知道W同学打鼾的原因,W同学也不了解Z同学的睡眠状况和内心感受。双方在这些重要问题上,没有交流,缺乏互相了解。因此,辅导员要引导学生积极沟通,遇到有争议的问题时要理性、平和地表达自己的看法,并听取别人的意见。宿舍长应充分发挥朋辈引领示范的作用,以身作则,带领舍友营造畅通、平等的交流环境,及时交流问题,达成共识。

宿舍舍友接触频繁,容易建立亲密关系,也容易因生活小事产生分歧,而琐碎小事的积累会产生较深的矛盾。交流沟通是解决问题的前提,良好的宿舍人际关系更有赖于互相包容、谦让的态度和利己利他的处事方式。在此次冲突中,W同学在Z同学表达不满之后,没能体会Z同学长期受鼾声影响、休息不好的苦恼,不能站在对方的立场看待问题,而是我行我素,驳斥自己鼾声影响他人睡觉的说法,并对Z同学进行言语侮辱。这种处事方式只会激化矛盾,使问题更加复杂化。宿舍舍友之间如能多些包容理解,很多小事都可以及时解决,小的纠纷也能及时化解。

利己和利他,客观上存在冲突的一面,但是在更多的时候二者是协调统一的。宿舍舍友之间,每个人都有自己的人生规划和目标,都有自己的生活方式和作息规律。理想的状态是各自安好。但是,有些习惯和爱好是不健康和无益的,有些是违背社会公德和妨碍他人正当利益的,针对这些,个人要积极调整,提升自我的同时也方便他人。宿舍成员如果都能处理好利己与利他之间的关系,那么宿舍关系就会变得和谐融洽,每个人都会实现自我的良好发展。

当学生宿舍出现矛盾和冲突时,辅导员要秉持客观、公正的态度,适度介入,引导学生学会积极、有效的沟通,从事实出发,分析情况,讲清道理,打开学生的心结。只有这样,才能有效化解矛盾,营造和谐相处的氛围。

案例三十六　文明寝室之塑造攻略

一、案例呈现

某辅导员所管理的学生寝室近期获评市级文明寝室。据了解，该寝室能够长期保持卫生整洁，寝室物品摆放整齐有序，在日常评比中多次获得月度文明寝室、标兵寝室等称号，寝室成员在学校各个领域表现突出，综合素质优异，寝室整体风貌团结友爱、追求进步。

1. 寝室主要特点是环境良好，整洁卫生。寝室成员共同制定《寝室公约》并严格执行，寝室成员每人每天职责清晰、落实到位，寝室长带头严格要求自己，共同维护寝室的整洁卫生。寝室成员无人使用违规电器，无任何违规违纪情况。

2. 寝室成员思想健康，政治立场坚定，主动学习党的理论政策和国家时事政治，多名成员主动向党组织递交入党申请书，积极向党组织靠拢，追求进步。

3. 寝室学习氛围浓郁，在班级学习委员的带动下，寝室成员学习态度端正、认真努力，常课后讨论学习问题，寝室成员和谐相处、团结进取、互帮互助、亲如一家。

4. 寝室成员幽默风趣、充满活力，寝室成员课余时间会定期组织集体出行，参加各类社会实践和公益活动。寝室成员各有特长，注重自身能力提升和全面发展，其中Q同学学习刻苦努力，学习成绩名列前茅，应用计算机技术能力突出，并担任学校十佳社团——旅游协会宣传部部长，多次参加英语写作比赛并获奖；Z同学开朗乐观，多次参加各类知识竞赛并获奖；L同学积极向上、乐于助人，多次无偿献血支持公益；H同学担任班级学习委员，学习成绩优异，获评学院优秀学生干部，多次参加院校组织的各类活动并取得荣誉；D同学为人正直，获评学院学生会和学校青年志愿者协会优秀干事，多次组织各类院校活动并担任主持人，多次参与社会公益活动并获褒奖，同时积极响应国家、军队号召应征入伍；W同学热爱体育运动，专业能力突出，尤其擅长数学，多次参加数学竞赛并获奖。

5. 寝室口号：物我两忘，勇往直前，我们争做最好的文明寝室！

获得市级文明寝室的荣誉除寝室成员自身的努力外，与辅导员工作的有效开展也密不可分，该辅导员在平时走访和检查寝室的过程中善于发现，及时发掘环境良好、特色鲜明的寝室，主动与宿舍管理老师沟通，及时了解、掌握各寝室近况和表现，从而有针对性地开展寝室指导工作。此外，该辅导员定期召开寝室长会议、生活委员会议和班级例会，就寝室近况和出现的问题进行有效沟通,对表现良好的寝室及时通报表扬、号召学习,对表现落后的寝室单独对话、有效引导,不定期发布和分享先进寝室案例和寝室安全贴士,确保及时发现和解决问题。辅导员的这些举措都对学生关注寝室安全卫生及文明寝室的创建起到积极有效的作用。

二、分析处理

1. 该辅导员在寝室管理方面善于与寝室管理老师进行及时有效地沟通,通过沟通第一时间了解和掌握所管理的学生寝室表现情况,及时掌握表现突出或落后寝室的具体情况,进而有针对性地进行引导和教育,从而为持续培养学生关注寝室安全卫生和创建文明寝室打通了信息渠道。

2. 该辅导员在开展寝室工作的过程中兼顾了心理效应的运用,善于鼓励,对表现优异的寝室及时进行公开表扬,不断对优秀寝室进行正向强化,进而带动和影响周边更多寝室主动向优秀的文明寝室靠拢和学习;注意维护学生自尊心和积极性,与表现落后的寝室单独对话,既维护了学生的自尊心,又能深入了解寝室落后的原因,进而有针对性地进行指导,既避免了公开批评导致学生出现逆反心理,又提高了落后寝室学生主动整改的积极性。

3. 该辅导员能够定期召开寝室长会议、生活委员会议和班级例会,及时与学生进行有效沟通,听取各班级、寝室近期的情况介绍,鼓励批评与自我批评,在互相监督中促进各寝室及时发现问题、及时整改落实,从而推动各寝室间互相激励、不断进步。

4. 该辅导员善于通过多种渠道进行寝室文明宣传教育,借助新媒体不定期分享先进寝室案例、寝室安全卫生贴士等,将寝室文明教育常态化、长效化,使学生时刻保持对寝室安全卫生的关注,进而在点滴工作中逐步培养文明良好的寝室风气和学生健康生活的习惯。

三、反思启示

寝室是学生朝夕相处的起居场所,寝室的安全、卫生对学生的健康成长至关重要,也是院校、辅导员开展日常工作的重要阵地。作为辅导员,应重点关注和培养学生寝室良好风气及学生健康生活习惯,这就需要辅导员在日常走访和查寝过程中善于观察,能够及时发掘其中优秀整洁、特点鲜明的寝室,进行重点培养和塑造,同时借助成功培养和塑造的文明寝室带动和影响周边的学生寝室,进而形成文明寝室传、帮、带的良性循环。

案例三十七　女生宿舍隐藏着另外一个"江湖"

一、案例呈现

Z同学所在宿舍由6名来自不同地方的同学组成。Z同学和Q同学以前关系较好，搬到一个宿舍以后，因Q同学经常未考虑Z同学的情绪和一些生活细节问题导致两人之间产生了一些隔阂。同时Z同学准备考研，但Q同学计划找工作，在作息时间上也产生了冲突，往往是Z同学要休息的时候，Q同学才回寝室，而且高声和男友通电话，影响了Z同学及其他几位同学的休息，因此，寝室其他4位同学也很少与Q同学亲近。一次，Z同学带有情绪地找Q同学交谈，Q同学也对Z同学在背后联合其他几位同学孤立她产生了不良情绪，练习过跆拳道的Q同学对Z同学说了一句"有种来打一架"，同时做出要打Z同学的姿势。Z同学因为害怕发生冲突，没有正面理会Q同学，而是向辅导员报告了此事，希望辅导员能够将Q同学调离宿舍。

二、分析处理

紧张的宿舍关系会让学生处于压抑、烦躁和焦虑的情绪中。长期处在这样的情绪中会变得敏感，特别是心思细腻的女生群体，对寝室紧张关系更有危机感和焦虑感。案例中，引发宿舍冲突的导火索看起来是一件小事，但反映出当前很多高校学生宿舍矛盾的普遍性问题。一旦解决不好，可能引发严重后果。Z同学和Q同学矛盾的起因可以归纳为以下几个方面：

1. 个人生活习惯、家庭环境和目标规划不同

Z同学父母在城市有正式工作，Q同学在其父母离异后跟随母亲生活，母亲靠打工维持家庭生计；Z同学立志考研，Q同学计划找工作；Z同学敏感温柔注意生活细节，Q同学个性率直大大咧咧；Z同学喜欢唱歌、跳舞，Q同学喜欢篮球、跆拳道；一个早起早睡，一个晚睡晚起。不同的家庭环境和个性脾气，造成了她们在兴趣、气质等方面的差异，也造成了她们交往时的不和谐。

2. 双方都缺乏有效的沟通和谦让包容的能力

大部分独生子女自尊心强、心思敏感，但缺少沟通、包容、换位思考的意识，导致她们在

与他人交往的过程中只考虑自己,不懂谦让,容易产生矛盾。本案例中,事前她们没有进行有效的交流和沟通,事发后双方都缺乏冷静的思考,没有在自己身上找原因。Z同学一直对Q同学要打她感到害怕和耿耿于怀,Q同学却认为此事没有什么大不了,两者在心理状态和对此事的态度上存在很大差异。

因此,对待此案例的处理方式分为以下几个方面:

1. 采用谈心谈话的方式对当事双方进行开导。事件发生后,辅导员第一时间找当事双方了解事情的详细经过,坚持理解和尊重学生的主体性原则,避免先入为主和采用灌输式、命令式的口吻,注重聆听,找出原因,引导当事双方认识到自己身上存在的问题,进行换位思考。

2. 通过多种渠道进行关心和跟踪,避免再次发生冲突。在事件处理过程中,辅导员找寝室其他同学了解两人相处情况,找班委了解两人学习情况、参与活动情况等,向家长了解两人在家里的生活习惯,同时多次找她们聊天,关心她们,使她们感受到老师和同学的关爱和包容。同时让班团干部和寝室其他学生对其进行关注,及时介入,避免引发次生事件。

3. 在此事件中,通过与当事双方以及寝室同学、学生家长的沟通和交流,两位同学同意先开诚布公地进行一次平等对话,将双方存在的芥蒂和之前的不满情绪表达出来,同时尝试改正以促进寝室关系的融洽,毕竟她们曾是很好的朋友。同时辅导员也表态,如果尝试改变后,仍然没有正面积极的效果,那么可以考虑调整寝室。

4. 积极开展大学生心理健康辅导,引导大学生处理好人际关系。在日常教育管理中,可以通过班会或单独谈心谈话的形式引导学生多沟通,使学生明白人与人之间的不同,掌握人际交往的技巧,防止过激行为的发生。引导并帮助他们勇敢面对自我、克服各种障碍,鼓励他们养成良好的心理素质,实现个人的理想和价值。

5. 建立学生信息员制度,防止此类事件再次发生。在班级和宿舍建立学生信息员制度,发挥班委和寝室室长的作用,只要学生之间出现矛盾或者摩擦,信息员就及时向辅导员报告,把问题消灭在萌芽状态。

三、反思启示

大学生在校期间,宿舍是其重要的生活和学习场所,宿舍人际关系成为大学生交往的最主要关系之一。宿舍人际关系的好坏不仅影响大学生学习生活的心境,而且还反映学生的性格与学生的心理状况。和谐的宿舍关系有利于促进大学生的学习、调整大学生的情绪和心态。

当前独生子女较多,每个学生都有独特的个性,要想寝室关系和谐,必须提高大学生沟通和交流的能力。而和谐宿舍关系的维持需要靠学生本人、宿管老师、辅导员、学校、社会和家庭的共同努力。区分女生宿舍和男生宿舍面临的不同问题,引导学生学会沟通和交流,而不是用回避和对抗的方式来处理问题，引导学生建立温馨和谐的宿舍关系，享受集体生活，是学生管理工作者义不容辞的责任。

案例三十八　沟通不畅引发寝室矛盾升级

一、案例呈现

B同学，女，某学院某专业某班学生，独生子女，父母离异后跟着母亲生活。她不擅与人交流，喜欢打游戏和听相声，因睡眠质量差，一般要到半夜才能入睡，晚上玩游戏，作息颠倒，不爱运动。

一天，同寝室的4名女生找到辅导员，要求调换宿舍，理由是B同学不爱卫生，将自己的贴身衣物等放到寝室集资购买的洗衣机里，并且经常半夜打游戏，影响大家休息。她们找B同学沟通无效，B同学摔门而出，寝室关系紧张。

二、分析处理

寝室是大学生在学校相处时间比较多的地方，也是最容易产生矛盾和分歧的场所。辅导员在日常事务当中，最难处理的问题之一就是寝室矛盾，在处理寝室矛盾时，辅导员需要坚持"兼听则明，偏听则暗"的原则，认真耐心地听完双方的表述，了解真实情况，再针对具体情况做相应的处理。

1. 和宿舍成员的沟通

在了解寝室矛盾紧张的情况后，辅导员细心地向4名同学了解对B同学不满意的地方，主要集中在三个方面：一是作息时间日夜颠倒，影响其他同学生活和休息；二是不讲究卫生，将私人的贴身物品等放在公用洗衣桶里洗；三是不会沟通，沟通的时候要么不说话，要么说话很难听。

辅导员询问寝室成员是如何和B同学沟通的，其中一名女生（学校辩论社成员）发言比较积极："我们提醒过她，有一次我们让她停止打游戏，大家一起好好来聊一聊，结果她一直打游戏，理都不理我们。"

辅导员看着大家愤怒的眼神，表示会主动找B同学了解情况，希望她有所改变，也希望大家能够相互包容，给她一次机会。同学们表示不相信她可以改变，希望老师直接把B同学调去其他宿舍。辅导员语重心长地说："虽然B同学目前有一些习惯引起大家的不满，但是换位思考,谁在生活中还没有犯错误的时候呢?如果那个人是我们自己呢?有同学们的包容和体谅,相信当她意识到自己的问题并愿意去改变的时候,一定会感谢大家给她一个机会,大学四年收获这么一段友谊,大家毕业以后回忆起来也是难得的一段经历,希望作为大学生的你们,学会更加包容。"同学们听完后,表示愿意相信老师。

2. 和 B 同学的沟通

辅导员约 B 同学在学校足球场见面,询问 B 同学近期在学校的情况,B 同学表示自己最近挺好的。看着 B 同学的黑眼圈,辅导员追问道:"你是不是睡眠不好?"B 同学说:"老师,我从高中开始一直都是这样,晚上睡不着。""那你最晚什么时候睡觉呢?""基本上都是凌晨 3 点到 4 点。""那你需要调整一下作息,晚上热水烫脚、喝牛奶有助睡眠。"B 同学答应说会尝试调整。辅导员继续说:"你是不是晚上睡不着的时间都在打游戏?最近我了解到你晚上打游戏,影响到了其他同学休息。如果你非要打游戏,也请你把耳机带上。"B 同学说"她们几个也玩游戏到很晚,不是我一个。"听到这个信息以后,辅导员发现此事并没有那么简单,双方说辞有差异,需要面对面地沟通。

辅导员继续:"说到这里,我想问一下你平时洗衣服的时候,像袜子这些你是手洗还是放在洗衣机里面洗?"B 同学说:"都是丢到洗衣机里一起就洗了。"辅导员告诉 B 同学洗衣服的时候要做好分类,一些属于个人比较私密的衣物,为了安全和卫生,也需要自己手洗。洗衣机是公用的,要注意他人的感受,寝室是半个公共场所,不像自己的家,想做什么就做什么。在家里也许袜子和内衣物放在一起洗无所谓,但其他同学也会使用这个洗衣机,那么就得考虑一下她们的感受了。B 同学听了辅导员的话,似乎认识到了自己的问题,点头答应会反思和调整自己。

3. B 同学和寝室舍友面对面沟通

辅导员在分别约谈寝室 5 人沟通后,安排大家在寝室围坐成一圈,辅导员坐中间。辅导员强调以下注意事项:(1)陈述事实,不主观臆断;(2)谈论内容寝室范围内保密,不扩大;(3)寝室团结是基础。

辅导员先发言,说明和两边同学的交流情况,针对晚上打游戏的事情向双方求证。寝室 4 名同学说,她们也打游戏,但不是经常,并且都戴了耳机,以不影响他人为前提,而 B 同学是把游戏声音放很大,影响到了其他人。

辅导员说:"寝室是一个公共环境,大家需要建立共同的规则,要将寝室关灯时间、休息时间等定下来,形成寝室规则,大家共同遵守。同学们应该将注意力集中在学习上。关于清洁卫生方面,B 同学缺乏公共意识和习惯,表示愿意调整。同学们应该相互包容,有问题要面对面沟通。B 同学也要学会表达自己的想法,而不是摔门逃避,今天沟通就很有效,不吵不闹解决了问题不是很好嘛。"

三、反思启示

1. 兼听则明，偏听则暗。寝室矛盾中通常一个巴掌拍不响，辅导员不能听某一方面的陈述，应该多方了解情况，对事情有一个初步的客观判断。对于一些有争议的问题，在分别沟通无效或效果不佳的情况下，可以采取面对面沟通的方式更直接有效地解决。辅导员需要当好中间人，营造良好的沟通氛围。

2. 加强寝室文化建设，采取有效措施减少寝室矛盾。寝室矛盾大多比较琐碎，特别是女生寝室，容易因为寝室卫生、作息时间、生活方式等产生矛盾。因此，辅导员在带班级之初，可以要求每个宿舍成员参与共同建立寝室制度，将寝室水电费的缴纳、每周公共区域清洁卫生打扫、每天作息时间等问题形成书面文字，并让寝室长监督落实，形成良好的寝室文化氛围。

3. 选好寝室长，当好调解员。良好的制度重在执行，寝室长的角色非常重要。辅导员应该重视寝室长的人选，并且对寝室长进行指导，可以通过讲座等方式教会他们如何做好一名寝室长。将寝室长这支队伍建设好，可以协助辅导员，避免绝大多数的寝室矛盾。

案例三十九　用爱打开自卑的枷锁

一、案例呈现

Y同学，女，性格内向少言，上学期转专业到新的班级中，期中考试前她在QQ上向辅导员提出调换寝室的要求。辅导员马上向宿管老师了解情况，原来Y同学也向宿管老师提出了同样要求，宿管老师以需要学院及学校相关部门同意为由暂时搁置。

次日上午课间，Y同学来到辅导员办公室并提出必须更换寝室，态度强硬。她说宿舍人际关系矛盾大，寝室其他女生孤立她、排挤她，特别是D同学对她很不友好。

面对这种情况，辅导员清楚地意识到，换寝室不能解决根本问题，还可能引发其他问题，必须从问题的本质入手，即从处理寝室人际关系出发，找准问题根源，理清解决思路。最终在辅导员和同学们的共同努力下，Y同学与寝室其他同学的矛盾得到缓解，并愿意留在现寝室。

二、分析处理

该生的情况并非个例，宿舍人际关系不和谐有多方面原因，归纳起来有如下两个方面：

1. 客观方面

当前大学生多出生于千禧年前后,物质丰富,信息发达,个性突出。同时,整体上家庭环境良好,生活有保障,但个体家庭条件差距较大。除此之外,个人成长的教育环境不同,对学生个体的影响更加复杂。

2. 主观方面

Y 同学来自农村,性格内向,自卑感强。平时不善沟通,除了必要的交流,很少主动和室友沟通。加之她是寝室新成员,身份认同感不强,导致出现误会时不敢解释,只能在网络上"吐槽",使得误解加深。

与 Y 同学矛盾最大的 D 同学,来自东部发达地区,从小生活富足,我行我素。Y 同学和 D 同学从小成长环境不同,导致两人在生活习惯和作息上有较大差异。对于生活小事,Y 同学总会觉得是 D 同学在针对自己,但 D 同学说并没有刻意针对 Y 同学,只是提醒她改掉一些不好的生活习惯,只是 Y 同学没有改正反而对她的敌意越来越强烈。

宿舍其他同学都来自城镇家庭,成长环境良好,但都没有集体生活的经验。当宿舍出现矛盾时,她们大多是事不关己、不闻不问的态度。她们在 Y 同学刚成为寝室成员时热情接纳,但由于 Y 同学沉默寡言的性格和后续产生的一些误解让她们渐渐有了分歧。

处理问题时辅导员先单独约谈寝室每个同学,掌握具体情况后再集中谈话。单独谈话时,辅导员让每位寝室成员对其他室友及与其相处的感受进行评价,结果大家对 Y 同学的评价最差,其他人得分相差不多,可见寝室矛盾要解决,还得从 Y 同学入手,使她做出改变,同时要让其他同学解除对她的误解。

辅导员再次与 Y 同学谈话,引导她从自身找原因,换位思考,想想为什么室友们会孤立她。其次,引导其克服自卑心理,大家并不嫌弃她来自农村,而她自己把室友们对她的关心照顾当成了施舍和炫耀。如果她能更主动和室友沟通交流,积极融入集体,她们是不会排斥她的。至于生活上的小摩擦,是由于她的习惯影响了别人,并不是别人刻意刁难她,比如,晚上用手机看视频不戴耳机等。如果改正这些小毛病,室友之间会相处得更愉快。

为了消除她的顾虑,该辅导员组织了一次集体谈话。在谈话中,辅导员先让她们汇报自己的学习、生活、情感等情况,让寝室成员之间加深了解。然后辅导员布置了一个任务:让每个寝室成员谈谈 Y 同学的优点及对宿舍的贡献。她们对 Y 的评价、赞美都很诚恳,Y 同学很惊讶,不敢相信室友们居然记得自己的好。之后辅导员又让四个室友对 Y 同学提出一个期待,由于之前的夸赞和肯定奠定了温和积极的基调,当每个人对 Y 同学提出期待时,她更容易接受。由此营造出安全、信任的寝室氛围,也搭建了一个真诚沟通的平台。此后,Y 同学继续住在这个寝室,寝室关系逐渐融洽。期中考试后,Y 同学还将老家寄来的特产主动与室友们分享,积极拉近彼此的距离。

三、反思启示

本案例中Y同学的寝室矛盾问题没有引发别的心理问题,只是Y同学与室友间缺乏真诚有效的沟通。辅导员要做的就是为其创造条件,让她能够与寝室成员面对面交流,吐露彼此真实的想法。通过赞扬对方的优点,来建立好感,拉近距离。

为了更好地防范此类事件,一方面要以预防为主,防患于未然,辅导员应经常深入学生生活,通过走访寝室、向班委了解情况等及时发现问题;另一方面,当问题出现后,要鼓励学生正视问题,寻求老师的帮助。寝室长、班级干部要发挥观察、调停的作用,学院和学校应通过新生入学教育、特色团学活动等提高大学生处理人际关系,尤其是处理宿舍关系的能力。

案例四十　作弊后,流下悔恨的一滴泪

某学院大三年级A同学在某次考试过程中,将夹带的纸条掉落在座位旁边,监考老师发现后,立即将他带离考场,送至教务处。教务处与监考老师共同核实事情经过,根据学校的考试管理规定,A同学被认定为考试作弊,被处以留校察看一年并取消学位授予的处分。

该生辅导员接到通知后,立即赶到教务处了解情况。在与A同学交流后,知道了作弊的原委,A同学认为期末考试科目多,且此科目复习得不够扎实,考试难度大,他担心挂科,于是寄望于临时抱佛脚,抱有侥幸心理。他认为辅导员平时三令五申强调的考试纪律都是"纸老虎",其他同学作弊也没有被发现,天真地认为自己只要运气好,夹带的纸条就不会被发现,但终究酿成大错。

A同学在接到考试作弊处理结果后,十分后悔自己愚蠢的行为,流泪哭诉,非常焦虑,意志消沉,对今后的学习生活感到迷茫。A同学的家长了解情况后,也气急败坏,当场对A同学大声呵斥。

二、分析处理

每到考试季,学校、学院和所有辅导员都会再三强调考试纪律,专门召开考试诚信教育大会,督促学生一定要严格遵守考场纪律,不要作弊,但考试违纪行为屡禁不止,部分学生仍抱有侥幸心理,铤而走险,最终酿成大错。究其原因,有以下几点:

1. 从学生角度来说，很多学生由于平时学习不努力，上课不认真，等着期末"抱佛脚"，然而遇到难度较大的学科，仅凭最后几天的突击是没有实际效果的，所以他们寄望于夹带小抄，铤而走险，使出浑身解数，想尽各种"花招"，只为考试过关。

2. 从众心理的消极影响。看到其他同学靠作弊轻松通过考试甚至取得高分，且未被监考老师发现，他们开始心理失衡，为什么自己要辛苦学习还不一定能考试及格？由此，部分学生抱着侥幸心理也加入考试作弊的行列。

3. 社会风气浮躁、弄虚作假等不良现象，对大学生思想产生了潜移默化地影响。部分自律性不强、意志不够坚定的同学在思想认识上产生偏颇，世界观、人生观、价值观发生偏移。甚至有些学习成绩优异的同学，急功近利，为了获得高分、奖学金、评优评先资格等，也铤而走险开始作弊。

根据 A 同学的违纪处理结果及心理状态，辅导员积极与他谈心谈话，希望从重建学生信心入手，联合家长、班委、室友等多方面资源，让其重塑自信，走出迷茫，积极面对今后的学习生活，具体做法分为以下三点：

1. 心理疏导，重拾信心

针对该生情况，辅导员第一时间到现场稳定学生的情绪，做好当事人的心理疏导工作。A 同学得知作弊处分将取消学位证后，情绪十分低落，认为读书多年都白费了，无颜面对父母，更在同学面前抬不起头。这时候，辅导员要有"同理心"，理解他的心理状态并陪伴鼓励他，让其认识到犯了错误就必须勇敢承担后果。其次，告诉该生不要迷茫，学校有撤销处分影响和特殊授位的政策，只要能够认识错误，刻苦学习，好好努力，还有解除处分和争取获得学位证的机会。至此 A 同学情绪缓和了很多，开始积极询问取消处分并重获学位证的方法。该生平时成绩中等偏上，且有参加学科竞赛获奖的经历，辅导员建议他参加高级别的学科竞赛，如能获得高等级的奖项就可以重新获得学位证授予资格。该生也逐渐明晰了自己今后奋斗的目标，心理状态也稳定下来。

2. 朋辈帮扶，温暖其心

针对该生情绪低迷的状态，辅导员特别委托班长和团支书对其学习生活多加关照，嘱咐其他同学不要议论此事，特别留意他近期的心理变化。其次，联系参加学科竞赛有经验的同学多帮助 A 同学，共同参与比赛。最后，叮嘱该生室友多陪伴多关心，平时上课、上自习"共同进退"，让该生感受到同学朋友的情谊。

3. 家校联合，走出阴霾

在面对家长时，A 同学心理压力特别大，认为父母一定特别失望，让他无颜面对。此时，辅导员是否能做好学生与家长沟通缓和的桥梁尤为重要。辅导员通过与家长沟通，告知家长现阶段该生心理压力较大，如果家人仍对其斥责埋怨，他很有可能做出极端行为，希望家长多鼓励陪伴他，共同面对困难，让他重拾信心。家长在了解学生心理状态及处境后，也自我反省，以鼓励开导为主，积极联系辅导员共同帮助该生走出困境。

通过辅导员、同学、家长的共同帮助，该生在后续的生活学习中慢慢重拾信心，积极向上，学习成绩不断进步。最后通过自己的不懈努力，在本科最后两年积极参加学科竞赛并荣获全国一等奖，达到学校特殊授予学位证的要求，毕业时拿到了学位证，并考取了本校研究生继续深造。

三、反思启示

让考试作弊受处分的学生重拾自信、走上正轨比简单粗暴的批评教育意义更为深远。辅导员首先要做到不放弃，在学生已经认识到自己错误的前提下，及时准确地了解被处分学生的心理状况，提供积极有效的心理疏导，为学生出谋划策，并联合同学、家长多管齐下，帮助他们重新"站起来"，这样的帮扶才是最有意义的教育。

当然，大学生考试作弊是一个复杂的问题，不能粗暴对待和仅仅对作弊学生处罚，而应探究深层次原因，从根源上减少大学生作弊现象，还要多管齐下，才能起到标本兼治的效果。

第五篇
心理健康篇

本篇涵盖心理健康教育与咨询工作。辅导员需协助学校心理健康教育机构开展心理健康教育,对学生心理问题进行初步排查和疏导,组织开展心理健康知识普及宣传活动,培育学生理性平和、乐观向上的健康心态。

案例四十一 与抑郁症大学生的近距离接触

一、案例呈现

Z同学是某专业试读的大二学生,平时少与人交流,总是独来独往,不爱参加校园活动,在室友眼里他性格比较孤僻内向,但未发现他有其他异常情况。大二学期末时,Z同学开始无故旷课旷自习,上课也是昏昏欲睡,无法集中精神,甚至缺勤几门专业课程的期末考试。该生辅导员察觉到Z同学的异常后,立即联系Z同学到办公室谈心谈话。经过沟通交流,该生辅导员了解了Z同学的基本情况和异常行为背后的原因:Z同学近期总感到烦躁吵闹,上课时无法忍受同学们正常的讨论或说话,心一直静不下来;期末考试在即,Z同学觉得自己没有学习兴趣,也无法通过考试,干脆缺考;在寝室有时出现恐怖的幻想,例如,写字时臆想自己被戳瞎,走在街上被汽车撞等;Z同学对自己有极大的不满意,希望自己生活在古代"纯净"的环境中。谈话后,该生辅导员初步判断Z同学易焦虑,心理上有抑郁情绪,辅导员一方面立即与Z同学的父母联系,另一方面向学校心理咨询中心寻求帮助。校心理咨询中心很快介入,但经辅导员与心理咨询中心两周的观察、督促与帮扶,Z同学并未有行为和心理上的改善,旷课达十节以上,心理状态未见好转。有一天,Z同学发短信告知辅导员:"最近感觉有点疑神疑鬼的,觉得自己更严重了。""脑袋里经常出现恐怖的场景,经常在寝室突然大叫出来、捶桌子、击打自己的头部、幻想人脸突变成怪物之类,也害怕自己会有过激的行为伤害自己和别人。"该生辅导员再次约Z同学谈心,进一步了解情况,并再次联系Z同学的家长告知其心理状态,希望引起家长高度重视,强烈要求家长及时带他进行专业的心理诊断与治疗。经过诊断与长期治疗,Z同学现能逐步维持正常学习和生活状态。

二、分析处理

通过本案例Z同学的情况可以分析出:Z同学异常行为背后的原因不是性格缺陷或懒惰,而是心理问题。而这种心理疾病是长期心理问题未解决积压导致的,原因也是多方面的,与其家庭环境、成长环境、个性等都密不可分。因此,对Z同学的教导与帮助应该联动多方力量,辅导员、家长、校心理咨询中心以及专业心理医生都应该是患有心理疾病的大学生的支撑者。

针对Z同学的实际情况,该生辅导员第一时间与Z同学谈心谈话了解基本情况与心理状态,初步评估该生的心理问题程度,并联系了Z同学的家长,告知Z同学在校的学习情况和心理状态。同时,该生辅导员上报了该同学的情况至学校心理咨询中心寻求帮助,并与心理咨询中心老师充分沟通,一起关注Z同学。在观察两周后发现Z同学情况并无改善,辅导员再次联系该同学的家长,邀请家长来校详细面谈,及时说明他的上课情况和心理状态,要求家长带他到医院精神科进行专业的诊断和治疗。一开始,家长对Z同学的问题并未引起重视,认为他不可能做出极端的举动,在辅导员的强烈要求下,家长愿意到学校面谈,并到专业医院进行心理诊断与治疗。经过诊断,Z同学患有轻度抑郁症,在长期药物治疗和心理咨询后,他的病情得到了控制。

三、反思启示

大学生心理疾病的发病率正在逐年攀升,常见的心理疾病有抑郁症、狂躁症、妄想症等。非专业人士往往将抑郁症与个人品德、人格、个性等问题混淆,其实不然,抑郁症的表现有:持续长时间的情绪低落且无法排解,对于和朋友同学聚餐或参加社团活动的兴趣明显降低,总想独处,不想跟别人交流,经常感到伤感而默默流泪,体重突然增加或减少,时常感觉很困但整夜睡不着,有轻生的念头……从表面上看这是司空见惯的"丧"情绪,但如果都出现在一个人身上说明他可能已经出现了抑郁情况,根据程度轻重,可能是轻度、中度甚至重度。抑郁症等心理疾病在高校大学生群体中屡见不鲜,因此,在高校建立大学生心理疾病的筛查和处理机制显得尤为重要。

基于以上案例,得出的思考与启示有如下几点:

1. 辅导员应对诸如抑郁症等心理疾病有理性且相对专业的认识,对不同的病症要有初步判断与筛查的能力。抑郁症是一场"心理上的感冒",感冒就要看医生,要吃药,专业的诊断和治疗都是必要的。普通的谈心谈话无济于事,大学生心理疾病问题也应该得到多方的关注,需要老师、家长以及专业医生的共同努力才能帮助患有心理疾病的大学生走出"阴霾"。

2. 学生家长对学生的了解虽然多于辅导员,但因知识水平差异,不少家长对于可能的隐患不够重视,认为自己的孩子不会有心理上的问题,还有些家长跟学生的交流本身就很少,这一类学生也更有可能出现心理问题。在家长不配合的情况下,保证学生的人身安全与心灵成长就显得更加困难,在这种情况下,辅导员老师需要反复沟通、提醒与告知家长,引起家长的高度警觉与重视。

3. 辅导员平时在与学生的交流过程中,除了要敏锐觉察与准确判断外,还应给予学生相对宽松的环境与求助通道,学生充分信任老师,才会主动求助与倾诉,避免错过处理问题的最佳时机。

4. 督促家长和学生配合医生进行相应的治疗。患有此类病的同学常常不愿承认患病事实,认为自己只是心情不好,家长也不能接受这种事实。辅导员要从学生健康成长的角度建议家长及学生积极进行治疗。此外,辅导员也要做好学生及家长的心理工作,提高学生及家长对抑郁病情的认识,鼓励学生配合医生治疗。辅导员老师多从正面进行引导,多讲成功的案例,多关心学生,为学生的成长加油打气,用心关怀,帮助学生走出最困难的时期。

案例四十二　失恋让他心如刀绞

一、案例呈现

J男同学和M女同学从小一起长大,中学也在同一所学校,关系非常好。高中阶段,J男同学渐渐地喜欢上了M女同学,M女同学也对J男同学心存好感,由于学习紧张,两人只是互相喜欢着,心照不宣。

高考后,女孩考上了四川大学,男生考上了重庆某大学。暑假期间,大家都没有了压力,经常在一起玩,渐渐地二人感情升温。有一天,J男同学鼓起勇气,送给M女同学一束玫瑰花,向她表白。女孩有些惊讶,并没有接受,也没有拒绝。后来,他们互相默认在一起,确定了恋人关系。

不过,好景不长。J男同学和M女同学刚开始在一起两人感觉很新鲜,男孩几乎每天都会去找她。女孩子觉得有些心理负担,也失去了很多自由,有时候她希望有些私人空间,比如和闺蜜一起玩,参加一些聚会。渐渐地,女孩对这种生活状态感到厌倦,甚至恐惧。她想逃离这种状态,但是又不知道怎么做。她尝试过暗示男生,问他:"我们在一起真的合适吗?感觉还是以前做朋友更好。"但男生没有意识到女生的拒绝。

这时候,他们的感情已经出现了问题,M女同学开始找各种理由逃避J男同学。男生感觉到了危机,也明显感觉到女生在敷衍自己,有时候她不回他微信,或者只简单地回复几个字。上大学的前几天,M女同学和J男同学提出了分手,他也有了预感,只能默默地接受。

上大学后,J男同学分到了最好的实验班,这让他挺开心的,但是他想起这段失败的恋情心情便难以平复。他尝试用多种方法挽回这段感情,最后都失败了。其实,他最不能接受的是,M女同学和其他的男生在一起了。

J男同学通过一个高中同学的朋友圈,了解到M女同学已经有了新的男朋友。看到这个消息,他如遭晴天霹雳,更让他难过的是,这段恋情是M女生主动的。J男同学感觉自己被抛弃了,非常失落,无心上课,整天想着如何挽回,但苦于异地距离,他暂时没有办法。于是J男同学开始逃课,即使上课也听不进去,他开始在游戏中寻求心理安慰,渐渐迷失了自己。

二、分析处理

大学生恋爱、失恋,是常见的现象。大学生情窦初开,对爱情充满期待和向往。但如果恋爱失败,可能导致严重的心理失衡、学业滑坡、打架斗殴等严重情况,甚至轻生。

案例中的男生遇到情感挫折后,可能一蹶不振,长期难以走出阴影,甚至从此自暴自弃,消极堕落。面对这种情况,辅导员要加强了解,通过谈话深入了解学生的真实想法。许多同学面对这种情形,对家长和老师都会选择沉默,他们只愿意向身边的朋友倾诉,因此辅导员要取得学生的信任。通常,学生遇到情感问题时会有所顾虑,认为老师帮不上忙,怕家长知道,担心老师知道后会在同学中传播消息等。因此,辅导员首先要做的是从学生的角度出发,设身处地提供帮助;在交谈中要为学生保密;还要从帮助学生走出失恋阴影的角度,给予关爱,而不是一味地批评教育;要了解恋爱过程,帮助其分析症结所在,共同研判恋情发展态势,是否有挽回的余地。如果有挽回的余地,学生只是缺少勇气,应该鼓励学生进一步尝试;如果希望渺茫,应该帮助他走出困境,回归正常生活。

辅导员应给学生更多的关心,如果收效甚微,可以选择激将法,"如果你女朋友知道你现在堕落的样子,她还会喜欢你吗?"诸如此类的话语,引导当事人进行反思,让他懂得只有自己变得更加优秀,才能更有吸引力,也才能收获美满的爱情。

三、反思启示

大学应重视恋爱教育。大学生谈恋爱是常见的事,如果在恋爱关系方面处理得不好,会影响学生的心理健康,甚至做出一些极端的行为,导致一些悲剧。因此,大学要进行恋爱引导,帮助大学生树立正确的恋爱观。

鼓励学生自我成长。许多学生对待爱情非常执着,一叶障目,严重影响正常生活。要引导学生努力提升自我,才能得到别人的尊重和欣赏,也才具有独特的人格魅力。

善于拓宽人际交流圈。大学生恋爱后,容易将自己与外部世界隔离开来,这不利于大学生的健康成长。在人际交往方面,除了男女朋友外,也要善于和朋友、同学交往,努力营造良好的人际关系,拓宽人际交流圈。

案例四十三　为情所困两次自杀

一、案例呈现

A同学，女，某学院某专业某班学生，担任班级英语课课代表，成绩良好。该生在高三毕业时查出患有抑郁症，并坚持吃药治疗。大一开始，A同学和其他学院男生谈恋爱。大二下学期开学，A同学用QQ联系辅导员，称心情很不好，想请假外出。辅导员随即警觉，并联系其室友及寝室长，了解到该女生目前处于失恋状态，情绪低落，偶尔坐在桌子前面，会突然发出一声大吼，把周围同学吓得不轻。同时，该女生没有较好的朋友。室友表示，A同学经常喜欢发微博和朋友圈，展示自己的生活和对一些事物的看法，但内容偏消极。失恋这段时间，她的朋友圈更加消极且出现自杀倾向言论。接下来，A同学经历了两次吃药自杀，均被抢救挽回。

二、分析处理

在了解情况后，辅导员告知寝室长，这段时间要密切关注A同学的行为和动向，如有异常一定要第一时间告知辅导员。

某晚接近12点时，辅导员突然接到寝室长的电话，寝室长言语慌张，告诉辅导员A同学刚刚吃了半瓶"褪黑素"，辅导员询问A同学目前的身体状态，寝室长说她目前还拿着手机打游戏。接到电话后，辅导员立即拨打120，将A同学送去医院，同时也将药瓶一同带着。在乘车赶往医院的路上，A同学一直比较平静，可以自己走动，也没有任何异常。后来了解到，A同学当时发了一个朋友圈，将自己坐车去120的照片都发在微博和朋友圈，还单独关联了她的前男友。到了医院，医生在了解情况后，告知A同学需要洗胃，大量的药物在肠胃里，担心药物分解发生不良反应。辅导员立即告知学生家长，家长也让老师们尽快协助处理。A同学听到"洗胃"，就表现出一些害怕，并问医生疼不疼，医生说"疼你也得做的嘛"。当晚，做完胃镜以后，A同学表示，洗胃太难受了，再也不要洗胃了。当天，辅导员全程陪伴学生，并将学生送回宿舍休息。

第二天，辅导员和A同学谈话，对A同学做情绪疏导以及恋爱观教育，并询问她还有自杀的想法吗，该生表示"洗胃太难受了，不会了"。辅导员鼓励她继续把注意力投入到学习当中,也让班级学习委员帮助她,让舍友陪伴她,对她加强关注,期待她早日走出失恋的痛苦。辅导员便将此案例形成材料上报给主管领导。

一周以后,辅导员再次接到寝室长电话,说她们去食堂打饭回来后,看到A同学躺在床上,昏迷不醒,失去知觉,而且她在朋友圈发了一张图片,一堆白色不明药物,放在餐巾纸上,旁边配字"再见!"辅导员和班委干部立刻采取行动,第一时间将A同学送往医院抢救,A同学再次被洗胃。随后,辅导员联系A同学的妈妈,让她到医院照看,家长半夜赶到医院,辅导员在交代完医生嘱咐的注意事项后,让家长第二天到校面谈。

辅导员就A同学目前的身体和心理状况和她妈妈进行沟通,鉴于A同学目前状态不稳定,再次建议其办理休学,调整好状态后再复学。经过和家长的长时间沟通,家长同意休学。随后,学生办理休学手续,辅导员也对该生持续关注。

辅导员后来了解到,该生回到家里后,和妈妈沟通不畅,再次注射胰岛素试图自杀,她妈妈及时将她送往医院抢救,而后学生在医院进行持续的心理治疗。

三、反思启示

1. 辅导员需要关注同学们的朋友圈,用好网络资源收集学生信息。学生在哪,辅导员的工作平台就应该在哪。现在互联网已经成为大学生学习和生活的重要空间,辅导员应该关注一些特殊学生的朋友圈,做到对一些异常情况保持高度的敏感性,及时发现问题苗头,将问题扼杀在摇篮中。

2. 对于有自杀倾向的学生,如果有过一次自杀未遂,就应该引起辅导员的高度重视,及早联系家长,和家长做好沟通,尽量让学生回家休养,在确保学生放弃自杀想法后再返校。

3. 辅导员需要对有特殊情况的同学进行重点关注,和他们经常性谈心谈话,建立良好的信任关系,在遇到突发情况时,也能得到学生的信任,将学生及时拉出困境,协助他一起解决面临的困难,帮助学生顺利度过大学生活,收获美好人生。

案例四十四　防微杜渐,关注学生心理健康

L同学,女,性格内向、腼腆,和宿舍同学关系融洽。该同学自大四学年第一学期开学,就着手准备考研,每天坚持到自习室自习,早出晚归,和宿舍同学交流仅限晚上睡前的一点

时间。由于L同学本身话不多,再加上看书复习疲惫,L同学每晚回到宿舍后都比较沉默,宿舍其他同学也习惯了这种状态。W同学系该班心理委员,和L同学同宿舍。一天早上,L同学没有像往常一样外出上自习,突然在宿舍里说有人在叫她的名字,但其他同学都没听到,L同学却坚持说自己听到了。W同学认为L同学出现幻听,担心她出现心理疾病,及时向辅导员反映了情况。

二、分析处理

听了W同学反映的情况,辅导员决定先核实清楚,更加详细地询问了L同学近期的作息规律、言谈举止,以便做出准确的判断。辅导员叮嘱W同学密切关注L同学的动向和言行,尤其注意L同学是否出现幻听、幻视的情况,讲话交流过程中是否存在词不达意、逻辑混乱的情况。另外,辅导员叮嘱宿舍其他同学不要和L同学发生争论,也不要对L同学另眼相看,尽量给L同学一个宽松、安全的环境。当天晚上,W同学再次反映,L同学在宿舍有自言自语的现象,并且说轻轨站有人叫她的名字(轻轨站离宿舍直线距离400米左右,中间有高楼阻隔)。当宿舍同学都表示没有听到声音时,L同学坚持认为有声音在叫她,并质疑其他同学为什么听不到声音。

通过W同学当天反映的两次情况,辅导员判定L同学已出现幻听,这有点像精神分裂的征兆。辅导员立即叮嘱W同学注意避免出现L同学独处的情况,宿舍同学要陪同、看护好L同学,同时避免刺激她。辅导员立即联系学校心理咨询中心,将心理委员反映的情况和自己初步的判断进行上报。学校心理咨询中心的专职心理咨询师对L同学进行了访谈,更深入地了解L同学当前的心理状况。与此同时,辅导员及时联系学生家长,告知学生的状况,并及时反馈学校心理咨询中心访谈情况和判断结果。

学校心理咨询中心建议L同学立即到心理门诊接受诊断和治疗。学生家长也于次日赶到学校,带L同学到医院进行诊治。经诊断,L同学为轻度精神分裂。由于发现及时,病情尚未加重,经过两个月的治疗,L同学再未出现幻听、幻视症状,精神状态明显好转,学习生活也恢复了正常,并高质量地完成了毕业设计,通过毕业答辩,顺利毕业。

三、反思启示

大学生,尤其是高年级的大学生是心理疾病易感人群。找工作的同学要权衡各项可能影响自己未来工作和生活的因素,瞻前顾后,再三对比,然后怀着兴奋与担忧的心情做出职业抉择。这个过程既要坚决果断、抓住机会,同时又不免会出现担心选择是否正确、以后会不会遗憾后悔等一系列问题;考研的同学则要承受压力,每天早出晚归,复习备考,而备考过程漫长且辛苦,生活单调枯燥,和他人交流的时间也明显减少,易引发心理问题。因此辅导员在开展工作之时,要特别关注高年级学生的心理健康状况,尤其是考研学生群体,要随时了解他们的学习生活状态,对于出现的问题及时进行处理。

此次心理事件的及时、妥善处理,得益于心理委员及时反映情况。心理委员是学校五级联动心理工作体系中最基层的环节,也是学校心理健康教育工作队伍的重要组成部分。心理委员和同学们联系最密切,接触也最多,最容易发现同学中的特殊情况,也最方便对出现心理问题的学生进行陪同和看护。因此要充分发挥心理委员的作用。

为了使心理委员能更好、更有效地开展工作,学校一定要加强对于心理委员的培训。培训内容应涵盖以下几个方面:

1. 常见心理问题的类型、特征及典型表现。让心理委员了解抑郁症、精神分裂等基本病理,能初步识别这些心理疾病的症状和表现。让心理委员对于较常见的重度焦虑、强迫症有认知,并初步了解心理正常和心理异常的区分。

2. 心理健康的基础知识,包括人的心理机能机制、心理学在大学生活中的应用等。

3. 心理健康教育活动的方式、方法,包括团体辅导、素质拓展、班级心理之家建设等心理活动的组织、实施方法等。

4. 心理报送制度和心理委员工作规范。通过培训,可以丰富心理委员的心理健康知识,使他们能对心理异常情况进行初步鉴别,能识别常见心理疾病的典型症状,并能按照工作职责和规范,及时将发现的问题反映给辅导员老师,从而实现防微杜渐。

此外,要充分发挥五级联动心理工作体系的作用,对于有一般心理问题的学生,由辅导员和学院心理辅导员进行约谈,了解学生的处境,解决他们面临的问题和困惑,及时地实施干预和帮扶。对于心理问题严重的学生,辅导员要及时上报学校心理咨询中心,提供学生的学业状况、亲子关系、人际关系和平时表现等基础信息,以及学生出现异常的时长等情况,以备心理咨询师参考。心理咨询师进行访谈,更深入地了解学生的状况,并视情况开展一次或一系列的心理咨询。对于心理咨询师建议到医院进行诊治的学生,辅导员要及时和家长联系沟通,以确保学生能够得到及时、有效的治疗,最大限度地保障学生的身心健康,为学生的成长、成才保驾护航。

案例四十五　消除疑虑,让心中充满阳光

一、案例呈现

Z同学,男,大一学年担任班级团支书。大二开学之初,因为班级调整,该班人数减少近三分之一,班级重新进行班干部选举,其他班干部都能连选连任,唯独Z同学落选。Z同学

认为这是同学们故意排挤、孤立自己。和大一学年相比，Z同学感觉班级集体活动少了很多，同学们更多的时候都是以宿舍为单位活动，宿舍之间很少互动，小团体现象严重，而各个小团体都有意针对他。一段时间后，Z同学的苦闷情绪加重，经常彻夜难眠，身心俱疲，他感到心理压力巨大，难以调节，主动找辅导员倾诉。

二、分析处理

在初步了解Z同学的情绪和处境之后，辅导员先对Z同学进行了安抚，让他先不要着急，给自己一个平复心情的时间，尽量维持正常的作息和学习生活。在此期间，辅导员详细了解了班级目前的实际状况，然后妥善解决Z同学反映的问题。

辅导员找来班长、学习委员和Z同学所在宿舍的宿舍长，详细询问和了解Z同学所反映的情况。班长和学习委员表示，在过去一年的班级工作中，Z同学身为团支书，行事比较专断，有时会忽略同学们的感受和一些合理的建议。另外，当班级事务和自己的事情存在时间冲突时，Z同学选择忙自己的事，将班级事务推给其他班干部，这也引起了班干部们的不满。班长和学习委员还谈到几个比较典型的事例。Z同学反映的小团体情况，几位同学都表示，班上并不存在所谓的小团体，只是由于人数较少，分布在5个宿舍，同学们习惯了以宿舍为单位去上课、上自习，虽然班级集体活动少，但是班级氛围还是比较融洽的。另外，除了选举中Z同学落选，并没有出现其他刻意针对Z同学的言语和举动。

当天下午，辅导员单独找来Z同学谈心。辅导员让Z同学先从自身查找原因，Z同学表示自己并无过错，坚持认为是其他同学有意针对自己，情绪比较低落，一度落泪。

辅导员引导Z同学回顾班级管理中的一些具体事例，对Z同学处理这些班级事务的方式、方法进行了客观、细致地分析。经过分析，Z同学情绪平复了很多，并开始认识到自身的过失和不足，表示自己确实没有做好团支书的工作，同学们不选举自己是有原因的，并非针对自己，已能欣然接受落选的结果。

关于Z同学反映的小团体现象，辅导员对Z同学进行了分析和解释。辅导员认为同学们以宿舍为单位比较容易统一作息时间，一起上课、上自习属于正常情况。在班级人数少，宿舍数量少的情况下，容易造成宿舍是小团体的印象。如宿舍数量多，这种感觉不会那么明显。另外，当仔细询问同学们是否有针对他的言论和具体举动之时，Z同学回答没有。

从同学们并没有刻意针对他的事实出发，辅导员进一步引导Z同学打消臆想和疑虑。辅导员教导Z同学要客观、平和地看待同学们对待自己的态度，尊重个体差异和每个人的交往意愿，不要把交流少看作是孤立、排挤。不过度解读一些琐碎小事，不任由不良情绪滋长，以积极阳光的心态来面对学习生活。Z同学表示交流之后，感觉轻松了很多，下一步要积极地自我调节，并努力改正以往的缺点和不足，和同学们和谐相处。

三、反思启示

人际关系是大学生在学习生活中要面临的重要问题,也是影响大学生身心健康的重要因素之一。大学生步入大学校园,可以看作是人生的第二次断乳。他们年龄上达到成年,但是身体、心智还未完全成熟,世界观、人生观和价值观还未完全形成。他们脱离了原来熟悉的生活环境,身边没有了熟悉的同学、朋友,也少了父母的管束和呵护,需要自己适应大学的学习生活环境,并建立全新的人际关系。大学生们来自五湖四海,有着不同的生活习惯和个性禀赋,思维和处事方式方面也千差万别,客观上加大了大学生建立和维系良好人际关系的难度。

大学生渴望与他人交流互动和建立良好的关系,但是由于心智上的不成熟、阅历上的欠缺,在处理人际关系时容易出现认知偏差,易于情绪化,并且容易受到不良情绪的持续困扰。一旦陷入人际关系困扰的情绪之中,不良情绪就会不断发酵、放大,进而导致大学生的思考与判断脱离实际情形,出现臆测和疑虑。这些又会加重大学生的心理负担,进一步恶化人际关系,诱发心理问题甚至是心理疾病。因此,处理大学生人际关系中出现的问题时,要及时、妥善和有效。

辅导员作为大学生成长路上的领路人和知心朋友,是大学生们的坚强后盾和依靠。大学生遇到自己难以解决的问题或是不方便对其他同学提起的困惑时,往往会寄希望于辅导员的帮助和指导。因此,辅导员要高度重视学生的主动求助和倾诉,密切关注他们的动向和心理状况,及时、有效地帮他们解决现实的问题,并传递力量和温暖。

针对学生群体中因人际关系引发的问题,辅导员要及时、适度介入。立足于对事实全面了解的基础上,辅导员要引导大学生以客观平和的心态看待人际关系中的冲突与不快,不臆测,不夸大,不因情绪而失去判断力和行动力。对人际关系中的问题进行详细地分析,帮助学生以平和、积极的心态正视问题、思考问题的原因所在,进而引导学生主动思考,主动寻找解决问题的途径和方式,促进学生实现自我成长,以阳光的心态面对学习生活。

案例四十六　在学习和工作的天秤中寻找平衡

H同学一直担任某班学习委员,做事踏实认真,综合表现良好,深受师生的广泛好评,然而在一年一度的班级干部考核时他却主动找到辅导员老师,提出辞职申请,原因是他最近考

试成绩不理想,还出现了挂科情况,希望辞去班委职务专心学习。

恰好该生辅导员也察觉H同学近期工作懈怠,正好借此机会与他进行深度谈话。该辅导员首先对H同学辞职的原因表示理解,也对其想专心学习、提高成绩表示肯定,在耐心地疏导和询问下,该生终于说出辞职的真实原因:自己担任学习委员一职,成绩却难以服众,甚至班级部分同学背后还议论他的成绩,这更让他背负了沉重的心理包袱。鉴于该生平时综合表现较好,参加班团事务积极性、主动性和执行力都很出众,辅导员老师希望通过疏导和指引帮助他打开心结,同时希望他在班级干部岗位上继续发光发热。在谈话中,辅导员老师强调,成绩只是一时的,不代表永远,也引导他不要过于在意他人的眼光和评价,最终将该生心结打开,使他重拾信心并同意继续担当学习委员一职。辅导员老师也主动找其他班委了解情况,并嘱咐他们主动帮助H同学提高学习成绩,重树学习委员的威信,同时也找个别同学进行沟通和劝导,希望他们给学习委员更多的时间提升自己,而把更多的注意力放在自己身上。最后,事情得以圆满解决,该生发短信感谢辅导员的耐心疏导,让他真正明白到自己最应该在乎和关注的是什么。

二、分析处理

1. 学生干部主动申请辞职的情况虽不常见,但一旦碰到往往会让辅导员老师头疼不已,因为长时间培养起来的干部苗子,因各种原因执意辞职,会对辅导员老师日常工作的开展和培养、考察新干部带来一定的难度和困扰。案例中的辅导员挽留平时表现较好的学生干部的选择是正确的,学生往往因为个人阅历和经验不足,看待问题的角度存在偏差或有局限,这时候辅导员老师的主动介入和疏导,可以帮助他们及时打开心结、化解压力,从而正确看待人或事情。

2. 辅导员老师在谈话过程中采用循序渐进的模式,首先对该生辞职表示理解,对该生希望抓好学习的态度表示肯定,与该生站在了同一立场,这样更容易赢得学生的理解和信任,也便于接下来深度谈话的有效进行。其次,该辅导员老师能够透过事情表象探究真相,发现该生辞职的真实原因是源自自己的心理压力和班级同学的舆论压力。此时辅导员老师依托个人经验和人生阅历,宽慰和疏导该生不要过于在意他人的目光和评价,并表示老师相信他能够做得更好,给予该生充分的支持,同时辅导员老师也勉励该生努力提高成学习成绩,争取以更好的面貌面对班级同学,进而树立起威信。

3. 通过案例可以看出,辅导员老师在鼓励该生的同时,也重视对班级环境和舆论的纠正和引导,分别与其他班委和个别学生谈话,帮助H同学化解压力,从而更好更快地帮助他调适好个人心态。该生对学习的重视和努力也是非常值得赞赏的,现在强调全面发展,但有个别学生看轻了自己的本职工作——学习,这是不对的。学生成绩也是衡量学生工作是否有成效的标准之一,专业知识更是学生未来进入社会的安身法宝。

4. 虽然我们常说"师傅领进门,修行在个人"或"内因决定外因",但在特定环境或当事者心理脆弱的时候,来自外界的正向激励是非常有效的,一句真诚鼓励的话正是当事者内心渴求的,这也提醒我们每一位辅导员在开展工作的过程中需要多鼓励、多正向引导,持之以恒,相信终会"春风送暖、冰雪融化"。

三、反思启示

虽然案例中的辞职风波最终得以圆满化解,但通过案例我们也能看出心理健康教育是每位辅导员工作中不可或缺的重要内容,辅导员老师要不断加强心理健康教育知识的学习和运用,及时引导学生,提升心理调适能力,同时加强对学生干部心理素质的锻炼,培养他们的抗压抗挫能力,引导全体学生树立正确的成绩观。时间规划能力是重要的个人能力之一,学生在实践锻炼中可以更好地学会合理安排时间,学会处理事务的时间冲突,达到知轻重缓急、两者兼顾的境界。学习是学生的本职工作,但是在做好本职工作的同时应当锻炼更多的能力,为以后走上社会做好充分准备。顺应时代的发展不仅仅在学习科学技术上,也要在个人能力、个人素养方面成为一个合格的、对社会有用的建设者。当出现问题时,选择逃避而不是克服困难,这是不自信、胆小怯懦的表现,有时辅导员在必要时"逼迫"学生一把,可以帮助他们正确面对困难,培养不屈不挠的良好品格,成就更好的人生。

案例四十七　关爱精神紊乱者

一、案例呈现

Z同学入校两年多以来,学习成绩较好,入学心理筛查无异常,但平时都是独来独往,与同学交流较少,经常一个人自言自语,寝室同学对此习以为常,除此以外,并未发现其他问题。大三下学期开学后,Z同学表现反常,除自言自语外,还时不时在宿舍大喊大叫,之后情况继续恶化,经常半夜不睡觉,一个人在宿舍兜兜转转,对宿舍同学说些不着边际的话,并对每位室友都带有明显的敌意。2019年2月26日下午5点,Z同学突然要离校出走,走之前和室友说:"我要去一个谁也找不到的地方"。刚开始宿舍同学没有在意,结果到下午6点也没见他回来,电话也关机了,于是班委干部马上向辅导员报告。

二、分析处理

在得知情况后,该生辅导员首先对 Z 同学的各种异常举动进行初步了解,第一时间跟该生家长联系,但家长电话一直无人接听。于是辅导员通过 110 找到了 Z 同学哥哥的联系方式,并与他取得了联系。晚上 10 点,Z 同学的哥哥在公租房找到了 Z 同学。据他哥哥说,Z 同学可能是受到了某种刺激,心情不好,说话非常激动,语无伦次,在见到他之后有所好转。

之后,该生辅导员与 Z 同学哥哥商量,先请一周的假,待他平复心情后再作处理。3 月 1 日周五晚 8 点,仍处于假期中的 Z 同学突然返校,且未提前告知辅导员。Z 同学回宿舍后,情绪急躁,晚上 10 点,辅导员与 Z 同学谈话。谈话过程中,Z 同学刚开始表现得与常人无异,后来慢慢开始自说自话,直到语无伦次。该生辅导员判断 Z 同学可能患有精神类疾病,需要及时治疗。于是辅导员马上联系他哥哥,但 Z 同学哥哥表示,他休息一晚就好了。接着辅导员迅速将此事上报。第二天,辅导员带 Z 同学去学校心理咨询中心咨询,得知该生有自闭倾向,可能患有精神错乱,需及时去往医院就诊。该生辅导员将这一情况及时告知了该生的两位哥哥,但每当两位哥哥来看他时,他的情绪都比较平稳。该生辅导员判断 Z 同学的精神类疾病可能是间歇性的,看到亲人时会有所好转。在接下来的两天里,该生辅导员反复建议 Z 同学去专业的医院进行检查和治疗,但家人不同意。5 号凌晨 3 点左右,Z 同学病情再次发作,突然掀开一位同学的被子,对其大喊大叫,还使劲摇动床铺。辅导员马上赶到,控制住 Z 同学,并立即联系了 Z 同学的哥哥。凌晨 4 点左右,Z 同学的哥哥将他带走,并立即带他去精神病医院检查,检查结果是"精神紊乱",只是医生建议他需要好好休息,并无其他说明。

3 月 19 日,Z 同学如期返校。返校后,该生辅导员第一时间约他谈话,得知医生给他开了抗抑郁类药物,但其室友反映,他已经私自停药了。这时,该生辅导员意识到 Z 同学的情况有可能会进一步恶化,并当即联系他的两个哥哥,告知 Z 同学的各种异常情况。与此同时,安排同学密切关注 Z 同学的动向,并组织他的两位哥哥参加寝室会议,让他们了解更真实和具体的情况。Z 同学的哥哥终于意识到事情的严重性,代为办理了休学手续,将 Z 同学带回家修养治疗。

三、反思启示

对有心理问题的学生的处理往往比较复杂,辅导员既要在遵守相关规定的前提下开展工作,又要防止意外的发生,更要协调处理好学生家长与学校之间的关系。针对此案例,总结出以下几点:

1. 保持冷静,考虑周全,作最坏的打算

患有精神类疾病的学生,出现问题往往比较突兀,防不胜防,要以最坏的结果作打算,万一事态严重,也有应对之策。案例中,辅导员在与 Z 同学第一次谈话后,已经发现端倪,并综合考虑该生之前的种种表现,初步判定Z同学可能患有精神类疾病,并且病情正在恶化。此时,务必保持冷静,从学生人身安全、辅导员职责和学校相关规章制度、与家长沟通协调这三个方面逐一安排工作,首先最重要的是确保学生安全,其次是辅导员是否已履行岗位职责,并且没有违反相关规定,与此同时,及时与家长取得联系,并做好记录。

2. 灵活应变,换位思考,坚持原则

案例中,辅导员判断Z同学可能患有精神类疾病,并告知其家人时,该生的两位哥哥并没有及时带他去看病,反而回避拖延,不愿意让其请假或休学。辅导员事后得知,Z同学的精神类疾病可能是遗传的,他父亲和大哥都曾有过类似的情况,甚至比他更严重,他们早就知道Z同学的病情,但是一直隐瞒回避,这也可能是不愿意带他去医院检查的原因之一。从该生家人的角度来看,他们认为弟弟待在学校更有利于病情的控制,而且还能保证他的安全,而自身家庭条件较差,回家后可能无人照顾,这也许就是该生家人偷偷送他回学校的原因之一。虽然情有可原,也值得同情,但是作为辅导员,必须坚持原则,顾全大局,为其他同学的安全负责,而Z同学的情况也不适合继续在校学习,以免耽误最佳治疗时机。

3. 晓之以理,动之以情,做好协调工作

精神疾病本就难以确诊,更难判断等级,为保障病人的受教育权,医院一般不会给予休学的建议。而Z同学这种间歇性精神疾病,更是难以确诊,而且因其并未造成严重后果,学校只能建议其监护人尽快带他去专业医院诊断治疗,这需要辅导员跟家长沟通。当然,工作当中务必注意方式,防止矛盾激化。对此,可以从学生本人身体健康、学校安全工作要求以及学生家人实际情况三个方面出发,晓之以理,动之以情,最后促成共识。

案例四十八　正视自己,赶走心魔

一、案例呈现

大三下学期的一天,某专业一名男同学到办公室告诉辅导员,他女朋友——同专业的一名女同学W,最近言行古怪,伴有幻听现象,容易紧张,还产生妄想,如考试时总觉得有人要抢她的试卷。另外,W同学的室友反映,她最近在寝室也有异常行为,总听到有人在敲门,失眠,辗转反侧影响他人休息。W同学的学习成绩在专业名列前茅,得知她出现异常行为后,辅导员到教室观察她上课的状态,发现她容易走神,喜欢盯着教室门外看,并露出诡异的笑容。

辅导员将W同学叫到了办公室单独谈话,询问了她最近的学习和生活状况,她的回答很正常,只是因为准备争取保研资格,有些疲惫,并没有异常行为。当辅导员问她是否有被

抢试卷的经历时,她回答:那只是别人交卷时经过她的桌旁衣服不小心扫掉了她的试卷。之后辅导员叮嘱她要劳逸结合,适当休息才有更好的状态。

半个月后,W同学的室友打电话给辅导员,说W同学在寝室突然大笑,说自己要出国了,然后晕倒了。辅导员立刻联系校医院并赶往W同学寝室。到达寝室时,W同学已经恢复了意识,但依旧浑身无力地躺着。随后校医院的护士赶到后对W同学进行了检查,身体没有大问题,只是有些神经衰弱和低血糖,需要静养。随后辅导员便询问W同学出国的事情,眼神有些闪躲,不愿意回答,于是辅导员准备等她休息后再与她进行深度交流。

在W同学休息时候,辅导员找到W同学的男朋友了解情况。他说W同学小时候父母离异,她由母亲抚养大,母亲对她期望很高,她对自己的要求也很高。W同学高中时成绩也很不错,有几个成绩同样优秀的好朋友,她们都去了国内知名大学,而W同学因为发挥失常去了不满意的大学,但她依然刻苦,成绩依然优异。W同学并没有向男友提及要出国的事,而是提到过高中的一个好朋友准备出国,她很羡慕,也有点沮丧,发誓要努力追赶,让自己跟她们一样优秀。

后来辅导员联系上了W同学的两个高中好朋友,她们都反映W同学对自己的要求过于严格,始终觉得自己不够好。每当她们跟她分享一些学习上的进步或者成就时,W同学一方面为她们开心,背后又会责怪自己不够优秀。

W同学精神状态恢复后,辅导员约她到办公室再次进行详谈。当问她要去哪个国家哪个学校留学时,她红着脸说其实是她的好朋友要出国了,她也想出国留学,但是觉得自己不够优秀,而且家里条件也不允许。同时她也承认,感觉有无形的力量阻止她变得更优秀,比如在她学习时有人不断地叫她名字让她分心,在考试时有人抢她的试卷不让她考高分等。

辅导员推测,应该是W同学过于追求优秀的偏执性格导致她精神压力过大,最终在辅导员、心理辅导中心老师、W同学的男朋友和她的高中好朋友的共同帮助下,W同学渐渐走出了苛求自己的阴影,以平常心面对朋友的优秀,也认识到了自己的优秀,回归到正常的学习生活中。

二、分析处理

从了解到的情况可以初步判断,W同学是存在心理障碍而非精神障碍。一是W同学与同学的正常交流没有问题,对辅导员的谈话采取回避态度,说明她清楚自己的问题,初步排除精神障碍;二是W同学虽然知道问题出在哪里,但自己也无法控制自己,说明心理问题比较严重。

W同学心理问题产生的原因,一是她从小由母亲抚养,接受了片面的追求成功的观念,要求自己必须非常优秀。二是她的朋友们也很优秀,而且家庭条件更好,这促使她认为想要改善自己的家庭条件,就必须像她们那般优秀,而自己一旦停止努力,就不能和她们继续做朋友。

首先请学校心理咨询中心的专业老师对 W 同学的心理状况进行分析。刚开始她不愿意进行心理咨询,在辅导员的鼓励和男朋友的陪伴下到中心与老师交流。反馈结果是 W 同学患有偏执型障碍,解决的办法就是消除她心中的执念:自己不够优秀。

与心理咨询中心的老师谈话后,辅导员让 W 同学的母亲来到学校,当着 W 同学的面告知她母亲她在校的优秀表现及成果,并有望于下学期取得保研资格。其母亲表示惊讶后连连称赞,自己的女儿原来这么优秀,这让 W 同学知道母亲已经认可了她的成绩,她是母亲的骄傲。

之后,辅导员又联系 W 同学的几位高中好朋友和她一起视频聊天。在聊天中,W 同学的好朋友们都表示为 W 同学的优秀而高兴,而她们其实并没有 W 同学想象得那般刻苦用功,她们都羡慕 W 同学有保研的机会。同时她们鼓励她,即使现在不能出国留学也没有关系,以后也有机会,以她的实力申请到全额奖学金后就也不用担心学费问题。

最后辅导员让 W 同学的男朋友多关心她、多肯定她,告诉她她已经足够优秀,不要苛求自己,他会一直陪伴她。

视频聊天后,W 同学的精神状态慢慢好转,异常举止逐渐减少,虽然偶尔还有幻听现象,但她自己能意识到。一个月后她的不良症状基本消失,精神面貌焕然一新,还能主动和高中好朋友交流自己的进步,和室友分享学习心得。

三、反思启示

遇到学生发生心理障碍时,首先要依靠舍友和与其亲近的人,他们了解学生生活中最真实的表现,可以从其中找到有效信息。其次,要了解学生家庭情况、成长环境和成长过程。在学校的表现只是一个方面,还需要了解学生的内心世界,从而更准确地把握和判断其心理问题。最后要学会换位思考,通过共情让学生信任老师,坦诚表达自己的感受,在顺畅地交流中得到有效建议,既可以维护学生的尊严也能解决问题,切忌只讲大道理,会引发学生反感。

辅导员应在入学教育中重视心理健康教育环节,通过多种方式了解学生性格特点,做到有的放矢、防微杜渐。同时,要注重发展有爱心、有责任的班级心理委员,保证信息通畅,及时发现问题。

案例四十九 不必预支明天的烦恼

2019年11月26日,某学院某专业某班就读于研究生一年级的S同学找辅导员谈心。谈话中,辅导员发现其情绪较低落,追问后了解到:S同学经过半个学期的学习,发现所学的研究方向不符合自己的兴趣,害怕现在的专业学不好,以后难以找到满意的工作。他想换专业,但担心专业不能换,也担心换专业后不能跟上新专业的学习进度。

S同学从较远的外地来求学,两地生活差异较大,还没有完全适应新的校园生活。他感到身边没有朋友可以倾诉,觉得非常孤独和焦虑,因思考换专业的事导致一段时间失眠,情绪低落,又由于睡眠不好经常逃课。

1. 充分倾听

鼓励S同学说出自己的问题和感受,在这个过程中辅导员不对他所说的任何事情、任何情绪进行评判。辅导员也不要急于表达自己的想法,而是耐心听学生倾诉。只有让学生先释放情绪,才能了解更多真实情况,才能建立起对老师的信任。通过这样的方式,S同学说出了自己的问题以及解决问题的方式。辅导员发现他存在一定程度的心理焦虑,但没有导致严重的情绪问题。并且,导致他情绪低落的问题比较明确,他不喜欢目前的专业。但他在思维上存在过度联想和焦虑的问题,习惯把目前的问题放大,甚至联想到比较远的、不确定的未来。同时还存在以错误的方式面对问题的情况,比如不上自己不喜欢的课。

2. 要表达同理和共情

该生辅导员首先对他的苦恼表示理解,还跟他分享自己在大学期间也面临过同样的问题,因为这件事产生消极情绪都是正常的、可以理解的。辅导员告诉他,人生中总会遇到一些不如意,感到失望或焦虑都是正常的,要学会识别和接纳这些情绪。

3. 要明确是非对错

辅导员严肃地指出S同学逃课的错误行为,他实际上是通过逃课来逃避问题。这些消极的行为不但不能解决问题,而且甚至会导致思想滑坡,自我控制力下降等,而且还违反了学校的校级校规。

4. 要让情绪回归理性,努力解决问题

给情绪一些缓冲后,一定要再次回归理性,分析自己消极情绪产生的原因。辅导员跟 S 同学交流了生活、家庭、情感等情况后,基本上确定其负面情绪产生的主要原因是不喜欢所学专业。但是辅导员不能够盲目鼓励或者劝阻学生换专业,而是要具体问题具体分析。辅导员进一步询问他关于专业的具体情况。比较幸运的是,S 同学想转的专业和现在所学专业属于同一个二级学科,只是研究方向有差别。于是该生辅导员提出了三个建议:第一,多跟专业老师沟通,跟高年级或者毕业的学长沟通,确定自己是否真的喜欢新的研究方向;第二,找新专业领域的老师沟通,找到一位愿意接受自己的导师;第三,到学院相关部门咨询更换导师和研究方向的具体程序和要求。

沟通之后,S 同学的情绪得到安抚,开始思考如何解决问题,并积极付诸行动。一段时间后,通过辅导员的协助和 S 同学的努力,他终于妥善解决了专业研究方向不符合自己兴趣的问题,也顺利找到了新的导师。

5. 要再次强化教育

S 同学在问题解决之后,主动向辅导员表示感谢,情绪也不再低落。辅导员表达了对学生成功解决问题的祝贺,并借此机会对其进行人生教育。辅导员告诉他,在遇到问题的时候,要明白任何消极情绪都只是暂时的,任何问题都有解决的办法,要学会从纷繁复杂的问题中找到主要矛盾,集中精力解决主要问题,而不是任由情绪发展,不断产生负面影响。不要为了过去的事情懊恼,也不要为了没有发生的事情焦虑,把精力放在当下,不预支明天的烦恼。

三、反思启示

通过这件事情,在做好学生工作上有如下思考:

1. 要解决事情,先调整心情

当遇到有情绪问题的学生时,不用着急给出解决问题的建议,对情绪背后的事情不急于评价,而是首先对其共情和同理,对学生表示关心和接纳,这样学生才会信任老师,才愿意对老师敞开心扉。

2. 明辨是非,帮助学生树立纪律意识和责任意识

对于错误的行为不能默许或者态度模糊,要明确指出、态度坚定。辅导员可以对学生产生不良行为的原因表示理解,但不代表认可这类行为。如果在学生面前,辅导员不能树立明确的是非观,长远来看既有损于老师的权威,又埋下了种种隐患,不利于学生工作的开展。

3. 解决问题要回归理性,所有的问题都有解决的办法

学生有时候认为自己的生活一团乱麻,有许多问题难以解决。辅导员要善于帮助学生发现所有问题中的主要问题,要聚焦解决最主要的问题,不要被琐碎的事情分散和消耗精力。

4. 适时进行强化教育

S同学的问题从表层来看是转专业问题,而从心理层面来看是思维方式的问题。在具体问题得到妥善解决以后,要寻找机会,跟学生进行更深入地沟通,引导他们发现自己思维方式上的问题。学生在学业上、人生道路上,总会面临很多不同的问题,授人以鱼不如授人以渔,帮助学生解决一个具体问题很重要,而帮助他建立健全合理的思维方式更加重要。

第六篇
网络媒体篇

本篇涵盖网络思想政治教育。随着互联网技术和多种新兴媒体的日渐普及，高校学生管理工作与网络的结合也日趋密切，网络更成为辅导员应主动学习和占领的重要教育阵地。辅导员们应运用新媒体新技术，推动思想政治工作时注意传统优势与信息技术高度融合；构建网络思想政治教育重要阵地，积极传播先进文化；加强学生网络素养教育，积极培养校园好网民，引导学生创作健康的网络文化作品，弘扬主旋律，传播正能量；创新工作路径，加强与学生的网上互动交流，运用网络新媒体对学生开展思想引领、学习指导、生活辅导、心理咨询等。

案例五十 青年说：一个为青年发声的平台

一、案例呈现

某学院致力于打造一个属于青年人自己的发声平台，经过筹备，最终名称确定为"青年说"。"青年说"类似于央视的"开讲啦"，该平台借助于该学院的微信平台向广大师生定期推送青年学生的观点和声音，青年人用自己的话语表达观点，以视频的方式传递着正能量，深受同学们欢迎。同学们以前习惯看电视，随着新媒体时代的到来，特别是智能手机的迅速普及，青年学生获取信息的渠道日趋多元化，这种多渠道获取信息的方式又主要聚焦在移动设备。据调查，同学们每天使用手机的平均时间超过3个小时，因此，如何更好地借助移动设备和新媒体平台优势吸引更多青年学生的关注和打造能让青年学生主动发声的渠道就成为该学院辅导员重点思考的方向。"青年说"凝聚了该学院辅导员们大量的心血，不仅对每期选题进行精心策划，还对展现方式进行不断优化，尽量以当代青年学生喜闻乐见的形式推出。此外，在视频的制作包装方面借鉴电视媒体的先进经验；在选择传播者方面，也注重在学院内进行广泛选拔，挑选语言表达能力强、综合素质较高的同学；在内容方面，精选每次主题内容，确定健康文明、积极向上、与时代接轨的题材，比如，国庆节前后推出10期时长约两分钟的"我和祖国共成长"系列微视频。通过同学们的发声，"青年说"在学生群体中取得了深远的影响力，并得到了很高的转发量。

二、分析处理

随着新时代的到来，高校思想政治工作的方式也要紧跟时代，与时俱进，如果墨守成规，仍采用老套的方式进行教育，教育的效果会大打折扣。因此，思想政治教育工作者要主动关注学生的思想动态，掌握学生的行为规律和接受信息的特点，开拓思想政治教育的新思路。比如，学生喜欢微博、微信、微视频等，那思想政治教育工作者就要主动占领这些思想政治教育阵地，以学生们喜闻乐见的方式进行思想教育，这样学生的接受度更高，教育效果也更好。

此外，随着单反相机、录音设备的普及，一些电影公司、电视台掌握的摄影技术、剪辑技术，以及节目包装技巧等"高大上"的技术应用到了高校思想政治教育工作中。技术的创新让更多同学参与进来，走到台前，以朋辈的心声感染青年大学生，也使内容更有说服力。对

参与创作的同学们来讲,这也是一个提高思想认识和综合能力的平台。比如,学生在准备宣讲内容时,会按照老师的指导准备材料、撰写文稿、联系演示,这个准备的过程,本身也是一个教育的过程。当他们看到自己辛勤努力的宣传作品在网络上传播时,内心会产生满足感和成就感,更能增强自信。

通过"青年说"这种方式进行思想政治教育,辅导员一定要发挥重要的引导作用,不能缺位,如任由学生自由发挥,导致宣讲内容的质量、价值、导向等方面出现一些偏差,就会严重影响这一思想政治教育品牌在学生群体中的权威性。同时,辅导员也要做好思想导向把控,给学生带去正能量,做好价值观引领。

三、反思启示

1. 青年大学生需要思想微引领

随着智能手机的普及和新媒体时代的到来,大学生更多地通过手机终端接收外界信息,他们了解世界的渠道越来越依赖新媒体。新时代带来新要求,也为创新大学生思想引领工作带来新的动力,思想政治教育工作者应树立新媒体意识,思考如何利用新媒体技术创新和改进党建工作的形式和方法,让高校思想政治教育工作取得更好的成效。

2. 打造青年发声平台

在纷繁复杂的网络世界中,思想政治教育要主动"出击",占领微博、微信、微视频等新媒体阵地。只有占领了发声的平台,主动宣传,敢于亮剑,才能更好地进行思想引领,也才能受到学生的欢迎。每一个平台的打造都需要合理定位,根据不同的受众群体,研究他们的特点和需求,经过市场调研后,再进行内容的组织,无论是微信还是微视频,都要以学生的迫切需要为出发点。

3. 要不断提升自身的新媒体素养

新媒体时代的到来给高校思想政治工作带来了空前的机遇,但是,新媒体师资队伍的匮乏也是一个不争的事实。作为知识分子工作最密集的高校,应走在时代的前列,建立一支新媒体师资队伍,为全校的新媒体思想政治教育工作服务。

此外,还可以通过教师的岗前培训和业务技能培训,加入新媒体的基本知识和素养要求作为培训重要内容,让教师队伍尽快树立新媒体意识,掌握应用新媒体的基本技能,为高校师生思想政治和党建工作服务。无论是专业课教师还是学生党建管理工作者,都要坚持学习新知识,充分利用网络资源充实自己,不断充电,提升个人素养。教师既要掌握新媒体技术,又要成为新媒体应用的组织者和引导者,这样,才能利用好新媒体技术为高校学生思想政治教育工作服务。

4. 教师要牢牢把握思想教育工作内容的方向

利用新媒体手段进行大学生思想政治教育,这是技术上的一次革新,但教育内容和方向必须坚定不移,因此,对于宣传教育的内容,特别是涉及大学生价值观引领、意识形态等方面,一定要把握好方向,传递正能量,否则,良莠不齐的信息掺杂进来,会对大学生造成不良影响。

案例五十一　行走在网络安全的边缘

一、案例呈现

A同学为某大学大一年级学生,该生平日在网络上比较活跃,时常在短视频平台上发布日常生活点滴,虽然记录的都是诸如散步、吃饭、睡觉、拆包裹等琐碎之事,也少有人点赞评论,但A同学乐在其中。在他看来,社交网络时代,以此来记录日常生活点滴也不失为写日记的创新。某日,正值全国性大会敏感时期,A同学正在教室上课,备感无聊,便在本人所在寝室群中发言,但无人搭理,A同学心中无聊之意愈发强烈,又在群内发表不当言论,寝室长B同学发现后即刻删除,A同学见无人搭理亦不再发言,殊不知公安机关已经注意到A同学在群内发表的不当言论。当晚十一时许,A同学正在寝室休息,公安机关人员上门询问并将该生带到公安机关进一步了解情况,A同学感到发蒙,不知所为何故。公安机关经详细了解后,对其进行了严肃批评教育,A同学亦表示深刻检讨、悔过。次日凌晨三时许,A同学返校,按照《学生手册》规定,其不当言论严重违纪,学校给予了严重警告处分。

二、分析处理

这种情况的出现,从A同学自身来看,虽说主观上并无恶意和行动企图,但其思想上麻痹大意和言语不端的表现,却值得深刻反思。A同学完全没有意识到自己发表不当言论的恶劣影响,在被公安机关询问前,他认为这只是自己在群内开了一个玩笑,完全没有意识到已经触犯了法律法规的相关规定。在现实世界中,A同学能够做到遵章守纪,但在网络世界中,他却因麻痹大意犯下低级错误。从网络安全教育管理方面来看,学生网络安全教育的形式与方法也值得深入思考,如何使网络安全教育的内容内化于心,消除学生麻痹大意的思想,是网络安全教育要解决的问题。针对网络不当言论的处理,要让学生深刻认识到问题所在,除了深刻检讨与反思,还要从思想根源上解决问题。同时,要加强对网络安全及法律法规的学习和思想政治教育,在生活中时刻保持清醒的法制警觉性,坚决不触及法制红线。

三、反思启示

1. 当今时代,随着社交网络的兴起,人们之间的交流、沟通、表达方式正在经历着深刻的变化。处在这一时代变化中的青年学生,思维活跃,表达意愿强烈,在碎片化的网络世界中,人人都是网络信息的贡献者,人们的表达习惯、方式与传统相比正在发生深刻变化。对于青年学生网络行为的规范,除了开展常规的网络安全教育外,还要以创新思维去思考,以青年学生喜闻乐见的方式融入网络安全教育内容,这样才能做到入脑入心。比如,通过拍摄短视频、Vlog(视频博客)乃至参与某些包含网络安全内容的电竞活动,激发学生思考,引起学生思想上的重视。当然,在此过程中,也要避免过度娱乐,毕竟娱乐工具仅仅是载体,而通过这些表达形式所要传递的网络安全观念才是根本。因此,网络安全教育方法除了传统、常规手段,还需要紧跟时代发展,实现创新发展,达到形式与实质上的统一。

2. 随着时代的进步与发展,网络空间已成为大国博弈的活跃场所,网络安全问题更加突出。大学生群体作为未来国家建设的中坚群体,务必要从思想上牢固树立网络安全观念,在意识形态领域守住思想阵地。随着社交网络的蓬勃发展,当今的网络安全问题向更广泛的空间伸展,随着智能手机的普及,网络不再局限于某一特定群体,人人都是网络空间的参与者和信息贡献者。在这种新形势下,传统的说教式教育能够起到的效果将十分有限,而必须采取更加灵活、符合当下年轻人话语体系的方式,做到创新发展。比如说,大学生群体中有不少动漫爱好者,在海量动漫中也涌现出了一批广为年轻人喜爱的爱国主义动漫,网络安全教育也可借鉴这种形式,将网络安全教育以动漫的形式呈现,并导入年轻群体的话语体系,同时以适当的诙谐、幽默的方式来呈现,以这种年轻人更加容易接受的方式来开展网络安全教育,可能会取得更好的效果。另外,近年来国家也查处了一些比较轰动的大学生网络安全事件,可考虑定期在学生中开展网络安全警示教育,通过实际发生的案例,客观呈现网络安全教育的紧迫性和必要性,使学生深刻认识到网络安全教育绝非走形式、走过场,绝非停留在纸面,而是适应形势发展与需要的,作为大学生所必须牢固树立的思想防线。

3. 要从根源上做好网络安全教育,必须从思想根源上下功夫,网络安全问题的发生,从根源上讲是人生观、价值观、是非观、世界观、爱情观等方面出了问题,为此,需要整合思政力量,从多方位、全角度使学生得到足够的思想武装,从而做到抵制各种不良思想的影响。网络是一把双刃剑,随着技术的飞速进步,网络为人类生产与生活带来了极大的便利,但同时也面临技术进步所伴随的各种风险,包括个人隐私、网络诈骗、网络非法交易等种种负面影响。在这种形势下,如何顺应时代发展,不断创新网络安全教育的方法,是一个时时更新的课题,通过本篇的思考,主要是提出当下网络安全教育面临的新情况,同时也提出了一些方式与方法方面的思考,而如何有效地开展网络安全教育,应该是教育战线各位同仁需要长期关注的问题,应将网络安全教育作为一项创新课题加以研究,从国内外背景、现状、问题、思路、对策等方面进行深入地讨论交流及思考,方可为实践中更好地开展网络安全教育提供方法论基础,并且还要保持跟上网络空间发展步伐,做到动态更新,其中将会涉及不同资源的整合问题,体制机制方面的创新也是一个值得思考的课题。

案例五十二　戒赌瘾,用爱挽回悬崖边上的孩子

一、案例呈现

2018年某月某日,辅导员接到G同学的电话,得知班上的L同学参与网络赌博,已欠下赌债。欠款中小部分是从同学处借来的,大部分来源于网络借贷,常见的网贷平台都被他借了一遍,而且部分平台已限制他借款,并开始催收还款。L同学没有还款能力,又怕家人、同学和老师知道,但是纸包不住火,L同学感觉压力越来越大,就向关系较好的G同学倾诉。他坦言自己已经赌博成瘾,明明知道可能会输钱,仍然越陷越深,管不住自己,现已经知道错了,但是为时已晚,他感到茫然无助,不知如何是好。G同学得知此事后,认为L同学这样做不对,已经违反校规,必须告知辅导员。经过一番劝解,L同学同意将此事告知辅导员。

得知此事后,辅导员迅速找到L同学,对其赌博的平台、赌博方式、参与人员、时间段以及借款平台进行了详细了解。首先,排除班级聚众赌博的可能,这是L同学的个人行为,并无班级其他成员参与。第二,立即上报,并联系家长,商量后续如何处理。该生家长在当天晚上10点赶到学校,通过交流,辅导员得知L同学已经不是第一次参与网赌了。一个月前,他也参与赌球欠款1万余元,家人已替他还清,当时他曾保证不再参与网络赌博,谁知一个月后,他再次赌博,而且欠下债务。对此,L同学的父母痛心疾首,他们这些年一直在家务农,今年才进城打工,在一家服装厂的流水线上工作,收入低,劳动强度大。L同学虽然认错态度较好,一再表示这次是真的知错了,以后再也不赌了,但对于父母的辛苦,并没有多大感触。在谈及如何还款时,L同学淡淡地说:"你们先垫着,我将来会还给你们的。"因L同学与父母关系不好,从小到大父母过于娇纵他,在和父母谈及如何还钱的时候,他态度较为恶劣,没有表示出后悔和歉意。

二、分析处理

在了解了实际情况后,根据L同学的成长环境和他之前的种种表现,该生辅导员按照事件先后顺序,做出一个分析小结:

1. 该生选择将此事告知 G 同学，其目的可能并不单纯，并不只是简单地倾诉。他可能是想通过 G 同学将此信息传递给辅导员，然后由辅导员告知他父母。这样一来，他父母担心影响他的学业，会直接替他把欠款还了，这样就解决了眼前的危机。

2. L 同学网赌成瘾，且已经陷得很深，这次认错只是表面上的，很有可能打算等这次事解决了，再赌一把，把之前输的追回来。这样敷衍了事，无法认清现实，同时仍抱有侥幸的心理，是无法正视现实生活、逃避现实生活的一种表现。

3. L 同学的父母对他的管教有心无力，说得再多，作用也不大。这次必须想办法让 L 同学明白他给家庭带来多大的伤害，打消他的侥幸心理，不然他以后还会再次参与赌博。

在分析事情的前因后果后，如何做出应对之策才是解决问题的关键。在辅导员的建议下，最终 L 同学和父母达成共识：第一，欠款分为两个部分，其中网络贷款部分，L 同学的父母不再独自偿还，他们也没有能力一次性还清，L 同学需要利用暑假时间和父母一起在服装厂打工挣钱还债。第二，向同学借的钱，需要 L 同学利用课余时间做兼职独立偿还。此外，该生辅导员还召集借钱给 L 同学的同学开会，组成监督小组，对 L 同学的日常开销和网赌行为进行监督，同时要求他们保密。尽管 L 同学觉得很丢面子，但最后表示愿意接受监督。

6 个月后，L 同学及家人基本还清了欠款，L 同学的学习成绩也有了很大进步，与父母的关系也有一定缓和，对于父母的辛劳付出也有一定的体会，整个人的精神面貌焕然一新。

三、反思启示

现如今，网络中的各种诱惑数不胜数，参与网络借贷和网络赌博的学生不在少数。而另一方面，现在大学生普遍缺乏锻炼和吃苦的机会，对于父母的辛劳体会不深，对于生活的艰辛更是知之甚少，他们参与网赌时往往觉得自己玩的只是数字，不是钱，更与父母的辛苦付出不相关。网贷和网赌，害人不浅，不少学生深陷其中，给学生及其家庭造成沉重的伤害。辅导员老师必须重点宣传其危害，严防死守教育阵地。对于网赌成瘾的学生，要软硬兼施，既要给予关怀，又要给予一定的惩戒，和学生家长一起共同监督，促使他们改邪归正。

以上案例中，L 同学家庭条件虽然不太好，但是从小到大也没怎么吃过苦，父母对其过于宠溺，他不知挣钱不易，更没有体会到父母的艰辛。因此，可以以此为突破点，让他真切体会父母的辛苦，从根源上认识到自己所作所为的严重后果，用辛勤劳动将其拉回现实，以友情和亲情来感化他，用爱来挽回，这样比一味说教更有效果。对生活体验甚少，是现在大学生的通病，学校除了要对学生进行学业上的教育，也要对他们的社会现实认知进行引导。假期间，学生也可以适当安排一些生活劳动体验，可以从家务事开始让学生从身边做起，打寒暑假工等让他们适度承担个人生活责任都是非常好的方法和手段。同时，要对学生进行正确的尊严教育，犯错后及时认错、努力改错，才是真正有尊严的表现。

案例五十三　让网络空间更友善

一、案例呈现

Z同学和L同学都很热爱学习，他们在同一个教室上课。一次，Z同学先放了一瓶水在教室桌面上占位置后离开了，随后L同学来到教室，L同学以为水是之前上课的同学忘记带走的，于是将水放到讲台上，然后将书放在同一桌面上。过了一会儿，Z同学回来告诉L同学，这是她先占的位置，随后L同学将书收回，去找另外的位置。事后，Z同学在QQ空间发说说指责L同学的行为，发泄个人情绪，还带有侮辱性字眼。L同学看到后，也在自己的QQ空间发说说回应Z同学的指责，言辞激烈。双方的说说都受到了同学们的大量关注和转发。

二、分析处理

1. Z同学和L同学因为教室占座问题，在QQ空间发说说相互指责，这看似是一件网络舆情中的小事，实则关系到双方的个人名誉和对学校的影响。正确应对突发事件，是关系学校安全稳定和社会稳定的重要工作。

2. Z同学和L同学都是女生，敏感且情绪比较冲动，因为占座的事情想在网络上吐槽和发泄，以博得更多人的关注和同情，没有意识到会产生不良影响。

3. 网络舆情的传播不受地域限制，因此其他的同学和老师都可能在QQ空间看到他们的言辞，对双方的个人形象都造成不良影响，所以应将该突发舆情控制在萌芽状态，尽早让她们删除空间的不良言辞，并解决问题。

4. 从思想站位和政治觉悟来看，双方都已经是成年人，应该对自己的言行负责，特别是在网络空间这样公开的场合，一旦涉及诽谤和侮辱的字眼，很有可能会触及法律问题，一旦事态扩大，将对学生的发展甚至政治前途产生不良影响。

因此，对此案例的处理分为以下几个方面：

1. 加强与学生的交流和沟通，积极关注学生的意识形态和思想动态，以便进行正确的、有针对性地教育引导。该生辅导员在第一时间看到了双方的说说，同时约谈双方了解事情的原委，让学生首先将具有争议的说说删除，防止事态扩大和蔓延，以减少对于学生个人和学校的不良影响。

2. 做好思想工作，包括心理健康和情绪的引导，尽量让双方能够客观、冷静地表达诉求、平等交流，在线下面对面和平解决矛盾，不占用网络公共空间。

3. 建立联系人制度，让班委、党员、积极分子、宿舍长等及时了解学生思想动态，准确研判事态发展情况，促进突发事件的有效应对。

4. 辅导员应根据突发事件网络舆情的不同演变周期（包括初始期、发展期、高涨期、回落期）所表现出的特征和规律进行归纳总结，掌握应对网络舆情的相关知识和经验。

5. 充分认识"监测与排查——分析与研判——应对与处置"是突发事件中网络舆情引导预防策略实施的关键环节，"网上、网下两级联动"是突发事件网络舆情引导应急策略实施的重点步骤，"法律规制、技术防范，资金投入"是实现突发事件网络舆情引导保障建设的核心范畴。

6. 除学生的网络舆情外，还应该指导、协调学校新闻媒体正确、有效地开展工作，引导整个校园甚至社会舆情，平衡人们的心态，理顺师生情绪，激发师生学习工作活力，为深化改革、促进发展、维护高校稳定、推进高校建设发展提供有力的舆情支持。

7. 研究做好高校突发性事件的网络舆情引导工作是构建社会主义和谐社会的重要途径，因此，学校应该建立和完善高校网络舆情预警机制和应急联动机制，这样，可以将舆情突发事件的处理从一种非流程化的决策过程，转变为一种程序化的决策过程，可以缩短有关部门的响应时间，及时采取有效措施，沉稳应对事件，消除影响，减轻危害。

三、反思启示

互联网进入中国已有20多年历史，伴随着全球经济一体化的发展以及媒介新兴技术的不断进步，O2O（线上线下结合）、web3.0、5G、物联网、大数据时代的到来对高校管理带来机遇的同时也带来严峻的挑战，高校如何对网络舆情突发事件进行监控和引导，如何进一步提高网络舆情研究水平，努力实现网络舆情监控机制的制定与完善，有效预防、控制高校突发事件的发生，是当前各高校全面建设和谐校园、平安校园亟待解决的现实问题。学校是育人的场所，学校的根本任务是培养人才，而高校环境的稳定关系到人才的培养。学生管理工作者应该做好突发事件网络舆情的正确引导，最大限度地减少突发事件给学生带来的影响，为学生成长成才提供良好的育人环境。

高校的大学生群体热衷于网络生活，在网上的表现十分活跃，不论国内热点事件还是国际突发事件，他们都及时表示关注，表达主观观点，进而迅速形成网络舆论，可能由此产生一定的舆论压力，其影响力不容忽视。

做好高校突发性事件网络舆情引导工作是维护高校安全稳定的需要。高校突发性事件的网络舆情引导是高校管理中一个极其重要的方面，良好的网络舆情引导，一方面可以及时控制不良信息的传播,一方面告知相关部门,以便更快地解决问题,防止事态恶化,也进一步防止日常个体事件演变为群体性突发事件,为学校的改革发展提供良好的环境保障。

案例五十四　网络平台是一把"双刃剑"

一、案例呈现

某日,某学院接到学工部转发的投诉该学院学生的信访材料,原文标题为"Z同学是高校一位著名渣男,害我自杀两次、休学。请学校给他惩罚。"内容涉及Z同学与投诉人之间的情感纠纷问题。接此信访文件前,学院已通过其他网络渠道获悉此事,并在第一时间约谈Z同学。经了解,Z同学在研究生入学前曾交往过一位女友,因感情不和,Z同学提出分手,但女生并不接受,且伴有过激情绪表达。期间,女生因心理问题休学,将问题成因归咎于Z同学,并通过学校信访、百度贴吧、QQ群、微信朋友圈等多个渠道发布信息,阐述二人情感经历,并指责Z同学不负责任。Z同学在百度贴吧进行回复,坦诚自己的不足,但被网络舆论淹没,短时间内迅速成为了校园网络新闻热点,引来不少议论。

Z同学的回复招致从网络到现实生活中的诸多麻烦和舆论暴力,使他不堪其扰,也没有让对方满意的解决方案,相反,二人的争执被网络点击量放大,成为网络舆论事件。如果任其继续发展,首先不利于双方解决实际问题,其次也会给当事者双方所在学校带来负面的舆论及影响。

有关大学生情感纠纷问题,最佳的解决途径是沟通与协商。作为新时代的大学生,当事双方均没有认真考虑如何解决问题,而是放任个人情绪,使情感纠纷事件发展为网络舆论事件,使得彼此都成为网络舆论的受害者。

二、分析处理

接获该信访意见,该学院第一时间找到相关辅导员了解情况,要求对该生以教育引导为主,调查事件经过,并采取针对性措施,使Z同学尽快妥善解决此事。针对该案例,该生辅导员根据舆论表现加以研判,决定从以下几个方面入手,开展教育引导工作:

1.从根源上解决问题。经过交流,该生辅导员要求Z同学主动联络前女友及其家长,尝试通过直接沟通协商解决问题。在此期间,如涉及财务、名誉、身体伤害等法律纠纷问题,必要时应咨询律师,寻求司法途径解决。

2. 要求Z同学不再进行网络回复,不再让网络作为评判自身行为正确与否的裁决官。此事成为网络热点,在于Z同学没有直面事件当事人,而是选择通过网络回应当事人的方式,这无疑不利于解决两人的纠纷,容易衍生出更大的网络问题,且此事给学校也带来一定的负面影响。关注此事的百度贴吧网友,多是在校学生,在不了解事实真相的前提下,他们的评论带有主观感情色彩。无论Z同学如何进行网络回复,这种涉及大学生、研究生情感纠纷类型的网络事件,都有较高的关注度。在私人感情纠纷问题中,网络从来不是也不应该是法官,网络不具备判断是非对错的权责,也不是解决私人情感纠纷问题的最佳场所。

3. 教育引导Z同学,在今后的人生道路上,应坚持正能量,真诚对待个人感情,不可草率鲁莽,给自己和他人带来麻烦和伤害。这件事情无疑给当事双方、双方的家庭、工作和生活带来很大的负面影响。要消除这些影响,需要很多的时间和精力,这都是毫无必要的损失。

4. 对未来网络舆情问题的发酵与爆发,要做到未雨绸缪。在事件发生之初,各个班级负责人均向辅导员反映,辅导员第一时间通过网络了解事情始末,做到充分了解事情的前因后果后,又通过信访及网络事件得知事件现处于爆发前期,为避免事件成为新闻热点,及时采取有效措施杜绝事态恶化是可行的,也是必须做的。网络舆情的问题在互联网时代从来不是孤例,也很难直接通过网络得到最佳的解决方案或举措。真正可以解决问题的只有当事人双方,只有双方心平气和地沟通与交流,才能从根本上彻底解决问题。

三、反思启示

网络是一把双刃剑,带来便利信息的同时,也产生诸多不利影响。私人情感纠纷屡见不鲜,这些纠纷不是诉诸网络就可以得到圆满解决的。解决情感问题的方法,一是靠时间,二是靠当事人双方之间的沟通。大学生情感纠纷问题一旦诉诸网络,极易引爆网络舆论,成为焦点新闻事件,但对于问题的解决却毫无用处。

网络不是公正的裁判官,当事双方协商是首选,第三方调解次之,司法渠道是最后寻求的方案。在Z同学情感纠纷事件的案例中,起因于两人感情破裂,由于处理不当带来了一系列后续问题,使当事人双方都深陷其中无法摆脱。Z同学为了化解纠纷,选择了最笨拙的解决方案——进行网络回复,并希望取得谅解。结果招致更大的网络舆论冲击,产生更大的问题。究其根本,将事件本身的裁决权交给网络舆论,作为一名在校研究生,这无疑与其应具备的认知水平和处理能力不相匹配。这一冲动行为最终导致较高的网络关注度,如任由事态发展,有可能发酵为一次舆情事件。事实上,多年来,我国互联网普及进程之快,超乎想象。并且网络舆论总体呈现发展态势,极易出现极端网络事件,给事件中的当事人带来不利影响。

网络行为教育是高校思想政治教育工作的重要组成。网络语言基本上是以文字、图片和视频为主导,不慎的网络行为,容易招致网络关注度的增加,容易引发网络舆情事件。要在学校思想政治教育工作中特别提出,让在校大学生具备基本的网络行为失当洞察力,避免自己在享受互联网信息便利过程中,因不合适的网络行为,给自己带来无穷无尽的烦恼。

案例五十五　玩转新媒体,凝聚新青年

一、案例呈现

为加强大学生网络思想政治教育,某学院广泛利用新媒体平台,例如微博、微信公众号、QQ、论坛等,传播教育思想,弘扬正能量。该学院打造品牌微信公众号"某某思语",主要目的在于引导青年大学生坚定理想信念,树立正确的人生观、价值观和世界观,同时提供大学生日常学习生活所需要的各项技能与有效信息等。该公众号文章由学院学工队伍撰稿,内容涵盖思想价值引领、学生心理健康教育、安全教育、职业规划、情商管理、学习技巧及方法、求职面试、旅行见闻等主题。经过前期策划与筹备,该品牌公众号又在栏目方面进行了细分和优化,设置"师语绵延""干货分享""师生故事"三大板块,每个板块又有3~4个栏目,基本涵盖了大学生学习生活的方方面面。

由于网络新媒体具有较强实效性,在不同时期,微信公众号发挥着不同的重要作用。在新冠肺炎疫情的特殊时期,该学院充分利用这一品牌公众号,进一步做好大学生疫情防控的相关工作,该公众号推出了爱党爱国教育、疫情防控知识、网课效率提升、疫情心理疏导以及抗击疫情的感人故事等文章,让学生们在不断提升应对疫情的科学知识的同时,更加坚定民族自信心。

二、分析处理

中国互联网络信息中心(CNNIC)发布的中国互联网络发展状况统计报告显示,截至2020年3月,我国网民规模为9.04亿人,其中学生最多,占比为26.9%。当前大学生是在互联网的大环境下成长起来的,新媒体也已深深融入他们的学习与生活之中。传统的教育模式已经不能满足当前的需求,也无法深入当代大学生的内心。高校思想政治教育工作要因事而化、因时而进、因势而新,要运用新媒体新技术使工作"活"起来,推动思想政治教育工作传统优势同信息技术高度融合,增强时代感和吸引力。该学院从以下几个方面加强了新媒体思想政治教育工作：

1. 把握大学生需求，探索大学生感兴趣的话题

处于不同阶段的大学生，关注的话题和重点不同，利用微信公众号开展教育引导既要把握不同阶段学生的特点，也应该广泛覆盖到所有大学生群体。例如，大一学生对于学科竞赛和丰富的校园活动更为关注，大三学生则更关注就业择业、考研等信息，而情商修炼、综合素质提升等则是所有大学生都关注的内容。对于不同年级、不同群体的需求，公众号的推文内容应该统筹兼顾，广泛涉及。

2. 不断提升新媒体技术，创新内容的呈现方式

该学院学工队伍用心揣摩教育规律和学生的心理，用学生们喜闻乐见的方式来丰富文章形式。例如在文章中增加微视频、漫画等。该学院学工队伍除不断学习提升摄影技术、剪辑技术外，还将符合学生"审美"的元素和一些"网络词汇"加入文章内容中，让文章读起来更加生动活泼。

3. 把握关键节点，高频率地开展教育引领

该学院在运营微信公众号的过程中，抓住关键节点开展大学生思想政治教育工作。例如在"五四"青年节、新中国成立 70 周年等重大时间节点，鼓励大学生将自己的理想抱负与国家的前途命运联系起来，志存高远，脚踏实地，在实现中国梦的实践中放飞青春梦想，在为人民利益的不懈奋斗中书写人生华章。

三、反思启示

1. 微信公众号的服务对象主要是高校大学生。根据服务对象的特点，公众号的内容涉及大学生生活的方方面面，从政治理论学习、学业生活、时事热点到生涯规划、就业指导、创新创业教育、心理健康等，从文化育人、实践育人到资助育人、榜样育人；有针对学生问题的答疑解惑，也有针对家庭教育问题的探讨。

2. 有营养、有意义的内容才能吸引大学生的眼球。微信公众号推出的内容需要进行多次优化，尽量做到文字精练、排版美观、图文并茂、视听共享，以确保吸引力。枯燥乏味的内容推出得再多也只是"竹篮打水一场空"。另外，微信公众号的内容要注重创新，保证原创。

3. 学工队伍要既要掌握新媒体技术，又要成为新媒体应用的组织者和引导者。只有这样，才能利用好新媒体技术更好地做好高校学生思想政治教育工作。

4. 微信公众号应保持持续地与大学生群体互动，时刻了解学生关注、点赞文章的数据。通过大数据的反馈来实现方式的改进与内容的完善。

案例五十六　以爱之心，解千千结

一、案例呈现

W男同学与S女同学曾经是男女朋友关系，同时，W同学的异性好友H同学与S同学又是舍友关系。由于W同学经常和H等同学一起吃饭、学习，S同学对此心生醋意。在一个风雨交加的晚上，S同学回到寝室，因为一件小事对H同学大发雷霆，两人吵得不可开交，S同学非常激动，说了一些不堪入耳的话语，在女生宿舍楼里造成了一定的不良影响。事后两人关系破裂，S同学拉拢其他舍友，对H同学和W同学造谣诽谤，无端中伤。S同学还在QQ说说里发表相关不当言论，其中一条QQ说说还有几十人转发，不明情况的一些同学在背后对W同学和H同学说三道四，在学生群体中造成了不良的影响。后来一位班委同学意识到事情的严重性，将QQ说说截图发给了辅导员老师。

二、分析处理

辅导员老师在接到反映情况后，判断这是一个包含恋爱、寝室关系的人际关系问题，也包括了个人情绪处理问题，但通过网络的传播使问题更加复杂化和扩大化。辅导员老师在全面分析之后，决定从以下几个方面逐步开展工作：

1. 找到W同学和H同学，及时了解整个事情的来龙去脉。得知在W同学和S同学恋爱期间，S同学屡次因为小事大吵大闹，W同学忍无可忍，终于提出分手。后来W同学经常约包括H同学在内的几位同学一起吃饭、自习，S同学知道后醋意大发，她怀疑W同学提出分手跟舍友H同学有关。由于三人关系处理得不当，导致了寝室矛盾、造谣和网络传播不当言论的问题。辅导员老师安慰W同学和H同学，要正确看待他人的看法和网络舆论，对于造谣诽谤和一些误会不必较真，身正不怕影子斜，同时也要适当照顾S同学的感受，暂时保持一定的距离以免引起误会。

2. 单独找S同学谈心谈话，从人生观、价值观和世界观逐步过渡到恋爱观，时机成熟时直接进入主题。原来S同学还未从失恋的阴影中走出来，她无法接受分手的事实，出于自我保护她把分手原因归咎于H同学和W同学。辅导员转达了H同学的歉意，由于她的疏忽没有顾及舍友的感受，她也很自责。同时，让S同学明白，爱和恨不是对立的，如果爱不成就恨,那这种爱就是狭隘和自私的,真正爱一个人就会希望对方幸福。即使他们真的恋爱,也要用一份广阔的胸襟祝福他们,而不是伤害他们。每个人都有选择的权利,我们不能因为对方的选择和我们的希望相违背就恼羞成怒、因爱成恨。最后辅导员告诫S同学,尽快删除QQ空间说说,防止事情进一步扩大。发泄情绪和倾诉怨言应当采用理性的方式,诽谤造谣本来就不对,再通过网络途径扩大影响更是错上加错,这对于自己和对方都是很大的伤害。

3. 以"恋爱法则"为主题召开年级大会,首先带领大家学习《民法》相关规定,让大家知道公民享有名誉权,公民的人格尊严受法律保护,禁止用侮辱、诽谤等方式损害公民的名誉。当前人人都可以是网络信息发布者,网络虽然是一个虚拟世界,但同样受法律法规的约束。同时引导同学们建立正确的恋爱观,正确处理恋爱和学业的关系,培养爱的能力与责任,提高恋爱中受挫折的承受能力,多一分宽容和理解。S同学在意识到自己的造谣诽谤给W同学和H同学造成伤害后,主动找到两位同学道歉,H同学和W同学也原谅了S同学。最后在大家的努力下,S同学走出了失恋的阴影,三人都重新投入到美好的大学生活当中。

三、反思启示

要加强对大学生的恋爱引导和情感引导。当今大学生在找寻伴侣的过程中往往求之过急,只从自己的立场考虑问题,在追求爱慕对象时很少考虑对方是否接受,从而陷入恋爱的苦恼之中;热恋中的大学生往往因沉醉于风花雪月而忽略了自己的专业学习和人生理想。因此,辅导员需要提醒他们:对于爱情,每个大学生都要保持冷静和理智,也需要智慧。冷静,是在喜欢别人时冷静思考自己是否真的想和对方相守一生;理智,是在恋爱和失恋时都要保持理智,尊重对方,不能因为"无法占有"就产生极端的行为,比如网络造谣中伤对方。对于高校学生工作来说,在引导大学生正确恋爱方面,可从以下几个方面着手:

1. 正确面对恋爱过程中的问题

大学生在恋爱的过程中要正确看待双方关系问题,要了解国家法律、法规、制度和学校规章制度,避免不必要的法律问题出现。处于二十来岁的青年,大多数还是单纯的,对生活充满幻想,很容易陷入情网。对于情感上和心理上还不完全成熟的大学生,容易发生一些影响个人成长的事情。

2. 正确认识爱情在大学生活中的地位

处于大学时代的青年男女大多都是20岁左右的年龄,当爱情来临时不必选择躲避,要正确地认识和对待爱情。大学时期,是努力丰富知识、增长技能本领、提高综合素质、为美好将来打下坚实的心理和物质基础的关键时期。爱情不是大学生活的必需品,但学习知识、提高能力是未来自立自强的必要条件,大学生应明确自己肩负的民族使命和责任担当,当自己更优秀更有能力承担责任时不会缺乏美好的爱情,而因为恋爱或恋爱导致的情绪问题耽误了学业就得不偿失了。当然,健康积极的恋爱关系能鼓励和促进双方向上发展,更加成熟和有责任心。

3. 正确面对恋爱中的挫折

当学生遭遇失恋时,要进行适当的情感引导。注意学生的情绪,及时排解烦恼、怨恨、痛苦等不良情绪,鼓励其和同学、家人、老师交流倾诉,也可以通过写日记、听轻音乐、参加文体活动等方式调节情绪,既可以陶冶情操,又能转移负面情绪。在学生心理状态失控时要及时进行自我调整,严重时要及时联系心理医生寻求专业的帮助。

第七篇
危机事件篇

本篇涵盖校园危机事件应对；组织开展基本安全教育；参与学校、院（系）危机事件工作预案制定和执行；对校园危机事件进行初步处理；稳定局面控制事态发展；及时掌握危机事件信息并按程序上报；参与危机事件后期应对及总结研究分析。

案例五十七　别把学生的安全交给侥幸

2017年7月的一天早晨,校园里响起军训广播,大一新生们匆忙离开宿舍楼,奔向操场,准备开始一天的军训。上午7时10分许,一名食堂工作人员途经女生寝室楼下,发现6楼某寝室窗户冒出了白色浓烟,他怀疑有火灾发生,顿觉事态紧急,便立即联系了该楼宿管人员。宿管人员接到消息后,携安保办巡逻人员迅速赶往该寝室并联系了相关部门,值班辅导员及管委会领导随即赶到。打开房门后,发现插线板正在燃烧,并已经引燃了旁边的电脑,且火势有逐渐扩大的趋势,相关人员先用灭火器灭火,但效果不好,未能彻底扑灭,随后大家利用走廊的消防水枪最终把火彻底扑灭,整个过程仅仅用时10分钟。

军训晨训结束后,女生们陆续返回寝室,社区管委会领导、学院负责人、辅导员和宿管人员,对该楼层周边寝室做好了解释和安抚工作,并对受灾寝室暂时进行了封闭,用于调查起火原因及保护现场开展安全教育。该寝室成员回寝室后,见到如此景象,都吓坏了。该生辅导员见状,首先对她们进行了安抚,再让她们进寝室清点了自己的受损财物,待她们心情平复后,才把她们带到办公室,对起火原因进行了进一步调查。因正值军训晨训时间,寝室无人,故未造成人员伤亡,火灾造成宿舍内公物和部分同学私人财物被烧毁,直接损失超1万元。

1. 起火原因调查

事后,经相关人员现场勘查及辅导员找该寝室成员了解情况,认定起火原因是使用三无插线板后未断电引燃笔记本电脑造成。X同学事发前晚用笔记本电脑做作业,笔记本插在无3C认证的无品牌的插线板上,做完作业后忘取下插头,也未断开插线板电源开关。晚11时学生宿舍统一断电,第二日早晨X同学及寝室成员在来电前离开寝室参加军训,学生宿舍统一来电后,劣质插线板短路,引燃笔记本电脑,由此造成火灾。

2. 处理过程及结果

(1)事发当天上午,学生社区管委会组织全体辅导员到达失火现场,查看宿舍受灾情况,随即召开安全教育会,做了安全警示教育,并布置了安全隐患排查工作。

(2)该学院辅导员和副书记对此事高度重视,第一时间赶往现场,并做好了受灾寝室全体同学的安抚工作。特别对X同学进行了心理疏导,给予人文关怀,没有对该同学的心理造成二次伤害,并适时指出了该同学的问题,让其吸取教训。

(3)宿管人员迅速调整寝室,安顿好受灾寝室同学,为她们近期的生活提供保障。随后后勤人员积极做好原寝室的清理和维修工作。

(4)联系X同学家长,告知家长事情的基本情况及学校的处理意见,与其洽谈赔偿问题,并最终落实赔偿金额(主要用于赔偿同寝同学被烧毁的财物)。

三、反思启示

高校学生工作无小事,一旦发生任何突发事件,都要高度重视,快速反应,及时处置,宜早不宜迟,宜散不宜聚,宜顺不宜激,做到发现得早,化解得了,控制得住,处置得好,妥善地加以应对、处置和解决。

作为辅导员,针对该事件,对自身日常管理工作及突发事件应对方法也进行了反思,不能将学生的安全交给侥幸。

1. 要进一步深化日常教育引导,积极预防,排除隐患

安全工作特别是消防安全是老生常谈的话题,走访宿舍看到有安全隐患行为时,辅导员要一再强调和提醒。大部分同学听后会马上改正,并表示下次注意,但仍有同学会说:"老师,你太小心翼翼了,我们平时都这样,哪出过什么事?"常在河边走,哪有不湿鞋。众多高校宿舍发生火灾的惨痛教训告诉我们,防范意识的淡薄(此次事故亦然)就是引发寝室火灾的重要原因,所以必须告诉同学们:不要轻易说寝室怎么可能着火,而是要认真审视自己寝室的安全隐患行为。对于消防安全隐患行为,你不是旁观者,也不是过路人,你是参与者甚至可能是受害者,你绝对承受不了寝室着火的后果,安全问题容不得半点马虎。所以平时要遵守学校的管理规定,自己做好的同时督促身边舍友、同学不要以身试险,真正地从思想上做好安全防范。

2. 突发事件出现时要落实责任,快速反应,正确应对

任何时候都有发生意外的可能,作为辅导员(特别是关键时期值班的辅导员)要明确自身职责,要在专项巡视中提早发现潜在于诸多方面的隐患问题,将之消解在未然中,让保证学生人身安全成为必然,而不是将学生的人身安全交给万幸或侥幸。

一旦出现突发事件,辅导员须第一时间赶赴现场,不能临阵退却,任何事都要以学生为重,首先要把抢救、保护学生生命安全视作第一要务,第一时间组织力量疏散学生,要对遭遇突发事件的当事人进行人文关怀和心理疏导,缓解他们的心理压力,避免造成二次伤害。其次,要熟知学校各类应急预案和管理报送机制。处置突发事件方针:预防为先,沉着应对,区别对待,妥善处置,维护稳定。对突发事件做好记录,第一时间上报。最后,事后需加强同学们应对突发事件的教育和训练,让他们掌握必要的灭火逃生知识,包括如何报警,如何逃生,知道逃生通道在哪里,留意宿舍楼的消防器材放置地点等。

案例五十八 家长是学生的心灵导师

一、案例呈现

某学院某专业某班班长W同学,学习成绩优异、表现优秀,是班级学生中的佼佼者。但是,让人始料未及的是W同学在大三开学不久后的一个晚上在宿舍口服安眠药企图自杀,幸亏抢救及时而幸免于难。事件震惊了广大师生,大家纷纷寻求事件的起因,而答案是因为恋爱产生的感情纠纷,是和男朋友吵架引发的悲剧。

W同学进入大学以来,学习刻苦努力,各项成绩都名列班级前茅,工作积极主动、任劳任怨,一直担任班长,积极参加各项活动,团结爱护同学,综合表现优秀,深得师生好评。她也获得不少男生的青睐和追求,但她都一一拒绝,直到大二下学期才与一直追求她很久的同班Z同学建立了恋爱关系。事后,据Z同学讲,以前因为W同学的优秀很喜欢她,恋爱初期也是尽量去爱她、呵护她,她也在很多方面给予自己很大的帮助,初期的恋爱是很甜美的。但是,随着时间的推移,慢慢地他发现W同学内心存在一个很大的心理阴影,她内心深处埋藏着一种对男人的不信任甚至是怨恨。Z同学也试图通过自己的努力改变她的认知,但收效甚微。Z同学与她相处都是时时处处小心谨慎,唯恐触及她的心灵敏感点。但时不时地二人还是会为了一点小事而产生不愉快,因此Z同学逐渐萌生了结束这场恋爱的想法,但又担心触及W同学脆弱的心理,也就一直延续着这种恋爱关系。事发当天下午两人因为一点小事发生了口角,双方都说了一些过激的话,Z同学一时愤怒转身离开,只听到她吼了一句"分手",Z同学也没有在意。晚上在教室没有看见W同学时,他才发觉问题可能有点严重,他叫上W的室友马上赶到寝室,发现险情,立即将W同学背到医院进行抢救,好在发现及时、抢救及时,挽救了W同学的生命。

二、分析处理

事件发生后该生辅导员和相关老师与双方都进行了多次反复沟通,在与Z同学沟通时,Z同学仍心有余悸。他说原本想用爱融化W同学内心的冰冷,释放她内心的压抑,抹平她心灵的创伤,谁知事与愿违,还引发这种恐怖的事情。其间,Z同学也非常配合学校积极地做W同学的工作,对W同学的身心恢复发挥了重要作用。在辅导员与W同学多次交流后,在同学们、老师们和家长的努力下,她慢慢地敞开了尘封的心扉。原来W同学的父母在她3岁时离婚了,她跟随母亲长大,家境一般。母亲的自强和严厉造就了她的不屈和坚强,从小到大她都是同龄人中的佼佼者,但是因为母亲对父亲的积怨很深,通过言传身教传导给W同学一些极端的理念:男人是靠不住的,男人都是自私的等等。从而在她心灵深处植入了一种对男人极端的偏见,烙下了很深的心理阴影。当她恋爱时,她很难接受一个男人的情感;当她尝试接受他人时,其心理又很脆弱,自身也是陷入一种矛盾纠结的漩涡中。所以一点点的挫折就导致了她心理的崩溃。所有同学、老师都主动积极地关心W同学,辅导员与W同学的家长也多次沟通,家长也积极配合做W同学的思想工作,辅导员还专门带W同学去心理咨询事务所做了专业的心理治疗。大概3个月左右W同学逐渐走出了心理阴影,恢复了正常的学习、生活,后来也结婚生子,一切走入正轨。

三、反思启示

家庭教育对学生的影响是终身的,家长是孩子的启蒙老师、灵魂导师。全社会应该重视家庭教育问题、提高家庭教育水平。现在的家庭教育问题主要有两个关键点:一是家长只重视"养"不重视"教"。很多家长只重视在物质方面尽量满足孩子,不重视教导孩子如何"做人",导致有些孩子的世界观、人生观、价值观有误,思想意识、心理健康出现问题。二是家长不会"教"。不少家长忽略了自己是孩子的启蒙老师、灵魂导师的责任,从小在言传身教方面传导一些错误的东西,而影响孩子终生。特别是有些家长自身素质修养有些缺陷,诸如心理健康教育、思想政治教育等根本不懂,所以教育效果是可想而知的。家长是孩子成长过程中最关键的角色,为人父母责任重大。

教育体系中心理素质教育的权重有待加强,特别是在少儿教育、中小学教育中要加大比重。在校学生综合素质,特别是心理素质偏低问题是影响国家、民族发展的隐患之一,全社会必须重视,要在加强社会心理健康教育、维护机制建设方面给予法制、社会资源的支持。

案例五十九　分手时借酒浇愁,险些走上不归路

D同学(男生)与E同学(女生)在某市同一所中学同一班级就读,在朝夕相处之中两人渐渐互生情愫,由于升学压力大,双方并没有明确表示对彼此的爱慕之情,但平日相处

时不仅两人,所有同学都默认他们的情侣关系。高考之后,D同学和E同学都顺利升入大学深造学习,但两人并不在同一所学校,两校相距五十公里,仅周末闲暇之时才有机会见面,并且舟车劳顿甚为不便。大学的学业并不轻松,加上大学的生活更加丰富多彩,课余时间两人也参加了一些学生社团活动。就这样,大一第一学期过后,两人见面的机会寥寥无几,平日大部分时间都是通过手机联络。大一第二学期开学后,D同学敏感地发现,E同学最近不怎么回他消息,主动联系的频率也少了很多。几番纠缠之后,E同学承认她已经厌倦了异地奔波,提出了分手,而D同学则坚持认为E同学另有新欢,E同学未置可否。某日,两人又在电话中发生激烈的争吵,挂断电话已是晚上十时许,D同学独自走出宿舍,拿出事先准备好的一瓶白酒,一边漫无目的地瞎转,一边借酒浇愁,不知不觉平时不怎么喝酒的D同学已将手中的白酒饮尽。大约十一时许,D同学从校园返回宿舍倒头呼呼大睡。次日凌晨三时许,D同学开始不停地大吐,室友以为是他喝多了,查看无事后继续睡觉,约凌晨五时许,D同学的呕吐物中夹杂有鲜血,之后又咳血,室友发现情况不对后立即将其送往校医院,校医院在对D同学进行相关检查后将其转送至就近医院,其室友也随同前往。转院后,D同学一直在抢救室治疗,至早上八时许才脱离危险转入普通病房观察。一天后,D同学的亲戚将其接回家中养病。经过一周的休养,D同学恢复健康并返校。

二、分析处理

针对此类突发事件建议按以下几步走:

1. 必须在第一时间赶赴现场了解情况,并在尽量短的时间内通过各种渠道(包括室友、朋友、同学、老师等)尽可能多的获得相关信息。由于D同学醉酒不醒且处于意识模糊状态,同宿舍室友并不知晓具体缘由,也无法联系上D同学的家人或亲属,在这种情况下,D同学室友第一时间联系了辅导员,辅导员应第一时间赶赴现场,了解和掌握相关情况并安抚好学生的不良情绪。

2. 充分了解相关信息并第一时间联系学生家人。由于D同学处于醉酒后意识不清的状态,室友也只知晓D同学是因饮酒过量导致吐血。在得知这一基本情况后,辅导员应与D同学家长取得联系,但因D同学父母均在外地务工,无法及时赶回处理和照顾,只能请亲戚代为处理。随后,D同学在本市的亲戚连夜赶到医院,经与D同学亲戚详细地交谈,了解到并无导致D同学醉酒的家庭因素。

3. 争取与来自家庭的教育合力。早八时许,D同学从抢救室转入病房观察,因身体虚弱无法进行交谈,但意识已经恢复。鉴于D同学当前的身体状况,辅导员与D同学的亲戚商议,建议待留院观察期结束后,将D同学接回家静养一段时间,由家人照顾,并对其失恋造成的心理冲突进行疏导,待生理和心理都恢复健康且可以适应学校生活后再返校学习。D同学的亲戚表示同意,并在观察期结束后办理出院手续,将其带回家中进行休养。

4. 事后要加强深入辅导,确保万无一失。在D同学健康返校后,该生辅导员发现其心理状态平稳,因此与D同学进行了促膝长谈,详细而清楚地了解到了该事情的来龙去脉和问题的症结。针对D同学的心结,该生辅导员利用自身所具备的心理学理论知识以及结合自身的经历和经验进行了事后干预,以彻底消除其心理症结。在随后的几周里,该生辅导员仍对D同学进行重点关注,以便发现问题及时处理。

5. 及时反思总结,对可能出现类似事件的学生予以重点关注,将事故扼杀在摇篮里。因感情不和或分手而造成的心理冲突现象,目前在大学校园里十分普遍,辅导员要从中总结工作经验,善于发现问题的苗头,重点关注可能有问题症结的学生,并及时与其交心谈心,避免因感情问题处理不当而引发重大安全事故。

三、反思启示

青年学生正处于人生观、价值观、世界观形成的关键时期,由于未经世事,心理承受能力较弱,在遇到某些突发事件的冲击时可能会出现一些极端行为。而如何正确对待大学时期的情侣关系是青年学生的一门必修课,学校应开设相应的心理学课程,帮助学生树立正确的婚恋观,教会学生在面对失恋或人生挫折时,如何利用各种有效的方法来调解和疏导自己的不良情绪。从辅导学生的角度考虑,应使学生认识到在众多事情中存在轻重缓急,人生的每个阶段都有相应关注的焦点,大学生活因结缘异性友人而更加丰富多彩,但这并不是大学生活的全部也不是人生的全部。大学阶段是培养能力素质的重要时期,只有从专业知识上和实践技能上不断充实和完善自我才有长远的未来,否则大学时光则如昙花一现,一去不复返。大学期间还要学会面对大学后的生活,情侣之间相识始于缘分,人与人之间是独立而又相互依存的关系,情侣之间良好的关系需要长期用心地经营。关系的维系仅依靠缘分是不能提供持久充足的养分的,而需要人与人之间在价值观、处世观上长期磨合,若因不合而分开也是自然之事,若要相合也非一朝一夕之功。成长是伴随阵痛的,面对痛楚,我们要积极应对,并不是消极逃避,这些道理都是学生成长道路中要体会与感受的。

案例六十　午夜时分学生突发疾病

一、案例呈现

某夜凌晨，某学院一名辅导员老师的电话突然响起，一看是班上Z同学的来电，辅导员心里不禁略噔一下，半夜打电话往往意味着学生有紧急事情发生。接通电话后，果不其然，Z学生上气不接下气地说："X同学突然在床上惊叫，还伴有抽搐、口吐白沫的情况。"听到这里辅导员老师凭借经验初步判定可能是该生癫痫发作，同时鉴于X同学病情发作是在寝室床铺上且是平躺状态，暂时没有跌落或其他意外情况发生，该生辅导员老师便一边电话安抚学生不要惊慌，平复学生紧张情绪，一边告诉学生正确的施救措施以及如何配合稍后会到达现场的医务人员。挂断电话后该生辅导员第一时间拨打校医院夜间急救电话并说明情况，请求校医院工作人员赶赴现场紧急处置，同时自己立即简单着装便赶赴事发现场。赶赴途中，辅导员还一并将情况及时汇报给当晚值班负责的老师和学院分管领导，同时第一时间将情况告知家长。随后，经过现场紧急施救，X同学逐步恢复意识并能简单交流，但为了进一步对其进行诊断治疗，避免延误病情，该生辅导员老师又积极配合校医院工作人员护送该生前往区中心医院。后经医院的系统检查和治疗，X同学身体逐步恢复正常，并在医院同意后出院返校。事后，该生辅导员及时将最新情况告知学院分管领导及学生家长，并建议家长尽快到校对接，并带X同学做进一步的检查和治疗，同时安排X同学所在班级的学生干部和寝室同学密切关注和照顾X同学，进行24小时全程陪护，以免X同学单独行动发生二次意外。后经医院详细诊断，确诊X同学患有癫痫疾病，该生辅导员也建议家长办理因病休学手续，进行集中的系统治疗，确保X同学身心恢复健康水平。X同学及其家长也非常感谢学校、老师和同学的紧急救助，并表态将严格遵医嘱服药治疗。到目前为止，X同学身心情况平稳，日常学习和生活正常有序。

二、分析处理

1.通过案例可以看出，该生辅导员在这场夜间突发事件的整个处理过程中显得有条不紊、张弛有度，反映出该生辅导员过硬的心理素质和优秀的应变能力。该生辅导员在得知情况后没有表现出惊慌失措，而是沉着冷静地按照突发事件紧急处置的标准流程进行部署，无论是电话远程对寝室同学进行安抚和施救指导,还是及时联系学校医务人员进行现场处置,又或是第一时间将情况进展汇报给上级领导和家长等,都充分且有效地保障了病发学生能在第一时间得到及时且正确的救助,这在很大程度上为病发学生的生命安全和妥善救治赢得宝贵的时间。

2. 该生辅导员能够及时将情况及进展告知家长,使他们及时得到情况反馈,有效消除了不必要的担心和误判,同时也是充分维护学生家长知情权的体现,进而对赢得家长信任与后续配合工作奠定坚实的基础。

3. 案例中,该生辅导员即便在事后也不忘及时安排班级学生干部和寝室同学对 X 同学进行陪护,体现了该生辅导员良好的职业素养和敏锐的安全意识,这些举措不仅可以预防病发学生产生二次意外伤害的可能,也能最大程度上使病发学生及其家长感受到学校师生对其的关心与帮助,这对其身体恢复和心理建设具有深远且积极的作用。此外,该生辅导员及时联系家长到校对接,能够方便家长全面翔实地了解事发经过,也便于该生辅导员及时掌握病发学生的全面情况,对后期家长带学生就医治疗和学生在校学习生活注意事项提供扎实的信息支撑,同时辅导员老师向家长提出善意的因病休学建议,也给家长更多的选择方案,更是保障学生及其家长充分知晓国家及学校政策的充分体现,进而形成一种良性互信的家校联动机制。

三、反思启示

都说辅导员工作是"24 小时加 7 天"的不休模式,的确如此,辅导员老师是直接代表学校管理学生的一线人员,也是学生健康成长和学校教书育人的排头兵,使命光荣但也责任重大。案例中该辅导员老师保持 24 小时开机的习惯也与这份工作的特殊责任和使命密不可分,当然这也是应对夜间突发事件或紧急情况不可或缺的必备条件。此外,辅导员老师除了日常工作和思政育人外,还应主动学习和掌握多项知识和技能,以便在遇到特殊事件或突发情况时能够沉着冷静、有条不紊地应对。总之,辅导员工作是一项良心工程,是一份饱含爱心、情怀的高尚工作,希望每一名辅导员老师都能立足本职工作,修炼自身过硬技能,怀揣"爱心、耐心、细心"三心,为学生工作的开展和学生的健康成长当好不负青春的引路人。

案例六十一　逃生演练之后又上了一课

2019年9月20日，某辅导员参与了学校开展的关于增强学生安全意识的讲座，暨学生宿舍火灾逃生演练。演练开始，随着火灾警报响起，很多学生乱成一锅粥，一些同学显得有些手足无措。无法想象倘若火灾真实发生，他们会怎么办？还有一些同学在外嬉戏打闹，毫不重视。在他们眼里，区区一次逃生演练又怎么样，反正也不是真的。演练结束后同学们各自散去，没有丝毫触动。

晚上辅导员组织参与此次活动的某专业某班的同学开班会。辅导员先让大家分享参与此次活动的心得体会，很多学生的回答并不令人满意，多是流于形式，而没有真正深刻的认识。接着该辅导员问了大家一个问题："当火灾真正发生的时候，你能笑出来吗？"首先，该辅导员对参与活动过程中嘻嘻哈哈的Z同学等进行了严肃批评。其次，该辅导员给大家分享了自己的体会。辅导员虽然在旁边观看，但是如果火灾真正来临时，他是其中一员，他会怎么办？他会不会也像同学们一样慌乱而不知所措。答案：是。辅导员应该也会像同学们一样不知所措，因为大家都没有经验，也没有专业的消防知识。但当消防教官讲解发生火灾该如何逃生时，大家都应该认真听讲，学习消防逃生知识。亲身说教的同时，该辅导员也列举了一些学生宿舍发生火灾的案例，以此为突破口进行消防教育。看着每位同学沉默和若有所思的神情，该辅导员的教育对他们应该有一定程度的冲击。

班会结束后，辅导员又组织班长一起走访宿舍。在走访的过程中发现，有些宿舍就像杂货铺，皮箱、衣服、鞋子、哑铃等往地上一堆，电脑、手机、各种私拉电线、书本等盘根错节，阳台上堆着纸箱、盒子等杂物，还有些私拉的电线和插线板就在床沿，有些宿舍门开着，电脑开着，手机充着电……安全隐患极大。看到这些，辅导员感觉触目惊心。检查完宿舍，辅导员要求各班班长督促本班寝室立即整改，过两天再检查。两天后辅导员走访了宿舍，虽说有些不尽如人意，但是整体上还是有较大改观。

1. 让学生树立安全意识

辅导员要让同学们真真切切地体会到安全的重要性，让学生树立安全的意识。很多学生不是不做,而是没有意识到某些小事可能带来的危害。就像教官讲的,学生宿舍里杂物堆积,平时并没有意识到它具有多大的安全隐患,一旦失火,后果严重得想象不到。因此,通过班会等活动让同学们认识到安全无小事,意外就发生在我们身边。

2. 辅导员要避免说教式安全教育,要深入发现问题、解决问题

安全教育尤其是宿舍的消防安全,从大一进校开始开展得最多,但是学生落实的实际情况令人担忧,存在较大安全隐患。辅导员只有深入走访宿舍,发现问题及时纠正,才能避免意外的发生。

三、反思启示

安全教育是老生常谈的问题,也是辅导员工作的重中之重,虽然对于安全工作从上到下都非常重视,但学生的安全问题还是时常发生。俗话说:"天有不测风云。"当危险真正来临时,我们只能从容应对,尽量避免伤害。功夫下在平时,辅导员要从小事着手,从学生身边的事情着手,勤去宿舍走走看看,遇到安全问题及时处理,对涉事学生进行批评教育,晚点名、班会时多宣传教育。只有这样,才能让学生意识到安全隐患如影随形,树立正确的安全意识,防患于未然。

1. 老生常谈的问题还要常谈

辅导员身为学生日常生活里的管理者,要正确引导学生走向未来,懂得自我保护以及提高自我安全意识。意外的背后,是同学们随心所欲地逾矩造成的,更是学生安全意识的淡薄引发的。因此,安全问题是老生常谈的问题,老生常谈的是老问题,但学生面对的往往就是老问题,辅导员要避免学生成为老生常谈的主角。只有一次一次地不断强调,一次一次地重复引导,让学生树立起自我保护意识,提高自我保护能力,当危险降临时,才能更好地保护自己。

2. 参与式沟通交流

辅导员不仅要组织同学们认真参与演习等活动,更要亲自参与示范,以便与学生更好地交流沟通。有时候,硬性要求不一定奏效,而用共同的经历去引导,以身边发生的事去警示,更具有说服力。

3. 辅导员学习专业的消防知识尤为必要

辅导员也是普通人,不是专业的消防队员,当火灾发生时和大多数学生一样,只会"趋利避害"。辅导员学习专业消防知识和了解火灾常识,当火灾真正发生时,才能更科学地指导学生安全逃离。

4. 开展文明寝室评比活动,让学生养成良好的行为习惯

宿舍是学生生活的地方,开展各种形式的文明寝室评比活动,让学生养成良好的习惯,东西摆放整齐、保持卫生整洁等,从源头上杜绝安全隐患。

案例六十二　小小电吹风酿火灾

一、案例呈现

2017年某月某日,某高校学生寝室发生一起小型火灾,所幸被及时发现并扑灭,未酿成重大灾情。据事后调查了解,火灾起因是该寝室忘记缴纳电费导致停电,Z同学洗完头插上电吹风后发现断电,忘记拔下插头就离开了寝室。下午Z同学缴费后未回寝室,电吹风开始运行,导致局部受热温度过高,引燃了阳台上的洗衣液袋子,产生大量浓烟。幸好楼上寝室的同学及时发现,马上告知宿管老师,宿管老师第一时间进入寝室,将火扑灭,避免了火势的进一步蔓延,未造成财产及人员的重大损失。

二、分析处理

分析此次安全事故,首先,Z同学的电吹风没有关闭,也没有形成使用完电器后及时拔下插头的用电习惯;其次,在遇到断电这种特殊情况下,Z同学没有意识到要拔下电吹风插头,也没有确保电吹风处于关闭状态;最后,寝室其他同学也缺乏安全用电意识,平常生活中没有互相提醒、监督、劝阻用完电器需要拔插头的行为,若寝室中有一人安全意识较强,也会改变整个寝室的用电习惯。

此次安全事故发生后,该生辅导员第一时间赶至现场,了解火灾发生经过,向相关部门领导汇报情况,通过与Z同学谈话进行初步心理干预,稳定寝室其他同学的情绪,防止其做出偏激之事,导致事态进一步升级。

事态完全控制,消除火灾安全隐患后,辅导员从三个方面分析了火灾可能带来的严重后果:一是对本人的影响,威胁自己的生命财产安全;二是对寝室同学及其他学生的影响,寝室是大家学习生活的主要场所,一旦发生火灾极易造成其他同学生命财产的损失;三是对学校的影响,一旦出现严重火灾事故,对学校势必造成极大的负面影响。经过教育与批评,Z同学及室友认真反思了自身安全意识淡薄和寝室存在安全隐患的问题,并做出检讨,认真整改。

三、反思启示

1. 学生防火意识、安全意识薄弱

辅导员老师从与Z同学及其室友的后期谈话中了解到,该寝室同学未树立起安全用电的防范意识,未形成良好的用电习惯,未思考过一旦发生火灾,会造成本人及同学们生命财产的损失。因此,基本安全知识教育和安全意识的树立非常重要,要从根本上杜绝学生寝室安全隐患,最好的方法就是让学生明确知晓发生安全事故的巨大负面影响,从而树立主动防范安全隐患的意识。

2. 当前学生对安全教育的接受度较低

尽管进行了一系列安全教育,但很多学生仍然缺乏如何安全用电等常识,缺乏从心里接受安全教育、排查寝室安全隐患及防范寝室安全事故的自觉性。

首先,要对其进行基本安全知识的教育,班级适时组织开展学生安全教育活动。其次,要培训指导各级学生干部具备初步应急常识,遇到突发性事件时,沉稳地处置事件控制事态。最后,对于存在安全隐患的寝室,需要再次加强学生安全意识教育,并责令其限期整改。对涉事同学,要及时进行心理辅导,再进行相关的安全再教育与依规处理。

3. 建立火灾等突发事件学生应急处理预案

培训指导各级学生干部具备初步应急常识,各级学生干部尤其是寝室长应当成为学生寝室安全意识、防火意识的主要践行者与监督者,同时也是采取安全事故初步应急措施的第一反应人员,培训寝室长具备初步应急常识,普及基本消防知识,学会正确使用灭火器材,掌握火灾逃生方法等。包括但不仅限于火灾的前期扑救、初级公共急救技能、地震的快速反应等知识,是预防学生寝室安全事故和降低安全事故危害的有力手段。

学生宿舍是人群密集的场所,辅导员老师在日常的安全教育中,要让学生形成"以宿舍为家,以安全为本"的思想,改掉偷懒、散漫的坏习惯。学生要端正自身的思想意识,"安全大于天",安全是一切工作学习的前提和基础,自觉养成出门时断电断水的习惯,切断一切易于发生灾难的源头,脑中安全警钟长鸣。同学之间要多宣传安全意识,不仅自己重视,还要带动同学们都重视,形成良好的安全意识氛围。宿舍消防安全不仅关乎同学自己的切身利益和生命财产安全,更关乎其他同学的,因此在思想上,大家都要时刻警醒,提高消防安全意识。在平常的安全教育中,多展示同学们身边的真实案件,让他们更容易接收,也更容易纠正错误行为。教育同学们在课余时间多学习和了解消防安全知识和学校的规章制度,提高自身的思想认识,强化安全意识,形成良好的消防习惯,为他人及自己的生命财产安全做好保障。

案例六十三　QQ被盗后网络转账陷阱多

一、案例呈现

S同学在微信上收到一条自称是他初中同学Z发来的信息,Z同学说:"班长,你在吗,我是你的初中同学Z,以前我们还是同桌。"S同学很久没有跟Z同学联系,但一看这消息就相信对方的确是Z同学,因为他的确当过班长,对Z同学也有点印象。Z同学声称她的银行卡因为各种原因不能和微信绑定转账,但她又急需用钱,所以想先转2500元钱到S同学的银行卡,然后让S同学再将收到的2500元微信转账给他。S同学认为自己只是起到中间转账的作用,对方也是自己的初中同学,所以就同意了,并将银行卡号发给了Z同学。随后,Z同学很快就将自己已经转账成功的截图发给了S同学,截图上显示Z同学已经成功转账了2500元到S同学的银行卡上,因为转账有延时,所以S同学手机并没有立即收到到账的短信提醒,但看到截图,S同学就没有疑虑了。随后,S同学用微信转了2500元给Z同学。Z同学收账后,没有再跟S同学联系。后来通过其他同学联系到Z同学本人后,S同学才知道Z同学当时的QQ被盗了,自己上当受骗了。

二、分析处理

1. S同学和Z同学很久没有联系,但一联系就谈到钱的问题,这个情况应该引起重视,这说明S同学在安全意识上还有待加强。

2. S同学的初心是好的,也是一位热心的班长,愿意当中介帮同学转账,而且自己没有任何损失,但没想到被不法分子利用。

3. 现在的网络诈骗基本上都盗取了相关人员的基本信息,骗取对方的信任。Z同学可以说出S同学当过班长,而且他们还是同桌这样的信息,让S同学的警戒防线降低。同时Z同学发的转账截图,又一次取得了S同学的信任。

最后了解到,Z同学当时手机的信息被不法分子盗用,利用微信和QQ对里面的联系人进行诈骗,同时转账截图也是用PS完成的。

辅导员在了解事情经过后,建议S同学立即报警,虽然网络犯罪踪迹难寻,同时侦破难度较大,但是随着网络侦查技术的提高,能追回多少是多少。同时对S同学做好心理安抚和情绪疏导,加强其对于网络诈骗的识别以及网络安全知识的了解。

三、反思启示

伴随着互联网的普及,人们越来越依赖网络,它在带来许多便利、舒适和高速的通信的同时,新的网络诈骗方法层出不穷,不良信息疯狂传播,沉溺网络的青少年也越来越多,网络上处处充满危险、陷阱以及诱惑。因此,网络安全也愈来愈成为全社会共同关注的话题。

目前主要的网络安全问题表现在:个人信息泄露、银行卡诈骗、网上购物诈骗、校园贷诈骗、微信QQ诈骗以及网络沉溺等。针对这些骗局,学生应该注意:

1. 抵制诱惑,不要贪小便宜。天上不会掉馅饼,面对陌生电话、短信、网站"中奖"、退税或者是低价购买商品等信息,一律不要理睬,不要相信。拒绝各种小利诱惑,警惕各类日赚上千元的兼职广告和网络刷单广告诈骗。

2. 短信、微信、QQ发来的链接不要轻易打开,谨慎安装手机软件,及时在手机上安装安全防护软件,并启用伪基站防护、垃圾信息拦截等功能。如果收到陌生人发来的短信、微信链接,千万不要因为好奇而随意打开,他们很可能带有病毒,一不小心个人信息将被泄露,银行卡也会被盗刷。如果遇到陌生电话,但是又不确定是不是诈骗电话,可以在网络上找客服核实,也可以找辅导员老师帮忙鉴别,甚至也可以上百度、谷歌、搜狗等浏览器查询电话号码,还可以拨打114询问相关部门以进行确认和核实。

3. 不要浏览可疑和不健康的网站,这种网站可能会在浏览人的手机上下载病毒或者强制下载手机软件,从而窃取个人信息,有的诈骗手段还会通过通讯录获取电话号码,再通过短信订购某些服务,所以当发现自己手机异常时一定要及时检查,删除无关手机软件,进行软件杀毒,及时停止某些服务,同时最好检查自己的各种账户余额是否安全。

4. 当发现手机网络突然变化,如"停止服务""4G变成2G"等情况,应尽量避免使用手机进行转账交易等操作,尽量关闭免密码支付功能。

5. 提高警惕,凡是被要求转账一定要核实,凡是提到钱也要谨慎。很多骗子会冒充领导、老师、家长、朋友、医生等,编造出"你的孩子出车祸了""老师让你转款""朋友急需用钱"等虚假信息实施诈骗。切记不要轻易相信电话里听到的、短信上看到的,遇到此类情况一定要去找到本人核实,不要盲目转账。

网络是一个极其复杂的大环境,学校及学生工作管理者应切实加强学生的网络安全知识教育,同时要结合学生的年龄特点,采用灵活多样的形式,教给学生必要的网络安全知识,增强其安全防范的意识和能力。

同时网络安全的维护也需要全社会的共同参与,形成多主体、多效力的综合治网格局。比如,国家加强立法并加强安全保障制度建设;网信部门和公安机关应加强政策引导,提高网络安全防护能力和网络安全事件应急指挥能力;信息媒体、网络企业、网络运营商也要遵纪守法负好公共服务的责任义务;广大同学要增强安全意识,提高网络安全防御主动性。

案例六十四 "网络刷单"套路深

一、案例呈现

大三学生C同学,家在农村,父母长年在外地务工,家中还有刚上高中的妹妹以及多病的爷爷奶奶,家庭经济困难。C同学入学后学习一直刻苦努力,勤奋上进,曾多次获得奖学金。为了减轻父母的经济压力,课余时间,C同学还找了家教兼职,希望赚取自己的生活费。某天下午六点多,辅导员接到C同学的电话,电话中C同学急着哭诉自己被骗了2000元钱,语气非常着急不知道该怎么办。通过讯问后,了解到C同学前几天在兼职QQ群里看到一条淘宝刷单的兼职广告,广告内容写只要十分钟,刷一单就可以轻松赚到5~20元,并且群内很多群友都晒出自己刷单的收益记录,这让C同学动了心,继而添加了广告发布者为好友开始询问具体刷单细节。当天晚上C同学开始接单,刚开始诈骗分子只给C同学100元以内的小单,一单做下来花了十来分钟并收到了本金和5元佣金,当天晚上C同学做了5单,赚了25元,尝到甜头的C同学特别开心,并在寝室炫耀自己找到了轻松赚钱的门路,还推荐其他室友也一起做刷单。接下来的几天,诈骗者逐渐提高了C同学的刷单本金金额,佣金也随之增加。在接下来的一周中,C同学通过刷单赚到了300余元并如数收回本金,至此C同学彻底放松了警惕且庆幸自己找到了这么赚钱的门路。事发当天,C同学接到两单本金1000元的刷单任务,佣金每单70元。由于之前都如数收回了本金,虽然这次本金金额多了不少,但佣金也多,C同学没多想便像往常一样立即接单并转了2000元给诈骗分子。意想不到的是,诈骗分子在收到转账后立即将C同学拉黑,再无联系。C同学这才意识到上当受骗了,一时不知所措,于是打电话告诉辅导员。

二、分析处理

近年来,大学生遭遇网络诈骗的案件时有发生,诈骗分子冒充"公检法"人员、利用短信信息链接、冒充熟人骗取转账汇款、淘宝刷单、各种"套路贷"等诈骗形式层出不穷,使入世未深的大学生深受其害。究其原因,首先是大学生还未迈入社会,思想单纯,缺乏社会阅历,防范辨识意识差,考虑问题不周全,极易受骗。其次,大学生过分依赖网络。大学生在校期间,大都过着寝室、食堂、教室三点一线的生活,交友联络主要靠QQ、微信、微博等网络工具。由于网络的虚拟性,简单的语音图片文字很难判断网络另一端人员的真实身份,再加上大学生思想单纯,警惕性不高,很容易掉入诈骗分子精心设计的陷阱。再者,诈骗分子不断更新诈骗手法,想尽各种花招让被害者入套,冒充国家机关人员、冒充领导老师辅导员,冒充高年级学长上门推销,利用大学生渴望做兼职当代理的心理,实施诈骗。

1. 该生辅导员接到C同学电话后,立即让其到办公室说明具体情况,在了解大致情况后陪同C同学前往就近的派出所报案录口供,C同学在派出所也尽可能多地提供了QQ群号、诈骗分子QQ号、诈骗分子银行卡号等信息,希望协助警方早日破案。辅导员在安抚C同学情绪的同时,对其进行预防网络诈骗相关知识的教育,提醒他在今后学习生活中一定要提高防范意识,不要再次上当受骗。

2. 该生辅导员根据C同学的受骗经历再结合以往学生遭受网络诈骗的案例,在班级中进行了一次关于预防网络电信诈骗的主题安全教育宣讲,通过受骗案例让同学们清楚地认识到网络电信诈骗就在身边,提醒同学们在今后的学习生活中一定要增强防范意识,提高警惕。随后,将案例整理成文字在学生QQ群、QQ空间、微信群等网络空间宣传,让学生进一步加深印象。

通过本次电信诈骗案例分享,让同学们看清了各种网络诈骗手段,提高了大学生的防范意识,增强了警惕性。

三、反思启示

辅导员作为大学生受骗事件的发现者、指引者、处理者,当事件发生时需要第一时间安抚学生情绪并指导其积极联系警方尽快报案,尽可能将学生的损失降到最低。再者,平时需要主动关注最新的诈骗形式,不断总结各种新型诈骗的手段并及时分享给学生,让他们提高安全防范意识。

根据以往学生受骗经历并结合公安部门发布的诈骗案例,总结以下诈骗手段及防范技巧:

1. 六大诈骗陷阱

(1)"电话转接公检法机关"或"公检法机关要求转账汇款"。

(2)模仿运营商、银行客服号码,发送短信内容涉及"银行卡密码升级""积分兑换""中奖"等信息,且包含网址链接。

(3)冒充亲友、同学、辅导员、校领导等,通过窃取其手机号码、QQ、微信等通信工具,编造"发生意外急需用钱""送礼""代缴话费""退学费,发补助"等。

(4)新型兼职诈骗:网站刷单、抖音点赞、游戏代练、扫码领红包、博彩网跟投注、刷投票、直播间刷礼物等。

（5）校园贷诈骗，包括"免抵押、低利息"为诱饵的，需要贷款高额费用参加培训的"套路贷"，要求贷款购买大量产品成为"销售代理"的兼职诈骗等。

（6）到寝室打着"学生组织、学长学姐、老师"的旗号上门推销的。

2. 识破各类诈骗手段

（1）"公检法"机关从未设立"安全账户"，警方也不会通过电话做笔录。

（2）不点击短信中的链接，中奖信息需多方核实。

（3）涉及熟人的借款汇款情况，一定拨打对方常用电话或视频核实其真实身份再做决定。

（4）谨防"高佣金、先垫付"的网络新型兼职诈骗，做到"不听、不信、不转款"。

（5）远离各类"校园贷"，莫贪图其手续便利，"高利率、高违约金"才是"校园贷"的真面目。理性消费，拒绝攀比。

（6）谨防受骗，拒绝一切上门推销，敢于对上门推销者说"不"。

案例六十五　果然是吃货，学生宿舍烫火锅

一、案例呈现

2017年12月某天下午六点多，大一新生L同学在QQ空间发了一张寝室五个人正围坐在电磁炉边烫火锅的照片，并配文"大学生活第一顿火锅，有家的感觉"。通过照片背景很容易发现地点就是宿舍，照片中可以清晰地看到一锅红彤彤的火锅正在电磁炉上沸腾着，电源开关也正亮着，烫火锅的桌子是用两张绘图的木板和几张凳子拼搭而成，桌面上备烫的菜肴丰富，有毛肚、鸭肠、肥牛卷、牛肉丸子、各类蔬菜、豆制品一应俱全，看着有大干一场的阵势。该生辅导员发现照片后，立即赶往L同学寝室。敲开宿舍门后，辅导员发现寝室五个同学正在烫火锅。环顾寝室环境，宿舍角落堆积了大量的快递纸盒，烫火锅的电磁炉是通过私拉乱接两个插线板才接上的电源，并且插线板上还凌乱地插着充电宝、手机充电线、吹风机、笔记本电脑、干鞋器等设备的电线，十分凌乱。辅导员进门后，五名同学还没有意识到自己的错误行为，甚至还十分热情地邀请辅导员一同加入。辅导员当场指出他们存在的问题，在宿舍烫火锅存在严重的安全隐患。L同学委屈地辩解到自己在家每年冬天都要烫火锅，从来没发生过火灾，而且在宿舍烫火锅一方面能节约经济开销，在饭店吃一顿火锅太贵；另一方面也能拉近宿舍室友间的距离，让宿舍更加有家的感觉。

二、分析处理

宿舍用电安全一直都是大学校园安全管理的重中之重,然而因学生违规使用电器,火灾仍然时有发生。大一新生刚进入大学生活,对新鲜事物十分好奇,且宿舍消防安全防范意识淡薄,使用违规电器存在巨大的消防隐患。

大学生宿舍在某种层面上是可以当作"家",但宿舍更应当是一个有规则、有边界、有红线的"家",它和我们传统意义上的家不一样。平时在家里可以随心所欲,但很多事情放在宿舍的情景中是不合适的。宿舍并不是家,这一点必须要求同学们认清。

特别是到了冬天,由于天气寒冷,很多同学在家里已习惯使用电煮锅、电热毯、烤火炉、热水壶、加热温水袋等取暖设施,由于安全意识的缺乏,一些同学没有意识到"家"与"宿舍"的区别,到了学校宿舍后继续使用这些设备,再加上平时宿舍一直在使用的电脑、热水器等常规电器,由于用电量过大,电线超负荷运载。还有部分同学直接将插线板拉到床上使用,且插线板上插满了手机充电线、充电宝、笔记本电脑等用电设备,早上匆忙上课,经常是人离开了,一堆用电设备仍然在床上充着电,倘若插线板是劣质的三无产品或者充电宝充电时间过长引起过热,都极易造成短路,产生火花,引燃床上物品,造成火灾。

辅导员赶到 L 同学宿舍后,立即叫停了违规使用大功率电器烫火锅的行为,并要求 L 同学立即删除在 QQ 空间中发布的照片。根据现场观察到的违规使用电器的情况,提出以下整改要求:

1. 让五位大一新生辨析"家"与"宿舍"的区别。
2. 对宿舍进门角落的废弃纸箱定期清理,不得堆积。
3. 没收电磁炉代为保管,期末再申请领回。
4. 清理插线板私拉乱接情况,禁止将插线板放在床上使用。
5. 充电宝、手机充电线在使用完后保证马上拔离插线板。

辅导员通过指出该寝室存在的各种安全隐患,并列举了几个以往因在宿舍违规使用电器而引发火灾的案例,让五名同学深刻认识到他们刚才的错误行为背后的安全隐患有多么可怕,告诫他们一定要遵守校纪校规,时刻提高宿舍安全用电的意识。此外,也提醒 L 同学今后在 QQ 空间等网络公共区域发表言论或图片时一定要注意内容,不合规定的言论图片一定不要随意放到网上。最后,对这五名同学作出书写深刻检讨并全院通报批评的处理结果,辅导员也会在年级大会上对本案例进行具体说明,以警醒其他同学。

三、反思启示

大学生宿舍人员密集,疏散难度大,如果引发火灾将会造成严重伤亡,社会影响极大。特别是当前学生公寓高层建筑增多,学生居住人口密度越来越大,疏散难度也更大,有的高层建筑还存在消防设备落后、消防投资不足等问题,进一步增加了火灾预防和扑救工作的困难程度。因此,大学生宿舍消防安全显得尤为重要。但是很多刚进校的大学生缺乏安全意识,往往容易因为一点小小的疏忽而酿成大错,比如:学生使用大功率电器、使用质量不合格的充电器、乱接电线导致短路、劣质充电宝充电过度、充电完成后手机线仍然插在插座上、在宿舍楼焚烧纸张、乱扔烟头等不安全行为层出不穷。

由于大一新生大部分是第一次入住集体宿舍,并没有准确分清"家"与"宿舍"的区别,哪些行为在家里做没问题,但一旦发生在宿舍就会存在极大的安全隐患。新生辅导员首先应更新宣讲方式,在平时主题班会活动中,加强宿舍安全用电教育,让大一新生对在宿舍不使用大功率违规电器形成思维惯性,杜绝寝室火灾的发生;同时,应当建立赏罚分明的安全用电制度,将学生宿舍的违规使用电器情况与该宿舍学生和班级的评优评奖等结合。赏罚分明的制度将有效激发学生遵守消防安全规定的意识和热情;再者,可以定时开展消防法规知识竞赛、操作技能大赛和主题文艺晚会等活动,让学生提高消防安全意识并牢固树立安全观念。

第八篇
就业创业篇

本篇涵盖职业规划与就业创业指导,为学生提供科学的职业生涯规划和就业指导以及相关服务,帮助学生树立正确的就业观念,引导学生到基层、到西部、到祖国最需要的地方建功立业。

案例六十六　守得云开见月明

一、案例呈现

某学院某专业很多同学毕业时不能拿到"双证",究其原因是专业课太难、班上学习氛围较差。11月,该专业辅导员邀请了成绩优异、已经被保送到某重点大学读研的毕业生A同学,为同一专业的大一新生开一次关于学业规划交流和分享的座谈会。

下午六点,座谈会开始,A同学分享自己在校期间的学习生活,他说:"我刚入校,就对我们这个非常冷门的专业产生怀疑,我也是被调剂过来的,只是听说它很难。于是,就这样浑浑噩噩地度过了大一,没有参加过一个竞赛,也没有获得一次奖项。可是渐渐地,我发现,好像别人口中非常难的专业问题也没有那么难,只要肯静下心来潜心研究,这些看似很难的问题也能迎刃而解。他们口中的'冷门专业'学起来似乎比他们所谓的'热门专业'更加基础化。就这样,在恍惚了几个月之后,我开始努力起来。在大二大三学年奋起直追,平均学分绩点达到4.0,获得了两次国家奖学金,一次春慈奖学金,可是由于自己在大一时没有把握好机会,浪费了很多时间,与学校最高奖项的'XX奖学金'失之交臂,这是我最大的遗憾,所以在座的师弟师妹们,希望你们不要辜负了青春,不要和我一样留下遗憾。现在,大四的我被保研到XX大学,听起来好像很厉害的样子,但是,那些比我优秀的人比我更勤奋。在座的你们不差,你们缺的不是机会,而是高度的自律。相信学校会给你最好的机会和最好的学习环境,同时也要相信自己,通过努力奋斗会有更美好的未来。"

二、分析处理

1. A同学大一时浑浑噩噩,加上对专业的怀疑态度,学习并不上心。后来意识到自己要有规划,静心思考怎样过好大学生活,后来奋起直上,平均学分绩点4.0,两次获得国家奖学金,被保研。这是典型又普遍的示例,典型是因为"悬崖勒马,奋起直上"获得成功的案例;普遍是问题的普遍性,大一学生刚刚跨过千军万马的高考独木桥,已经达成中学时代学习的目标——考上大学,刚进入大学校园面对新征程,还没有明确目标,浑浑噩噩。

2. A同学取得学业上的成功,是因为具备以下素质——静心钻研,目标明确,讲究方法,踏实肯干。知道了自己想做什么就努力实践,屏蔽所谓"热门"和"冷门"之偏见,一心钻进所学专业,站在全局的高度上,对比全国相同专业的状况,不骄傲自满。

3. 通过A同学的亲身经历,让大一新生接受情景教育。很多大一学生会遇到类似问题,进入大学后极易陷入混沌状态,让他们了解优秀毕业生的心态和成长经历,来一次心灵上的震撼和启发。

三、反思启示

大学生就业工作被提升到国家战略层面,大学生毕业即失业破碎了多少莘莘学子的梦想,也斩断了一些家庭的最后一根稻草。有些学生的就业现状令人担忧,不愿就业成为"老大难"顽疾,"没想好做啥"更是让人头疼,要说"工作地点不好""待遇差"尚可理解,而不愿意进入社会、不愿意就业的毕业生有增多的趋势。

1. 毕业生就业质量的好坏是检验一个高校人才培养模式成功与否的关键,因此高校历年来重视毕业生就业工作。但是,就业工作不是独角戏。在就业难、难就业的大背景下,学校和教师为学生的就业提供了优质的服务和极大的便利。辅导员作为学校就业工作的第一线,对学生就业的心理诉求、工作条件、工资要求、地域选择等有一定的把握,同时对招聘单位的人才需求、要求和能力等也有一定的了解。因此,辅导员搭好招聘与应聘的桥梁,让双方得到满意的结果。

2. 大学的学习环境、学习方式、学习目的等,和高中时代有较大不同,当代学生的成长环境、性格爱好等也有较大不同。辅导员应该站在00后学生的文化语境下理解他们,增强工作的针对性和有效性。

3. 辅导员要鼓励和保护大一新生的初心。刚入学的大一新生,都希望自己四年之后有个美好的未来,大学期间不挂科、不捣乱,顺利毕业,继续深造,或找到满意的工作。辅导员要经常提醒和鼓励他们,引导他们朝着自己的目标努力。

4. 辅导员应加强对新生的职业规划意识培养,让他们尽早确定职业目标,有针对性地锻炼相关职业能力,培养危机意识和前瞻意识,这样,到大四毕业就业时他们就能从容应对。

5. 对大一新生应进行挫折教育。大一新生在大学四年会遇到各种困难和机遇,尤其是四年后面对社会的检验时,如果没有提前做好相关教育,很多学生将会在面临挫折时无所适从。希望每一位同学都能规划好大学四年的学习和生活,坚持并努力下去,总会守得云开见月明。

案例六十七　考研还是工作，站在人生的十字路口

Z同学近期遇到了犯愁的事情，他一直在思考职业生涯规划课和就业指导课上教师时常提及的问题："你如何从就业、考研、出国、创业、基层就业、自由职业等就业方式中选择适合自己的就业方式？"但他一直寻不到合适的答案。不过，他明确表示："要么考研，要么找工作，其他暂不考虑。"近期，他一直在"听爸妈的话，考研"还是"遵从内心选择，工作"中犹豫，无法作出决定。面对这个问题，他认为"守株待兔，不如主动出击"。随后，Z同学借助互联网了解来校园招聘其专业毕业生的单位资质和招聘要求，与自身情况对比，哪些符合条件，哪些需要提高。同时，他还在网上了解包括本校在内的几所意向高校每年招收其专业研究生的报名和录取情况，比对自己的条件，了解哪些需要着手准备等。另外，他还咨询了多家企业人力资源部的人员，了解同专业的师兄师姐的工作情况、薪资待遇、晋升通道等。同时，还通过往届考研校友群咨询几所高校的师兄师姐的读研情况和满意度等，以期从中获得选择工作或读研的决策信息。最后，Z同学还向辅导员、专业教师、职业生涯规划课教师、就业指导教师咨询工作或读研的利弊，以期帮助自己获得最终答案。经过反复咨询求证后，Z同学决定考研。从3月份开始备考，制定详细的复习计划，遵循有课先上课、没课多复习的原则，每天按部就班地上课、复习，按时完成每天的计划。日计划、周计划、月计划、季度计划的实施确保了课程无挂科，复习有保障。最后，Z同学如愿考上研究生。

二、分析处理

Z同学在遇到"考研或工作"的二元选择时并未退缩，而是积极主动解决问题，最终达到"父母如愿、自己满意"的结果，两全其美。该案例中Z同学能够运用辩证唯物主义观点，发挥自身的主观能动性，搜集应聘、考研两方面资料，比较分析，进而选择适合自己的就业路径，是非常典型的就业案例。该同学把握住了以下四点：第一，发挥自身主观能动性，主动解决问题。在面对"考研或工作"的二元抉择时，Z同学并未依赖"等、靠、要"的思想，而是主动出击，积极借助互联网、人力资源部人员、往届师兄师姐、学校老师的人际关系进行多方

咨询讨教，了解考研和工作的利弊，最终做出抉择并如愿以偿。这充分凸显出该生发挥主观能动性的能力，具有较好的参考价值；第二，Z同学特别自律，执行力特别强。在确定考研后，制定契合自身实际的计划，按照每天进步一点点的理念，落实每天计划，确保各个计划落到实处，最终圆梦；第三，Z同学善于思考。Z同学能够从应聘、考研中抽出"应聘信息获取途径""考研准备信息"两条主信息，围绕应聘、考研两件事思考"是什么""为什么""怎么办""未来如何"等，明晰两者利弊，不仅知其然，而且知其所以然，因此，该生最终如愿以偿；第四，Z同学善于借用外力。Z同学在面对应聘、考研的二元选择时向学院领导、职业生涯规划课教师、专业课教师、辅导员、往届师兄师姐、企业人力资源部人员等讨教咨询二者的利弊，结合自身实际，最后形成适合自身的毕业出路并最终成功，是一个非常好的成功案例。

三、反思启示

Z同学在面临"考研或工作"的二元抉择时主动出击，了解考研和工作的利弊，最终选择考研并成功的案例，给了辅导员一些思考和建议，主要为：

1. 发挥学生主观能动性

学生是就业主体。学校和学院要采用多种方式调动学生的积极主动性，提高学生就业参与率，引导学生主动就业和就好业。鼓励学生结合自身的实际情况，主动地充分地分析各种就业方式的利弊，最终做出抉择并为之努力。

2. 凸显高校教师引路人的作用

高校教师是学生就业的引路人，规划师。高校教师根据自身的发展经历或职业规划知识给学生就业建议，明确向学生讲解签约单位、考研、创业、考公务员、基层就业、西部计划等选拔要求和工作相关情况，为学生就业抉择提供框架式指导；另外，高校职业生涯规划和就业指导等课程教师不仅充分利用课堂进行教学，引导学生树立正确的就业观，而且可以通过微信群、QQ群等网络社交平台进行定期沟通交流，强化学生就业抉择能力，促进学生高质量就业。

3. 加强就业典型榜样宣传

学校和学院通过官方网站、官方微信公众号、官方微博、校报、宣传栏等平台定期推出应聘、考研、出国、创业、基层就业、自由职业等典型案例，潜移默化融入学生的生活和意识中，形成就业意识和就业模式；同时，邀请成功企业家、杰出校友、各领域成功人士来校开展讲座、主题报告等宣讲，深化榜样对学生的影响作用，提升向榜样学习的意识，继而做出明晰的就业抉择。

案例六十八 研究生就业毁约面面观

X同学是一名硕士研究生,在校期间学习成绩优异,有很强的学习和实践操作能力。在研二升研三的暑假,就通过了K公司严格的面试,成为最早一批签约的学生。三个月之后,K公司分管招聘的经理分别联系了该校就业处老师和该生辅导员,告知X同学解约的决定及该单位的惋惜之情,希望该生辅导员帮忙挽留一下这个人才,并表示如果学生有什么个人诉求,他们愿意协调解决。随后,该生辅导员找X同学谈心,询问他解约的原因,面对该公司充满诚意的挽留可否改变现在的决定。X同学也表达了内心的纠结:他是本地人,女朋友也在本地,为了爱情选择留在本地的S研究院工作,才放弃待遇和发展前景更好的其他市的K公司。该生辅导员为了帮助X同学,对两个工作进行了分析比较,先咨询了X同学的导师和系主任,从专业的角度看哪个工作更有发展前景,两位老师都推荐了K公司,接着该生辅导员表达了自己对于爱情的观点:爱情当然是需要陪伴和守候的,但是人是可以迁移的,并且K公司为了挽留他提出愿意解决家属工作问题的条件,也算是提供了一个解决方案。K公司是与学校有密切联系的友好单位,有大量的校友,甚至他的师哥师姐都在此就职,这里有不可多得的人脉资源,该生诚信就业的选择不光关乎个人,也会对师弟师妹们的选择有一定的影响,最终影响的是学校学生诚信就业的印象。

经过几方面的分析,X同学通过慎重的考量,还是决定留在K公司。

研究生就业诚信问题较突出,以2019届某学院毕业研究生就业情况为例,2019届某学院毕业研究生共432人,其中违约人数54人,违约率高达12.5%,无论是横向与该校其他学院研究生还是纵向与该学院本科生对比,违约率都高出不少。居高不下的违约率,究其原因主要有三点:

1. 热门专业就业不愁

在热门专业高速发展的大背景下,人才需求量大,岗位充足,让同学们充满优越感,比起学校的其他专业,他们掌握更大的选择权。

2. 就业心态悄然改变——"佛系"就业

随着我国经济的高速发展,人民生活水平的不断提高,学生们的家庭经济压力越来越小,"慢就业"成为普遍现象,考研、考博、出国继续学习深造成为毕业生们的首选,大家并不急于走向社会,而是希望通过深造提升自我价值。准备就业的同学们,职业选择也悄然发生着变化:公司规模、待遇不再是最为重要的条件,工作地点、工作环境、福利成为学生们最重视的"择业条件"。

3. 情绪化就业

研究生三年级的学生面临着完成毕业论文和就业的双重压力,极容易产生焦虑情绪,每年招聘高峰期集中在9月到10月,受大环境影响,很多同学在没有规划和考虑好的情况下就草草签约作为保底,草率的决定为日后的毁约埋下伏笔,甚至出现一签约就毁约的极端情况。

同学们的诚信意识越来越差,面对日益增长的违约率,该学院辅导员,采取以下措施:

1. 研三一开学,先打"预防针"

研三一开学该学院辅导员就组织所有在校同学召开"就业政策解读会",对就业诚信进行宣传教育,解读学校关于就业的相关政策、规定,特别强调就业诚信问题。什么是就业诚信?首先,在得到单位的接收意向时保持清醒的头脑,三思而后行,不要跟风,懂得慎独。其次,如果确实出现需要违约的情况,应诚恳地与原单位沟通,取得谅解,承担相应的违约责任,完成违约手续办理。

2. 在班上设置就业委员,与班委配合,专项工作,专人负责

宣传教育必不可少,但方式方法的创新远远不够,研究生辅导员管理学生人数更多,研究生的就业问题往往比本科生更多,就业宣传就需要专人负责。就业委员就是专门负责就业工作的班委干部,负责就业信息的发布、学校相关政策解读等,他们的协助让就业工作能够更顺利地开展,也能更快、更及时地了解学生的具体问题。

三、反思启示

诚信教育是大学生思想政治教育的重大课题,就业诚信教育又是这一重大课题的重要子课题。诚信是一种长期建立起来的优良品格、内在修养。而当下的就业诚信危机问题,究其根源,也是个人因素和社会环境共同作用的结果。近几年在市场经济的催化下,物质至上理论悄然风行,诚信观念变得极度脆弱,坑蒙诈骗屡屡发生,假冒伪劣、盗版侵权比比皆是,制假贩假已成为社会一大公害。学校不是象牙塔,学生群体甚至成为诈骗集团的目标群体,网络借贷、电信诈骗等对大学生的诚信观造成巨大的冲击和破坏。频频爆出的学术不端,学术造假行为也对大学生本就不够坚定的诚信观造成巨大冲击。

大学生是经济建设的主体,民族复兴的主力,大学生的诚信状况不仅关乎大学生自身形象和发展,更与国家社会道德建设息息相关,其诚信状况影响市场经济体制建设的成败。大学生就业诚信教育任重而道远,需要社会、学校、老师、家庭及学生个人的共同努力。

案例六十九　热衷写网络小说的学生

一、案例呈现

Z同学的文学素养较高,大一入校后,他痴迷于网络小说的创作,把大量的时间精力都花在写小说上。他在网上的名气越来越大,成为一名签约作者,也渐渐有了收入。但是,他在专业课学习方面却落下很多。大二学年,他挂了很多科,不得不面临一个非常现实的问题——留级。当他意识到自己要留级的时候,他写了一份特别的留级申请书——全用古文写成的留级申请书。当这份申请书交给辅导员时,辅导员非常惊讶,为他的才华所赞叹,也为他的现状所惋惜。辅导员鼓励他在学习方面多花些时间,他也尝试着去努力,但是找不到动力,对现在的专业很不感兴趣。后来,他挂的科目越来越多,有些课程完全听不懂,他也没有自信,开始逃课。辅导员也多次找他谈话,他说他已经不想学这个专业,只有等待退学。最后,他接受了退学的现实,选择了复读。

二、分析处理

这是一个个性化发展的典型案例。应该推崇大学生个性化发展,但前提必须是大学生在完成基本学业的基础之上,否则,就会像案例中的Z同学一样,最终退学复读。

从这个案例可以思考,学生志愿是否真的如学生所愿。高考后,学生在填报志愿方面并没有充分的话语权,要么是父母包办,要么是老师建议,学生自己对专业了解不充分,没有专业意识,出现报专业"不专业"的局面。这样的同学不是少数,当他们进入大学之后,面对自己不喜欢的专业,学起来非常痛苦。从这个案例可以看出,在选择专业方向的时候,一定要跟自己的兴趣爱好相结合,否则一个优秀的人才被放错了地方,仍然得不到很好的成长。

从职业生涯发展的角度来看,每个人首先要对自己有明确的认识,才能结合自己的优势和特长确定自己的职业生涯发展目标。如果学生早一些认识到自身的优势和劣势,可以通过转专业到适合自己的专业学习,更加有利于自身成长成才,而不是等到大三后退学。

作为辅导员要多与学生谈心,了解他们内心真实的想法。只有了解他们内心真实的想法,才能更好地为他们把脉,做好相应的指导。

三、反思启示

1. 深入了解每个学生的情况

当前大学生在接受高中的压榨式教育之后,在大学阶段开始自由释放自我,一些才华开始展露。作为辅导员,要多了解学生的情况,包括家庭情况、兴趣爱好、未来目标等。对学生情况了解越清楚,工作的针对性才越强,工作也才能做得更深入。只有深入了解大学生的情况,才能更好地引导他们在大学这个大舞台找到展示自己的空间。

特别对于一些具有特殊才能和潜力的同学,要多鼓励他们在不同的平台锻炼,只有多加鼓励,学生才更有信心。很多大学生有潜力,但没有意识去将自己的优势发挥发展下去。因此,辅导员要多加引导,要从社会对人才的需求和人才综合发展的角度去教育引导。虽然不同的专业领域对人才的需求不一样,但一般来讲,企业对综合素质能力强的同学更青睐。

2. 鼓励学生个性化发展

学生个性化发展符合人的自然发展规律,也符合社会对人才的需求。在社会发展过程中,需要的是各方面的人才,不是统一标准的人才,因此,辅导员要多鼓励学生注重个性发展。但是,个性化发展是有前提条件的,必须要在满足基本学业的基础之上,否则,就会本末倒置,会出现案例中的情况。辅导员可以通过主题班会、无领导小组讨论等形式鼓励发展学生的潜在个性。

学生的个性化培养需要更多的教育资源,特别是当前高校学生众多的情况下,常常不能满足每个学生的具体要求。从人才培养的角度来看,应鼓励学生的个性化发展。辅导员要尽量提供学生个性化发展和展示自己价值的机会,只有他们的价值得以实现,他们才能更好地完善自我。

3. 对学生发展进行专业教育引导

学生的发展需要的专业教育,越早越好。许多学生在进校之前对专业是不太了解的,这就导致他们不能静下心来学习。如果对专业和未来职业生涯有认知,发现不适合,可以尽早调整,如果时间太晚,就会失去很多机会。所有学生最终都会走向职场,在低年级强化就业意识,增加职业的体验感,让学生对未来的发展更加明晰,每个同学在制定自己的发展规划时就更加有针对性。有些高校从大一开始就组织学生到企业实习,虽然这个阶段没有专业知识,但是他们却能在实习的过程中了解职场和行业发展现状,特别是对大学生未来进入职场需要的职业能力要求有更加明晰的认识。这样,大学生返校学习后,能找到自身能力的差距,综合素质提升也更加有目标,能激发他们有针对性地提升自己能力。在高年级阶段实习,学生习得专业知识后,便能在工作中检验专业知识,将理论和实践相结合,不断提升理论水平和社会实践能力。特别是在毕业设计阶段,如果能够将自己大学所学的知识很好地应用到毕业作品中,充分展示自己的综合水平,对学生而言也是一种有效的锻炼。

案例七十 给一位大三学生的回信

一、案例呈现

大三第一学期开学时,某专业辅导员召开了一期关于职业生涯规划和大学生职业选择的班会,在班会上该班辅导员分享了自己的工作经历,以亲身经历来引导同学们认识、剖析自我,提前做好职业生涯规划。班会结束后,不少同学联系辅导员,希望能得到单独的帮助与指导,大多数同学采用当面交流的方式,而其中有一位内向的H同学发了一封电子邮件给辅导员,详细地讲述了他的成长经历并表达了自己对未来职业的思考与困惑。

信件的内容大致如下:班会后H同学系统地把自己未来几年可能选择的方向想了一遍,考研或者就业,本专业考研或者跨专业考研,他都感到困惑重重。H同学家境一般,条件有限,高中之前一直留守在家,父母都不在身边陪伴,没有受到专业的艺术方面(音乐、绘画等)的训练,但是他从小对文学、绘画、音乐十分热爱,尤其是对音乐很擅长。H同学坚信音乐是他从小到大唯一热爱又符合他的价值观的事情。大学期间,H同学靠自己省吃俭用省下来的钱买了很多乐器,自己和朋友一起组乐队、写歌、编曲,还发表了自己的音乐专辑。H同学在朋友的鼓励下通过互联网成立了提供制作配乐和歌曲的工作室,工作室成立后居然订单不断,让H同学小赚了一笔。H同学马上想到,这份自由职业既挣到了丰厚的报酬又结交了不少朋友,很想继续下去,但考虑到音乐与自己所学的工科专业实在相差甚远,也怀疑音乐能不能作为一份让自己有能力独立生活的职业继续做下去。于是H同学又萌生了将跨专业考音乐专业研究生作为提高和缓冲的跳板的想法。

二、分析处理

根据以上案例可以分析出:H同学的诉求大体上可分为两个方面,一方面是H同学希望得到关于自身职业规划上的帮助,另一方面也侧面表达了自身在成长中认识自我、自信心建立的需求。

H同学的辅导员接到邮件后,结合H同学的平时表现整理好思路,很快回复了他的邮件,因为邮件不同于当面交谈,H同学的辅导员在邮件中以开放式的反问来引导H同学思考,同时纠正了H同学的一些消极信念。邮件内容包括以下几个方面:1. 在信息时代发展的今天,职业的细分程度越来越高,会画画又懂建筑的可以去做室内设计,能画画又会写作的可以去制作动画片。大部分人所了解的职业或者说能说出名的职业,都还是有限的,每一种职业都并非只需要一种才能。H同学是否能找到所学专业与兴趣的结合点作为自己的职业? 2. 音乐是H同学从小到大唯一热爱的又符合他的价值观的事情,又因为音乐,他赚到了不少的报酬。说明H同学找到了自己喜欢的事,且有一定的能力和潜力去做好。"铁饭碗"并不是通常所说的公务员或者事业单位,而是喜欢做的事情和擅长做的事情的结合点,这样到哪儿都有饭吃才算"铁饭碗"。那么,是否将音乐作为一份职业还是仅仅作为一份爱好,需要综合考虑:是否在音乐上有异于常人的才能?是否有足够的信心跨领域发展?能不能接受多次跨界失败? 3. 人生是一场旅程。如果H同学现在觉得抉择困难,那可以给自己多一点时间考虑,建议是:先想办法兼顾自己想要的东西,如果兼顾不了就走一步看一步,平心而定,有些原则或者想法会随着时间发生变化,就静观其变吧!

发完邮件后一周,H同学的辅导员为进一步了解他的动态,邀请他到办公室谈心,再次为他解惑。一个月后,H同学告诉辅导员他的决定:在顺利完成本专业的基础上选择跨音乐行业,继续在音乐剪辑、编曲等方面深造学习,先把制作音乐作为自己的副业,进而根据自己能达到的高度再来决定是否完全跨行,在充分准备的过程中也等待新的机会。

三、反思启示

关于大学生职业生涯规划的困惑往往出现在大三、大四同学中,他们即将面临考研、就业、创业等多种选择,也开始思索自己的人生方向与选择。高校辅导员在指导大学生职业生涯规划的过程中,一方面要结合大学生的共性特征展开合理的教育与引导,另一方面要有针对性地抓住学生的个性化需求给予建议与帮助,对于不同的学生因人而异。

大学生步入大三、大四后,会开始更多地思考自己的职业规划与未来选择,大部分学生面临选择时,总想着"非黑即白"或者"一步到位",有了这样的想法后就容易对现状产生不满,进而感到焦虑紧张。其实在选择的时候,应该目光长远,从长计议,这时候会发现很多兴趣、特长是可以兼顾发展的。

针对不同学生的情况,应该给予学生有针对性的指导。每位学生的性格兴趣、家庭背景、特长、学习成绩都不同,他们困惑背后的原因其实也是多方面的,例如心理状态、家庭环境等。有些同学做决定属于"冒险型",有些则是"保守型",有些同学的家庭态度比较开放,有些同学的家庭比较古板……这时,需要辅导员深入了解学生的情况,敏锐地捕捉学生的内心想法,综合考虑实际情况,理性地帮他们分析自身规划的合理性和可行性,引导学生自发地思考的同时也给出中肯的建议。

有些同学在向老师求助的过程中,也表达出不合理、不切实际的想法或消极信念,例如"破罐子破摔"的想法。这时,辅导员在表示理解的同时也应该客观地指出问题,避免学生做出错误决定后才追悔莫及。

案例七十一 "情商"决定人生的高度

一、案例呈现

某学院某专业Z同学在毕业时,其综合测评分排名年级专业78名(年级专业总人数89)。在招聘过程中,用人单位录用的主要依据就是看其综合测评排名,显然Z同学处于劣势。但Z同学最终有幸被某大型国企(当时计划只招录5名学生)录用,令不少老师、同学都大跌眼镜、深感意外。Z同学工作后,在不到5年的时间里升任拓展部经理,随后又晋升任营销公司副总经理。

Z同学进校后,因为对专业不感兴趣,学习成绩不好;但他是一个思想活跃、有想法、有追求的学生,成天忙着在外面做兼职,还尝试做一些小生意,大家评价他就是一个内心狂热、不务正业的"坏"学生。虽然大学四年学习成绩不怎么样,但他的社会阅历和情商却得到了极大的丰富和提高。

在就业招聘的时候,他了解到该大型国有企业经济效益和社会效益都很好,并且计划招聘营销人才,Z同学很想去该单位就业。他先后两次投递自己的自荐材料都被退回,当时感到非常失落和气馁。辅导员及时给予他鼓励,让他不要放弃,用人单位没有离开学校之前都有机会,Z同学就一直守在招聘现场。该企业人力资源部M部长很喜欢打乒乓球,每次到学校都要打上几局,有天下午该企业提前完成了招聘,M部长又去打球,Z同学积极地为他们提供服务(送水、捡球、陪练),跑前跑后表现得非常热情。打完球后M部长就详细了解了他的情况,在场的辅导员也"隆重"地介绍了他;Z同学趁机汇报了自己的情况,表达了自己强烈的求职意愿,特别强调了自己的"生意经"和自己对营销工作的心得和能力体现。近一个小时的交流在愉快和融洽中完成。M部长过后很高兴地告诉辅导员,他正愁没有招聘到理想的营销人才,第二天公司通知学校增加一个录用名额,那就是Z同学。

Z同学到单位后,工作积极主动、踏实肯干,长期出差不辞辛苦、任劳任怨,工作业绩蒸蒸日上;在平时的生活中,待人接物、沟通交流非常到位;还自考了营销专业的本科;凭借其良好的表现很快受到公司的重用和提拔,并光荣地加入了中国共产党,被纳入公司干部培养梯队。

二、分析处理

Z同学的求职成功和事业成就依赖于他强烈的事业心和较高的情商。虽然他在校期间的学业成绩不是很好,但他一直有自己的追求,充分利用大学几年的时间学习了很多的社会知识,使自己在社会认知、人际交往、适应能力等方面都获得了长足的进步。同学和老师都比较理解他,都很欣赏和喜欢他,大家也都在方方面面给予他帮助和支持。在单位,领导、同事因为他的踏实肯干和低调谦逊也都喜欢、支持和帮助他。当发展机会来临的时候,都让有准备的他把握住了。

三、反思启示

1. 青年学生必须有志向、有追求、有作为,不怕做不好、就怕你不做。有的大学生经过严酷的高考进入大学以后,患上严重的高考后遗症,在懒散、无聊中荒废了学业,虚度了几年的宝贵时光。正如有的家长也质疑他们的子女在高中是如此优秀,大学却一事无成,认真分析这些学生的大学轨迹不难发现,重要原因就是没有志向、没有追求从而没有作为。现在不少的大学生进校以后迷茫了,找不到学业方向,找不到事业发展方向,缺乏了人生动力;加之现在的家长对子女在学业、事业发展方面的呵护极大地减轻了学生就业和事业发展的压力,对学生事业心的强化带来了很大的负面影响。这样就导致不少学生无所思、无所想、无所为。

2. 青年学生必须重视"情商"的培养和提高,对绝大多数学生来说"高情商比高智商更重要""成功地做人是做事成功的基础和催化剂"。

3. 学校和家庭必须加强对学生情商的教育和培养;很多用人单位反馈给学校的意见里比较集中的就是学生综合素质普遍偏低,学生像温室的花朵与世隔绝、不谙世事,经不起现实社会的捶打,无法尽快适应社会、融入社会;特别是现在的95后、00后毕业生,他们的情商更是一个值得关注的问题。

案例七十二　走技术路还是管理路成为择业难题

Y同学，男，某学院大四学生，学习成绩中上水平，平时积极参加各类学生社团和各种活动，并担任学院学生会主要干部，主持过学校大型文艺晚会，综合素质较高，为人阳光开朗、积极热情、助人为乐，与同学和老师们关系融洽。

正值大四毕业生找工作高峰期，学校组织了很多场招聘会，用人单位质量高、数量也多，有的同学已经签订了就业协议书，有的同学积极参加招聘会了解信息但仍保持观望态度，同学们私下都在讨论就业和用人单位的问题，也在暗暗比较谁签的单位更好。

下午上班时，Y同学主动联系辅导员说想征求意见，让辅导员帮忙参考该选择哪家单位。通过一段时间的观望和接触，目前有2家单位愿意跟他签协议，他也想在这两家单位中选择其一，一家是北京的大国企，岗位是技术类，另一家是本地省级企业，岗位是管理类。他想去北京，而且国企也是大家向往的，但是他又觉得自己更想从事管理类工作，家人觉得北京生活压力太大，也建议他留在本地，他对于这种人生重大的选择比较慎重，也想多方面听听意见。

二、分析处理

了解情况后，辅导员判断这是关于自我认识、就业择业、职业规划、职业决策等方面的问题，于是采取以下做法：

1. 帮助Y同学分析选择因素并排序

辅导员让Y同学不考虑其他因素，凭自己的第一想法对地域、企业、岗位做出选择，他选择的是北京、国企、管理岗，这是他认为最优的组合。接着，辅导员让他对于工作的地点、单位性质、岗位对于他职业发展的重要性进行排序并说明原因，他觉得工作岗位最重要，因为只有自己喜欢才能做得长久也才能发挥自己的能力，其次是单位性质，大企业的平台更大，发展更好，地域排最后，虽然重庆比不上北京，但发展也挺好的，而且父母也离得近。对于"岗位＞单位＞地域"的个人选择，辅导员表示理解，他说的理由也很充分，说明他对于这个问题是考虑得比较全面的。

2. 帮助 Y 同学思考和分析问题的核心

得到之前的排序后,根据 Y 同学的理由,排在最后的"地域"问题并不是让他纠结的问题,所以焦点就在"岗位"和"单位"两个选择上了。岗位和单位作为毕业生择业考虑的因素都很重要,这也不能靠个人主观偏好或数据能预测哪个更重要,于是辅导员借助外部工具帮助他分析这个问题。

3. 帮助 Y 同学了解自己更适合的工作

辅导员拿出就业胜任力卡牌,让 Y 同学自己按照卡牌内容代表的就业胜任力分别放置在擅长、胜任、不胜任和非常愿意、愿意、不愿意交叉的区域。根据就业胜任力评估的结果显示,从事管理类工作处于他的优势区和一、二级发展区,而从事技术类工作属于他的三、四级发展区和留存区,由此可见,Y 同学更适合从事管理类工作。

4. 择业指导

评估结果 Y 同学个人也很认同,他也倾向于从事管理类工作,但是他还是觉得大企业平台和发展更好,辅导员给他分析,大企业人才多、竞争激烈,即使平台更好如果他不是很突出也不一定能抓住机会,小企业管理上更灵活,表现突出晋升也很快,到时候有一定的管理经验和头衔也可以跳槽,所以归根结底还是要看工作表现。这两个选择没有对错,无论他如何选择只要在工作中表现踏实勤奋,结果都会很好的,相反,无论选择哪个单位如果工作表现不佳,那么个人发展前景都不会很理想。对于目前的情况辅导员建议他可以先跟国企沟通,表明自己在管理方面具有一定的优势,尽力争取管理岗位,如果对方同意提供机会那所有问题就迎刃而解了,如果对方不同意,他再决定选择哪一家单位。最后,在慎重选择后不要犹豫,要相信自己通过勤奋的工作会有美好的前景,也要明白成年人要为自己选择承担相应的后果,遇到困难不应该后悔当初的选择,而是继续奋斗,站在当下立场解决眼前问题,不断增强自身业务能力和综合素质、提高自我价值和核心竞争力才能在职场竞争中掌握选择的主动权。

三、反思启示

1. 在职业规划和就业指导的过程中,可以使用就业胜任力卡牌、就业匹配度量表和各网站测试量表等工具辅助,帮助学生更好地认识自己和自己适合的工作。

2. 在学生做出职业决策时,并不是害怕决策,而是害怕决策后要面对的后果,我们应该告诉他们,决策后只要努力,任何一条路都是光明大道,不要过于纠结。

3. 有时候学生自己心里已经有了决定,但与家人或同学们想的不一样,他们来咨询只是要找到支持他们的力量,我们应该给予更多的肯定和支持,并鼓励他们选择后踏实走好后面的路来证明今天的选择是正确的。

4. 今天的社会瞬息万变,曾经的"铁饭碗"已经不存在了,但固有的陈旧的择业观还在影响着学生和家长们,选择什么样的单位固然重要,但不断学习、应对变化才是现代人应具有的、不被淘汰的能力,提高自身核心竞争力才是王道。

5. 对于应届毕业生,可以鼓励他们多尝试、多试错,大胆选择,先就业再择业,在学习和工作中不断提升自己,当自己具备了一定的能力和资源后,再创造机会或把握机会继续向成功迈进。

案例七十三 在考研和就业中摇摆

一、案例呈现

近年来,毕业生就业工作呈现出新的趋势,一方面"慢就业"心态明显,学生不急于工作,对理想工作的要求较高,甚至眼高手低脱离实际;另一方面,考研积极性高涨,甚至出现宁可完全脱产复习一年准备"二战"的情况。2018年,某学院某专业大四学生进入毕业阶段,大部分同学开始准备复习考研或者找工作。

毕业班Z同学找到辅导员谈心,他本来决定毕业即参加工作,但后来又改变了想法,转而决定读研。由于前期没有准备考研复习,对自己的成绩没有太大的信心,担心不能顺利考上,自己也在考研和就业之间犹豫不决,所以希望辅导员能给予一些建议和启发。

该生辅导员了解到,Z同学综合素质较好、情商较高,平日里跟同学、老师相处关系融洽,也经常积极参加学校活动和社会实践,能吃苦、愿意为同学们服务,多次参加志愿者服务。但他的综合成绩在年级位列中等,且已经临近研究生入学考试时间,要在考试前迅速突击,并有较大的提升,的确有一定难度。

同时,辅导员还了解到,Z同学在决定考研后一直努力复习,不再参加双选会、投递简历等。辅导员询问他有没有考虑没考上怎么办,Z同学态度也比较坚决,表示如果没考上就再复习一年,直到考上。

Z同学有上进心、有决心是值得赞扬的,但在处理考研和就业问题上也存在一定的盲目性和策略失误。对于考研原因考虑不足,有一定的跟风心态。另一方面,在就业和考研之间摇摆不定,错过了复习时间,又孤注一掷地决定考研,在策略上存在失误。

二、分析处理

辅导员对Z同学的印象一直不错,虽然成绩并不拔尖,但是综合素质较高,有吃苦耐劳的精神,情商也比较高,学生自己有较强的决心,如果能顺利考上研究生的确是一件好事。如果顺利参加工作,相信他也能够做出一番成绩。但是学生把考研当作人生唯一的出路,放弃找工作,有一点钻牛角尖。

经过思考,辅导员与 Z 同学进行了长时间的沟通,并从以下几个方面对他进行开导:

1. 对 Z 同学以往的表现进行肯定反馈和积极评价,对他的考研决心也表示赞扬和支持。并且告诉学生,老师并不能代替他去做任何决定,任何人都不能替自己做决定。要根据自己的实际情况和人生理想进行规划,做出合理的决定。老师的作用是帮助他理清思路,拓展眼界,启发他作出决定。

2. 该生辅导员询问 Z 同学的人生的规划是什么?如何才能实现? Z 同学表示,希望能够学以致用、发挥专业特长,为自己创造更好的家庭生活条件。辅导员反问他:"那么你的理想是考研还是实现某种生活状态呢?"Z 同学立刻明白了,考研其实只是一种实现人生理想的途径,而不是目标。并且,他也马上提出"的确,实现人生理想的途径是多样化的,不是只有唯一的通道"。该生辅导员也对他的思考表示赞扬,目标坚定以后,完全可以通过多种途径去实现,条条大道通罗马。要放开眼界,不要钻牛角尖。

3. 让 Z 同学明白目标要和自己目前的能力、条件相匹配。学生成绩中等,在竞争激烈的考试中被淘汰的概率是比较大的。该生辅导员强调:"我不是要打击你的考研积极性,而是希望你能想到最坏的结果。如果你没有顺利考上,也没有工作,你想想你会面临什么样的压力?"Z 同学表示的确会有很大的压力。辅导员说,我们要尽最大的努力做事,也要能接受最坏的结果,不要孤注一掷,而是要为自己创造机会。

4. 在 Z 同学坦然接受辅导员的建议后,辅导员又转而继续鼓励该生。如果下定决心要读书深造,那么就一定要坚持,并且是有策略地坚持。目标的实现往往需要我们适时进退,该进就进、该退也要退,要让自己的目标具备适应性和柔韧性,做到刚柔相济才能更好地面对压力。现实当中也有很多学长学姐是在工作以后再选择考研、读研。他们在职场上获得的锻炼不仅可以使他们的综合素质进一步提升,也让他们对自己的人生规划更加明确。

通过沟通,Z 同学不再一味坚持放弃一切工作机会去准备考研,而是选择在准备考研的同时抽出精力去寻找合适的工作。他也表示,如果考不上也可以选择先工作。

非常幸运的是,Z 同学通过自己的努力顺利地考上了研究生。

三、反思启示

通过这件事,在做好学生工作上可以有如下思考:

1. 要做好学生关于职业规划、人生理想的教育工作

很多学生没有人生目标,或者目标不明确、不实际。更加不知道如何脚踏实地、一步一步朝着目标前进。需要学校和老师进行教育和启发,帮助学生树立科学的择业观、职业观。

2. 有坚定的目标是好的,但坚持目标不是固执己见

每一个人追求目标的路必定不是坦途。有困难、有阻碍、有挫折、有反复,在追求目标的过程中,需要顽强的意志力,也需要付出巨大的努力,更重要的是遇到挫折困难时的韧性和坚持。马克思主义否定之否定规律也告诉我们,事物的发展就是在不停自我否定中实现的。固执地认为某一个具体目标就是人生的全部,不接受任何改变、蔽塞视听、拒绝不同意见,反而会让自己封闭起来。

3. 要鼓励学生多参加社会实践,通过实践来拓宽视野、提高格局

只有通过社会实践,学生才能真切感受到社会的需要,才能把个人的发展融入社会发展的大环境中去,从而建立个人清晰的人生目标和规划。在制定目标时,要有独立思考,而不是盲目跟风;要有坚定的意志,也要有开放的心态,避免追求不切实际的目标,甚至钻牛角尖。

案例七十四 生涯规划要当先

一、案例呈现

X同学是某专业博士生,被誉为"学霸"。本科期间,他每学期成绩绩点不低于4.2,单科均未低于85分,曾获得2次国家奖学金,1次市级优秀毕业生,3次校级三好学生,3次科技创新先进个人,曾经在全国数学竞赛、英语竞赛、数学建模竞赛、桥梁设计大赛、结构设计大赛等多项比赛中获奖,可谓"拿奖拿到手软"。最终,他被推免攻读硕士研究生。在读硕士研究生期间,单科成绩均高于85分,曾获得2次国家奖学金,曾参与全国英语竞赛、"挑战杯"全国大学生课外学术科技作品竞赛、全国研究生数学建模大赛、中国"互联网+"大学生创新创业大赛、全国研究生智慧城市技术与创意设计大赛、大学生桥梁设计大赛并获奖,发表论文4篇,2篇被SCI检索。目前,X同学在硕博连读中攻读博士学位,仍积极投入到专业领域发展中。该生的生活"三点一线",每天穿梭于宿舍——食堂——科研办公室之间,关注着、思考着专业方向发展的未来,只为那句"我命由我不由天"。在一次和X同学沟通读博原因时,他微微一笑,说道:"参考周围同学的签约工作后的生活,又考虑到父母的支持和个人兴趣爱好,或许读博是我的正确选择。"

二、分析处理

X同学学习刻苦,善于钻研,积极思考,从获得推免研究生资格,到硕士研究生,再到硕博连读、攻读博士学位,这一路的学习和成长与他提前做好生涯规划有很大关系。该生把握住了三个重要内容:第一,根据自己的兴趣和爱好进行规划。"学霸型"X同学通过刻苦学习多次获得国家奖学金,通过积极参与学科竞赛多次获奖,通过积极钻研申请到攻读博士机会,均体现出他完全是结合自己的兴趣和爱好规划自己的生涯,特别值得学习;第二,该生发挥自身的性格优势和学习特长,能够将"兴趣"作为人生发展的第一选择。该生安静、内向、善于思考,喜欢独处,这样的性格决定他习惯独立地思考问题和解决问题,并且他将"学习兴趣"发挥到极致,凸显其在学生群体中学习"领头羊"地位;第三,该生执行力较强才能呈现优秀的"学霸"形象。该生获得多项荣誉和奖项的背后一定有其辛勤地付出,刻苦地落实,坚决地执行,唯有如此,才能确保其"学霸"地位无可撼动。

三、反思启示

X同学的"专业学霸""推免研究生""硕博连读"甚至未来"桥梁界后生"的成就都将成为其"我命由我不由天"的鉴证。因此,作为育人高校,坚持以人为本,在培育综合型人才或复合型人才的前提下,应该更多地结合学生具体实际情况为学生提供发展平台,让学生展翅飞翔。因此,建议高校一方面结合不同的学生个体引导和制定契合学生自身的职业规划,并建议学生提前规划;另一方面高校应举办丰富多彩的文体比赛、学科竞赛丰富大学生生活,供学生们根据自身情况选择。

案例七十五　兜兜转转,弃稳求搏

一、案例呈现

C同学是一名硕士研究生,该同学综合素质很强,有不错的人际交往能力和组织协调能力。进入大学后在自身的不懈努力下各方面优势更加彰显,他成绩优异、文艺体育能力突出,多次获得奖学金以及被评为优秀干部,数次代表学校外出参赛赢得荣誉。

本科阶段,C同学在坚持刻苦学习的同时,善于沟通,团结同学,积极参加各类竞赛、社团活动和文体活动,多次在学院篮球比赛中带领本专业队伍取得好成绩。

本科期间，C同学就萌发过去海外工作的想法，也曾跟辅导员交流谈心，但当时目标并不清晰，想法也很单纯，觉得反正本科也只能进施工单位，去哪都是到偏僻的地方，倒不如去海外，收入还丰厚些。辅导员及时给予了引导，教育他要有正确的价值观，希望他考虑清楚，不要凭一时冲动。后来C同学反复理清思路，并征求了家人的意见，决定继续深造，后来如愿考取了同一大学同一学院的研究生。

转眼研究生即将毕业的他，就业便成了首要问题和任务，不能回避，更不能随意。本科阶段就怀揣着去海外工作梦的C同学积极地做着各种准备，包括自荐信的撰写、总结面试技巧等问题都在不断向辅导员请教后，再自行改进完善。

但事情在研二暑假发生了转折，因为偶然机会，C同学得到了中铁二院总部的实习机会，并有很大机会留下来，而这直接动摇了他坚持赴海外工作的决心。到了秋招，他先后参加了中国路桥和中铁二院的宣讲会和面试、笔试等。最终的结果是，由于自身非常优秀，C同学先收到了中国路桥人力资源的录用电话（该单位在该校只录用一名应届毕业生），接到电话他无比兴奋，迫不及待地和家人分享这个好消息。随即，他又收到中铁二院的录用函，于是，如何抉择，成了C同学的"世界第一大难题"。

一个是极度稳定且地域优势明显、家人心心念念的中铁二院，一个是交通行业的优质企业、国际领先的全球承包商、实现自己梦想的地方。

选择中国路桥，便圆了他去海外拼搏的梦想，但也意味着必须放弃国内安逸而稳定的生活。由于之前在中铁二院实习期间表现突出优势明显，父母坚决不同意其签约中国路桥而放弃中铁二院这个机会，并给他灌输了去海外的诸多弊端。来自家庭的压力和外界的声音，让C同学开始动摇，他觉得国内舒适的生活还是充满了吸引力，而且海外也没有自己想象得那么好。于是，C同学又找到学院辅导员老师请求帮助。

二、分析处理

辅导员首先耐心倾听了C同学的想法和纠结点，分析出让C同学感到既复杂又煎熬的主要原因有三个：第一，虽然他不喜欢设计院，但中铁二院作为全国顶级的铁路设计院，他不舍得放弃这个机会。第二，就像赌博一样，如果他率先得到中铁二院的录取，他没有勇气放弃，毕竟中国路桥每年招收人数极少，他没有把握成为那个幸运儿，不敢孤注一掷。第三，父母坚决反对，不同意其到海外工作，更希望他在离家近的成都市稳定工作。

辅导员听完后问了一句：如果排除一切人为因素，抛开家庭顾虑，问下你内心最期待的、最想要的，你会选哪个？请第一时间回答我。

由于C同学平常跟辅导员联系沟通较多，无论平常生活还是实习期间到应聘阶段，都有多次碰撞、交流，所以辅导员一眼看出了C同学的犹豫和顾虑。在得知C同学的初心后，辅导员建议到：其实每项工作的未来都无法预知，不必杞人忧天更无须庸人自扰，但我们可以通过不懈努力而让结果朝着自己想要的方向变好变美；不是每个人都能入职自己理想的单位，不是每个人都能一步步向梦想靠近，很多人最终也没有实现自己的理想；在该奋斗的年纪，为什么要选择安逸？大学生们更需要闯荡，更需要开眼界，更需要提升自己的格局，而不是窝在自己的小天地得过且过；很多事情经历了，努力过，才不会后悔，因为机会不是每次都青睐你。

经过辅导员的一席开导，C同学明白原来是自己想得过多，总是考虑去了海外会怎么样，留在国内又会怎么样这些无法预测的东西；也承受了太多，例如父母的压力，同学和朋友的劝阻，导致听不见自己内心的声音。其实未来的东西谁也说不准，但是既然现在离梦想这么近，为什么要放弃呢。去中国路桥本来就是自己一直的目标，为什么真正有了签约的机会反而要犹豫呢，甚至还在不停地找借口安慰自己这不是最好的选择。抛开一切真正思考后他才发现，旁人的建议不能影响自己的判断，自己的人生目标本就是不安于现状，喜欢去更高的天空拼搏，那么自己就应该坚持目标，不要在还没尝试时就放弃，试图委曲求全，留下一辈子的遗憾。

在分析完这些影响因素之后，C同学坚定地签下了与中国路桥的三方合约。

三、反思启示

C同学是个很有思想和见解的人。本科阶段就非常优秀，读研以来，他更加明确自己的目标，不敢再像本科时那样无忧无虑，他非常清楚地意识到，研究生阶段取而代之的是繁重的科研压力以及毕业后的人生规划。

因此，C同学愈发注重学业管理和科学研究，同时继续发挥自己文体和管理方面的优势特长，在各类体育赛事中继续为学校争光，带领学院篮球队成功在大赛夺冠，专利、论文一样没落下，研三阶段成功获得竞争激烈且名额有限的国家奖学金和一等学业奖学金。

但C同学又是一个容易纠结的人，在人生关键分岔口，尤其当在多个优质选项同时袭来时，再优秀的同学都会存在犹豫、矛盾、焦虑，将梦想抛之脑后只注重眼前利益。

如何在这个关键时刻引导学生实现其理想，坚守良好的人生观和价值观，需要辅导员做好这几点：一是深入学生当中开展工作，与同学们打成一片，让他们愿意将你当作倾诉的对象，好的坏的都喜欢一股脑儿向你诉说；二是关注学生成长过程中的关键点，而且这个关注必须是长期的、持续的，并适时给予表扬或批评，让他们知道你是个既重感情又讲原则的人，提升自己在学生中的可信度；三是以身作则，用优秀的自己，优秀的品格影响学生，尤其是自己正确的三观和无私奉献的精神，逐渐形成自己独特的人格魅力；四是辅导员要不间断加强理论学习，做好学生思想理论教育和价值引领，牢固树立正确的世界观、人生观、价值观。

其实，无论哪种选择，都将是对人生的诠释。但选择大爱还是小爱，选择大家还是小家，确实需要每个人深度权衡，但大气的选择总不会太令人失望。就像C同学说的："其实闯荡还是安稳，取决于你的人生目标，选择和你人生目标匹配的工作，才是最好的决定。年轻就是资本，没有后顾之忧，想清楚就行动吧，趁年轻，做什么都是可以的。"

案例七十六　公考上岸路更宽

一、案例呈现

　　A同学从高中到大学一直在班级担任学生干部，有较强的人际交往能力和组织能力。A同学在高中时学习刻苦，成绩优异，也多次被评为优秀班干部。在大学期间A同学在坚持刻苦学习的同时，发扬乐于助人的精神，团结同学，积极参加社团活动和公益、体育活动，在学院篮球比赛中取得第一名的好成绩。该同学在大四求职过程中参加过很多单位的招聘会，备受单位喜爱，多家单位想跟其签约。但他一直有个梦想，因此犹豫不决，故找到辅导员老师，告诉老师他的真实想法。原来，他一直想报考公务员，继承父亲的衣钵，A同学的父亲是一名人民警察，他从小就很崇拜自己的父亲，以父亲为榜样并且梦想着长大了也能成为一名光荣的人民警察。但在高考时他阴差阳错地与公安院校失之交臂，所以只能将自己的梦想埋藏心底。面临就业季，参加了多家单位的宣讲和面试后，他越发觉得自己应该去实现自己儿时的梦想。于是，他找到辅导员老师，希望能从老师处得到较为科学客观的分析，帮自己做出决定。

二、分析处理

　　通过回顾A同学的成长历程可以看出他本身是一个成绩优异的人，但是在公考竞争空前激烈、高手如云的情况下，能否披荆斩棘顺利上岸，必须先要有信心，其次要对公务员考试有所了解，还有就是之前有一定的准备。A同学认为助力自己公务员考试的有利因素至少有三点：第一，自我追求。想实现儿时梦想的愿望非常强烈。第二，家人支持。A同学的父母对于自己的梦想是全力支持的，A同学的父亲尤其希望自己的儿子成为一名人民警察，继承自己的衣钵，在全心全意为人民服务的道路上有个接班人。所以考公务员的过程中，无论在生活上还是在精神上父母都能不遗余力地给予A同学帮助。第三，A同学有股不服输的豪气，认定的事情便会竭尽全力、不懈努力。

破釜沉舟的勇气固然可嘉,但是放弃好工作备考"独木桥"般的公务员考试,压力可想而知。因为A同学的专业在公考中没有合适的岗位,所以他只能报考不限专业的警察岗位,其上岸难度为所有岗位之首。但既然选择了公考,便只能坚持到底、永不言弃。在辅导员的鼓励下,A同学更加坚定信心,破釜沉舟,在自己的书桌上写下了"有志者、事竟成,破釜沉舟,百二秦关终属楚;苦心人、天不负,卧薪尝胆,三千越甲可吞吴"的座右铭,来激励自己为了梦想而拼搏。

三、反思启示

综合A同学的案例分析,公考上岸需要明确自我追求、家人支持、自身努力,三点缺一不可。不过其中最重要的要数明确自我追求、自身努力。A同学全程是自行复习的,没有报名任何一家培训机构,下面结合A同学的经历和心得就如何备战公考提出以下几点建议:

1. 前期准备充分,奠定坚实基础

俗话说:"工欲善其事,必先利其器。"要想公考上岸,必先了解公考。考生可以通过登录公务员考试网或者人力资源和社会保障部官网了解公务员考试的具体流程、时间、科目及大纲。然后可以在网上购买相关试题进行练习,购买试题时以真题为首选,模拟题为辅选。接着制定有效可行的学习计划,学习计划包括学习的时间、地点以及学习内容。学习时间每天最好控制在6小时左右,合理的时间可以确保有足够的精力来学习和消化知识。地点可以选择家或者类似于图书馆之类的安静场所,这取决于个人的学习习惯。学习内容可以把行测和申论按照考试的时间分为上午和下午分开进行学习,上午学习行测,下午学习申论。总之确保公考学习稳步有效地推进,如果自己能够感觉到每一天都在进步则为最佳。

2. 细化学习过程,做好笔记梳理

在完成前期准备工作之后就是最关键的、耗时最长的阶段了,这个阶段就是日复一日地学习,点点滴滴地积累。就行测和申论的学习方法而言,行测侧重练题,申论侧重方法。行测的学习建议在上午进行,前期可以分版块练题,然后在积累到一定程度时务必开始计时做整套题,这是对考试的模拟,让自己熟悉考试的节奏。每日做完题之后一定要总结错题,可以用一个错题本来记录每天的错题,以防下次再出错。对于自己的薄弱版块可以在网络上搜索系统的讲解视频进行学习,听名师讲解好过一个人埋头钻研,要善于站在巨人的肩膀上学习。申论的学习建议在下午进行,重点在于方法,多积累零碎的词汇,自己了解并归纳出所有可能会考的题型,掌握每种题型的答题模式,把题目反复做,反复地去推敲参考答案,争取做到自己看到类似的题型时能快速地形成自己的思路。

3. 结交同道好友,考前保持平稳心态

准备公考时一个人学习是孤独的,自己很容易出现懈怠。但是如果有几个志同道合的

考友一起学习是可以共同进步的。彼此之间互相监督,互相学习,互相鼓励,大家都是充满希望、斗志昂扬、挥斥方遒的追梦人,以后回想起来这段日子定是人生中一段难能可贵的记忆。在漫长的学习之后,就会迎来最后的验收,所有的付出都需要在最后接受检验。考试之前有压力是正常的,但是重压之下必定无法正常发挥,所以平稳心态非常重要。同时考前要清淡饮食、规律作息、熟悉考场和规划行程,做好一切考前准备,保证自己能发挥出自己最高的水平。在考试做题过程中切忌纠缠自己不确定的题目,利用有限的时间抓住自己必得的分数,然后再去争取一些自己可能得到的分数。无论上午的行测自己感觉如何,都千万不能影响下午的申论考试,从某种程度上来说申论比行测更容易拉开分差。

4. 及时查询成绩,做好面试准备

查询成绩自然不必多说,各位考生肯定都是非常积极的,重点是如果笔试过了,无论第几名,都要积极准备面试。有些人是初次接触面试,而有些人是经历过面试了,但是无论是哪种人,都建议从零开始。建议制定一个复习计划,前期进行专题模块训练,将各类题型一一了解;中期真题模拟,按照考试的节奏回答完一整套题;后期攻坚克难,将之前答不好的真题再回答一遍,一定要答顺为止。不要求千篇一律的复习计划,针对自身的特点,制定出一套适合自己的方案。同时向有过行政管理经验的长辈交流,拜师取经;也可与同时准备面试的小伙伴们结对组团,互相学习,进行真题模拟,点评彼此。

5. 要摆平心态

只有保持平和淡定,才能让所谓的"面筋"发挥出应有的"劲道",否则再多的技巧都是白费。在备考的过程中,大家或多或少都会受到一些干扰,如果抱定非上岸不可的想法,有时极端的情绪反而会导致功败垂成。以前我们常说"机会总是垂青于有准备的头脑",但现在我们更应该说的是,成功其实更倾向于那些有准备的平静头脑。保持平常心,会比背着包袱上路走得更远。

案例七十七　用一年的时间,做一生难忘的事

一、案例呈现

Y同学为某学院某专业学生,女生,成绩拔尖,人缘关系好,性格外向。该生在大三时就开始向老师、学长、学姐了解该专业就业前景,当时大多数毕业生还是选择进施工单位,仅有一小部分同学选择继续升学。但在土木行业就业中,相比男生,女生优势不明显。因此,Y同学决定继续深造:推免或考研。大四时因为学校的保研政策变化导致推免名额有变,Y同

学最终落选。由于突发变化,时间紧急,该生陷入困境,在接下来的考研和支教保研两条路中难以抉择,Y同学来求助辅导员,如何定夺。

二、分析处理

辅导员让该同学厘清思路,并先倾听了其想法,与该同学一起分析达成以下共识:

1. 推免保研落选已成事实,无须纠结。

2. 值得庆幸的是,学校原本通知在参加推免保研面试当天截止提交支教推免申请材料,因故延期了两天,因此让该同学有了参加支教保研的想法,觉得上天关上了一扇门,总会打开一扇窗。

3. 该同学认为支教确实是有意义的事情。对她来说一年的时间不长,但可做一生难忘的事,可以趁机去西部基层看一看,这不仅是一个成长的机会,也是人生中不可多得的一次经历。

因此,辅导员鼓励并支持她的想法,可以先去争取支教计划,如果失败,再继续考研。并让该生征求家人意见。该生及时询问了多方意见,首选支教,得到了老师、同学和家人的大力支持,让她信心和动力倍增,全力以赴参加支教的面试。向校团委提交申请材料后,学校根据学习绩点和加分项排名,按照1∶2的比例进行校级面试,因为材料扎实、面试表现优异,最终该生脱颖而出入选为当年支教团成员。

本科毕业后Y同学加入了中国青年志愿者第XX届研究生支教团,前往重庆市酉阳县花园小学进行为期一年的支教活动,在完成日常教学任务的同时,还组织参加各类教学活动,参与到当地乡村扶贫工作,致力于教育扶贫,开展"科技文化节""四点半课堂""周末兴趣班"等活动。

目前,该同学已回到某大学攻读硕士研究生。对当初的选择非常满意,读研期间各方面表现突出,非常优秀。

三、反思启示

关于此案例,该同学也遭遇了一些质疑和不理解:其中部分老师和同学表示不理解,认为她有能力考取一所好的高校,何必要浪费一年的时间,最后还只能留在本校。但该生非常清楚自己的实力:一开始她认为自己参加学校的推免保研肯定能够成功,对于七、八月份的考试复习准备,也是两天打鱼三天晒网,有点懒散,才导致九月份保研政策的改变让她措手不及,很难静下心来,也来不及重新复习准备考研,这时支教保研刚好成了她的救命稻草。第一次和家人沟通,父母虽然担心她的安全,但还是说会支持她的任何决定;第二次是和辅导员老师沟通，了解到在本校读研的前景，更加坚定了她参加支教保研的想法；第三次是静下心来自我沟通，她问了自己两个问题，一是能否静下心来准备考研，二是花一年时间去支教会不会后悔，她的答案是不后悔选择去酉阳支教。

谈及对有意向加入研究生支教团同学的建议，Y同学这样说道："当前形势政策在变化，但机会总是留给有准备的人。做任何事情，都需做好两手准备，当一个人发自内心地认可某件事并为之付出努力时，他能够不断取得突破、做到最好。所以有此意向的同学不妨在跟随内心选择的基础上，提前多向身边老师和同学沟通，积累些和支教有关的经验，提升相关能力，做好眼下的每一件事情。"

通过以上案例，可以发现该同学在面对毕业就业选择中，能积极与老师和已经就业的同学沟通，吸取经验；同时在决定是否参加支教保研中能结合自身实际看待问题，积极与人沟通，最终做出决定。但该同学在推免保研落选后，曾表现出的浮躁、静不下心，这也是大家以后会遇到的情况，需要及时调整好心态，每年推免保研政策都在改变，应做好两手准备。

第九篇
理论实践篇

本篇涵盖理论和实践研究。大学生应努力学习思想政治教育的基本理论和相关学科知识,参加相关学科领域学术交流活动,参与校内外思想政治教育课题或项目研究。

案例七十八　辅导员专业化发展之路

一、案例呈现

自入职以来，Y辅导员一直负责学生教育管理工作。他精于辅导员业务，按照国家和学校的辅导员条例工作要求，从安全教育、思想政治教育、学风建设、党团教育、心理健康教育、就业创业、应急事件处理、学科竞赛引导、班委管理、班集体建设、教学科研等各方面与学生多接触多交流，加深师生感情，达到育人目的。坚持立德树人根本任务，确保"一个不能少"，陪伴学生共同成长。同时，Y辅导员善于表达，曾获得市级高校辅导员素质能力大赛本科院校三等奖，市级高校优秀辅导员，校级优秀学生工作干部，校级优秀教师荣誉称号等。另外，Y辅导员善于将学生教育管理工作实践转化成科研成果，参与编著出版物2部，主持市级高校优秀辅导员择优资助计划项目1项，参与大学生创新创业省部级课题3项，参与大学生思想政治教育等各级各类课题7项，发表学术论文20余篇，获得教学科研荣誉10余项，形成了大学生就业创业、大学生思想政治教育、辅导员队伍建设等方面的丰硕成果。

二、分析处理

Y辅导员是一线辅导员，能够将学生教育管理工作实践与理论相结合，在提升自身业务能力的同时，能够将学生教育管理工作实践转化成科研成果，值得借鉴。Y辅导员之所以能够将学生教育管理工作实践与科研相结合，是因为其具备以下几个特点：第一，较强的业务能力。Y辅导员能够清晰地将学生教育管理工作进行分块化管理，熟悉辅导员业务工作内容和事务处理流程，精于辅导员业务，能够将辅导员工作内容进行合理地分块和整合，具有较强的业务能力。第二，较好的问题意识。Y辅导员善于发现问题，具有"发现问题的一双眼睛"，能够将学生教育管理工作问题化，便于更有效地解决。第三，专业的总结和研究能力。Y辅导员能够将大学生就业创业的现状、大学生思想政治教育方式、辅导员队伍建设路径等内容进行总结并以课题立项、论文发表、成果获奖等方式呈现出来，具有较强的科研能力。第四，得益于宽容型领导的管理和指导。员工的发展离不开领导的提携和帮助。Y辅导员的领导是一个宽容型领导，具有较丰富的辅导员队伍管理经验，鼓励他在有序开展学生工作的同时发展自我，指导他的职业规划，支持他根据自身兴趣发展自我。Y辅导员的领导鼎力推荐他申报市级高校优秀辅导员荣誉,支持他参加市级高校辅导员素质能力大赛,鼓励他申报市级高校优秀辅导员择优资助计划项目。

三、反思启示

Y辅导员是一个高校辅导员成功发展的个案,具有典型性。基于对Y辅导员个案的思考,建议学校和学院从以下几个方面加强辅导员队伍建设:第一,学校完善辅导员管理制度。高校完善辅导员晋升通道,定期开展辅导员素质能力大赛,开展学生工作优秀干部、招生就业先进个人、团学先进个人等荣誉称号评选,为辅导员职业发展提供完备的管理制度。第二,加强辅导员业务能力培训。辅导员业务范围广,安全稳定压力大,面对的学生个体差异性大,因此,学校和学院为辅导员提供"校内+校外"相结合的培训,开阔辅导员视野,提升辅导员业务能力。第三,学院鼓励辅导员多元化发展。作为辅导员一线管理部门,学院应结合辅导员自身特点,培养辅导员的业务能力和自身发展能力,畅通辅导员晋升渠道,鼓励辅导员多元化发展。

案例七十九　学生该多进行自我管理

一、案例呈现

高校辅导员工作比较烦琐,在奖、助学金评定、班级评优评先、班委选举等任务高峰时期工作量较大,不仅要按时完成任务,且必须细致、有序开展,不容出错。一旦遇到突发情况,更容易造成工作量陡增、累积,为了按时保质完成任务,充分发挥学生和学生干部的自我管理作用是很多辅导员的选择。但发挥学生的自我管理作用如果运用不当,反而会引发新的问题。

某年,某学院某年级开展优秀学生干部评选工作,由于名额有限,竞争十分激烈。辅导员在年级大会上宣读了评优的通知文件,特别强调了评选的要求和程序,希望评选结果公平公正、选出众望所归的优秀学生干部。学生干部们收到通知后都积极申请,为了提高效率,体现群众认可度,他们商量决定通过同学们民主投票的方式选出优秀学生干部,但在操作中发现了一些不合理的现象:一些表现一般、刚刚担任班干部不久的学生得票数竟然超过平时工作积极性非常高的"资深"班干部,在民主投票中落选的一些学生干部非常沮丧,对结果并不认同。

二、分析处理

该辅导员听说后,立刻暂停了投票推优。然后分别找各个班级的学生干部和同学们谈话了解情况。谈话之后,辅导员发现投票推优本身并不存在徇私舞弊的情况,但投票结果并不能完全反映真实情况。比如某班 W 同学得票超过 X 同学,而实际上 W 同学担任班干部仅一个月,X 同学担任班干部已经有半年时间,两人实际承担的任务量差别也很大。但由于 W 同学和 X 同学虽然同在一个班却不属于同一个专业,W 同学所在专业人数较多,因此投票时许多同专业的同学都选择把票投给更加熟悉的 W 同学。

如果按照投票结果推优,将损害 X 同学等许多同学的积极性,难以做到公平,也难以发挥评优的激励作用。因此该辅导员和 W 同学进行了沟通,希望他未来继续做好班级服务工作、积极参加评优,但这一次考虑到他担任班干部时间较短,暂不评优,把奖励给最该获得的同学,也让大家更加信任班委工作。W 同学表示完全理解,支持辅导员老师的工作。

此后,该辅导员又仔细查看了每一个班级的评优情况,认真甄别、综合考虑,而不是简单地通过投票决定。最终评选出一批优秀班干部,这个结果在公示时也得到全年级学生的一致认可。

三、反思启示

辅导员工作是高校学生工作的重要环节,关系到众多学生的切身利益和健康成长,责任重大,需要辅导员有热心、耐心、有责任心。同时辅导员工作也是一项比较繁杂的工作,很多日常工作往往时间紧任务重,既要高质量,又要高效率。加强学生自我管理是一个可行的策略,并对学生工作开展有多重收益:

1. 提升了工作效率。
2. 提高了学生责任意识。
3. 锻炼了学生综合能力。
4. 学生对管理方式接受度更高,管理效果比较好。

但如果学生自我管理做得不好、不细,就有可能适得其反。在加强学生自我管理时也有一些需要注意的情况:

1. 学生自我管理主要适用于常规工作

加强学生自我管理绝不是把工作完全交给学生而辅导员放任不管。辅导员同样需要参与,只是不以执行者的身份,而是作为指导者、监督者默默关注,适时出现进行纠偏或强化。但总的来说,学生的自我管理主要还是针对常规性、重复性的标准动作。对于一些突发的、需灵活处理的事情还需要谨慎处理。

2. 敢于放权,主动承担责任,构建宽松有序的自我管理环境

鼓励学生参与自我管理的一个重要前提是辅导员要敢于放权,把一些班级管理实务、班级管理制度的制定等权力交给学生。让学生享有充分自主权,才能根据班级实际情况灵活管理。在这个过程中,辅导员对学生好的管理动作要及时、公开地进行表扬和鼓励;对于一些需要完善改进的管理动作,最好不要公开指责和批评,而是私下单独和学生进行沟通,就事论事地提醒和建议,从而形成一个宽容、有序的自我管理氛围。

3. 规定必须严格要求、坚决执行

学生自我管理的前提必须是遵守学校的管理规范,要以学生行为规范和相关管理制度为自我管理红线,自我管理和服从学校管理不能冲突。同时,对于学生自我管理形成的规则制度,也要严格要求并执行。学生的自我管理制度一旦形成,辅导员要充分尊重、公开支持、严格要求、主动执行,为学生树立良好榜样。

4. 充分发挥学生干部在自我管理中的骨干作用

学生自我管理工作不是自动管理,需要一部分骨干学生起到带头作用。这些骨干学生以学生干部为主,也包括一部分非干部的积极学生。辅导员需要加强同这些学生的沟通交流,多了解班级情况,多给予建议,激发学生骨干的管理积极性,提升学生骨干的管理技巧。

5. 鼓励班级同学参与到班级管理事务中来,共同完善自治规则

实行学生自我管理,是希望在辅导员和一部分学生骨干的主导下,最终形成全体学生普遍认可的管理规则、纪律氛围,并共同遵守、执行,把由外力驱动的被动接受管理变成由内在驱动的主动参与管理。这不仅需要辅导员和班委主导,也需要广大同学群体积极参与。这样不仅可以依靠群策群力形成更好的自我管理路径,大家共同制定的规则也更愿意遵守执行;另一方面广大同学也成为学生干部工作的监督者,形成学生自我管理的良性闭环。

案例八十　锻炼学生干部从有效选拔干部开始

辅导员学生助理制度是许多高校学工队伍或辅导员个人会采用的一种良性制度,既可以提高辅导员老师的工作效率,又能在很大程度上锻炼和提升学生助理的综合素质,因此,每位辅导员老师都非常关注自己学生助理的选拔和培养过程,同样该项工作也普遍受到学生群体尤其是学生干部的关心。然而,许多辅导员老师在选拔和任命学生助理的过程中显

得相对简易，往往通过自己平时观察或学生表现便直接确定，虽不乏一定的合理性，但欠缺一定的有效性和科学性。

某校某学院新进一批辅导员老师，其中一位新辅导员老师虽然年轻，但其在学生助理选拔和任命过程中的做法却值得思考和借鉴。首先，该辅导员认真拟好竞选学生助理的通知，并将这一通知公布于他所带领的班级群里，留给学生3天时间进行申报，最终约有20余名学生报名竞选。其次，该辅导员考虑到自己是新老师，对他所带领的班级学生不够熟悉，在学生申报截止后主动咨询办公室同事以及班级学生群体对这些同学的看法及建议，进一步了解候选人的基本情况及平时表现。之后，该辅导员结合自身工作方式以及性格特点，组织召开竞选面试会，现场观察各位候选人的实际能力和综合素质。最后，通过多个环节对比，该辅导员选出自己满意且符合选拔要求的学生助理。在选出最合适的辅导员助理过后，该辅导员及时向全体学生进行公布，同时也结合落选者不同的性格特点及时进行安抚和鼓励。至此，参加学生助理竞选的所有候选人都得以继续保持比较积极良好的心态，不仅如此，许多落选者依然保持较高的热情积极投身到班团活动中去，甚至个别落选者主动申请担任辅导员的"无冕助手"，帮助辅导员老师解决一些问题，希望能成为辅导员老师其他工作内容的得力助手。

二、分析处理

1. 学生干部的选拔一直是学生群体普遍关心的话题，特别是辅导员学生助理这个角色，这一职位在学生群体的受重视程度不言而喻。一直以来学生干部的选拔都是需要辅导员老师格外关注的领域，一定要做到公平、公开、公正。从案例中可以看到该辅导员在拟定通知和发布通知前做了认真细致的准备工作，通知范围覆盖全体学生，从机制上确保了竞聘的公平化、透明化和结果的有效性，公布结果后还能兼顾落选学生的心理安抚和鼓励，最大程度确保了各个环节的真实、透明和稳定。

2. 许多辅导员老师在选拔学生助理时，往往只结合个人、同事及师生的意见反馈便直接确定干部人选，这样的流程和操作虽然在多数情况下是合理可行的，但案例中的辅导员所增加的面试环节无疑更为有效、科学和规范，更有利于竞选者全面地展示自己，也便于辅导员更加深入地了解候选人的综合情况，同时，通过面试环节，提供了竞选者一个展示的平台，即便落选心态也会更加坦然和轻松。避免了个别学生因落选产生心理失衡，甚至对辅导员老师和选拔机制产生怀疑的情况。

3. 该辅导员第一时间公布竞选结果，充分强化和满足了当选者的自尊心和成就感，进而对该生之后的工作产生强大的助推力，同时辅导员不忘对落选者进行及时地关心和鼓励，也体现了辅导员老师温情的一面，从而使部分落选学生能够继续保持平和积极的心态投身到班团事务当中去,也拉近了学生与老师之间的距离,这种温馨亲和的师生关系往往也会通过他们进行传播,有助于老师与学生们尽快熟悉,对辅导员老师之后工作的开展和获得学生的支持与理解是大有帮助的。

三、反思启示

通过这一案例,获得如下反思启示:

1. 辅导员作为管理学生的一线老师,在一定程度上兼顾着学生和学校双重代言人的身份,其言行举止、处事方式等都会在学生群体中产生深远影响。因此类似学生干部竞选等涉及学生切身利益的事务,一定要认真对待,避免因为粗心大意导致结果不公或失真的情况,辅导员在拟定、发布通知,组织、开展活动过程中尤其要注意流程的规范性和严谨性,使学生感受到通知或活动的公平性和透明度,从而反作用于自己的日常工作。

2. 辅导员要善于学习,善于向有先进经验的辅导员同事学习,在学习方面不论资历、不排年限。案例中的辅导员虽然年轻,但其在学生干部选拔方面却有好的做法经验,值得其他辅导员老师主动学习借鉴。每一名辅导员都要保持一种开放、包容的心态,善于学习、乐于分享,及时取长补短,总结反思,在实践中逐步形成自己的工作特色,让自己变得更加优秀。

3. 心理健康引导工作渗透在日常工作的方方面面,案例中的辅导员很好地诠释了这一点。学生干部的竞选有胜出者自然就有落选者,对胜出者要及时表扬和提醒,强化其开展工作的积极性和主动性的同时,引导其正确面对之后工作可能出现的问题,做好面对挫折的心理预期和准备;对落选者也要及时给予安慰和鼓励,淡化竞选失利的负面影响,引导落选学生正确看待成败,化被动为主动,增强其继续努力和追求进步的决心和动力,这样才能营造更加良好的师生关系。

案例八十一　激励学生常听讲座,促进科研素养提升

一、案例呈现

高校研究生参与学术讲座和学生活动积极性不高的问题,在国内高等教育环境里时有出现。就某校这些年的情况来看,有一些研究生不愿意花时间参与学术讲座和学院举办的团学活动。学术讲座和学生活动作为高校研究生学习知识和锻炼能力的重要途径,也是学

校为学生提供的重要学习资源,如果这种情况得不到改善,将会造成资源的浪费,很大程度上也影响学校人才培养的质量。

针对以上情况,某学院学生工作团队积极谋划,大胆创新,在近年来的研究生学业奖学金评比中,在加分项目里增加了参与学术讲座和学生活动内容的加分。按照评选奖学金加分规则规定:每参与一次讲座或活动加0.2分,最高可以加2分,有80%以上的同学该项加分高于1分,还有很多同学该项加分能够拿到2分。可以看出,同学们对参与学术讲座和团学活动的积极性有了很大的提高。

二、分析处理

要从源头上解决研究生缺乏参与学术讲座和团学活动的积极性的问题,就要了解当代研究生的校园学习生活现状,既要治标也要治本。一方面,和所有新时代的青年一样,使用手机、电脑等电子产品成了在校研究生打发时间的工具。从紧张忙碌的考研准备期步入相对更加自由的研究生生活后,很多学生身心得到了解放,但也随之失去了奋斗的目标和激情,容易感到迷茫。而如今发达的互联网已经成了他们生活中不可或缺的一部分,缺乏自控力的学生很容易沉迷于虚拟世界。来自老师、家长等方面的压力和束缚的不足,自控力低的学生就会把大量的时间和精力花在网络游戏或社交软件上。他们对学术讲座和校园活动的那一丝兴趣也渐渐被网络侵蚀,自然无心参加,更别说增长自身的专业知识,丰富自己的课余生活。另一方面,学术讲座内容枯燥,团学活动形式单一,难以激发大学生的兴趣。很多校园活动每年都会举办,但每年都套用往年的形式和内容,毫无新意,缺乏吸引力。再者,部分活动和讲座主办方或讲述人疲于应付,草率结束,没有花足够的精力把最好的状态呈现给大家。研究生参与了一次相关活动后觉得没有收获,便因噎废食,不再参加后续的活动或讲座。最后,有很大一部分研究生疲于应付导师布置的科研任务,日常学习生活中花了极长的时间完成科研项目,沉浸在办公室或实验室,甚至长时间外出作业,早出晚归,耗费了大量的时间和精力,身心俱疲,腾不出时间参与学术讲座和学生活动。

在学业奖学金的评分项目中加入了参与学术讲座和团学活动的加分以后,情况得到了极大的改善。一方面,部分待在宿舍沉迷娱乐消遣的同学走出了寝室,走进了教室,参与讲座和活动带来的收获给了他们动力,也渐渐了改善了他们不良的学习生活习惯。另一方面,出台了相关加分措施以后,导师们也开始对学生参与学术讲座和团学活动逐渐重视起来,主动提供相关的机会和时间,甚至有部分导师还对在活动中表现优异的学生加以奖励,极大地提高了研究生参与活动的积极性。同时,因为学院的重视,举办活动的条件得到了改善,学术讲座的水平也得到提高,促使每一次活动和讲座都更有意义、更有实效。

三、反思启示

1. 进一步改善奖学金的评比体制，优化加分方案，将奖学金的评比做到更加公平和全面

比如细化参与活动获得不同层次奖励的加分区别，简化参与讲座的签到流程，因为每一次讲座都是有名额限制的，如何让每一位同学都能参与并达到足够的次数是需要考虑的问题。在这一方面，可以提前掌握某次讲座的报名人数，选择大小合适的场地以满足尽量多的同学参加学术讲座的要求。

2. 要帮助学生走出虚拟世界，树立信心积极参与，提升自身能力

通常沉迷网络的大学生容易感到空虚与迷茫，因此，一份实用的职业生涯规划对于学生的成长是非常有必要的。作为高等学历的研究生，自身也应该树立起信心，进行积极的心理暗示，走出寝室，尝试多参加一些对自身发展有益的活动，不断提升自己的综合能力。如果学生感到迷茫，与更有经验的学长学姐或老师交流沟通，寻求相关意见也是一个很好的方式。通过参与丰富多彩的活动了解自身的优势与劣势，在一个个活动中使自身能力不断提高。当学生从某些活动中获得了一些成就或信心后，下一次有类似的活动他就有更大的自信和兴趣参加，这也是为什么有些学生一个活动也不愿参加，而有的学生越来越喜欢参加活动。

3. 着力举办高质量的学术讲座和团学活动吸引学生参加

活动形式单一、内容俗套是很多校园活动的通病，年复一年地套用往年的活动形式，缺乏创新，导致活动越来越没有吸引力，甚至举办一个活动成了应付或刷存在感的任务。作为活动的组织者，应首先端正心态，有强烈的责任感，尽力去创新，着力策划高质量的活动，把最好的活动呈现给参与者。每次活动结束后做好总结工作，好的地方可以继续传承，不好的方面下一次也要尽力改进。大学是一个开放的地方，高校之间也可以加强交流，互相学习，取长补短，为校园的精品活动献计献策。学校还可以广泛向学生征求意见，站在学生的角度不断改进管理体制，办学生需要的学术讲座和团学活动。一方面，可以向学生咨询，以投票或者建议的方式，在可行的情况下邀请同学们最想当面学习的学术大咖或者知名嘉宾；另一方面，学术讲座和校园活动的开展离不开学校对资金、场地等物资的支持，参加人数较多的活动学校可以多支持活动资金，提供更大的场地和更多的设施。

4. 进一步健全导师和学生的交流体制，改善导师和学生之间的关系

让导师在激励学生参与学术讲座和团学活动中起到促进作用。得到导师的支持研究生们也一定会有一个绚丽多彩的校园生活，学习到更丰富的知识。

案例八十二　网贷之伤，磁力附体难回头

一、案例呈现

K同学为某高校大二学生，家庭情况特殊，其母在其年幼时离家出走，杳无音信，其父外出打工多年已失去联络，K同学与奶奶相依为命，其奶奶年事已高，基本无劳动能力，K同学仅凭每月微薄的低保艰难度日。面对家庭特殊情况以及经济方面的压力，K同学没有气馁，在课余时间通过做兼职维持生活必要开支，兼职收入主要来源于送外卖、发传单、看店等，但收入不稳定，使K同学经常面临较大的经济压力。然而这种情况发生后，K同学亲属也并未伸出援手，无奈之下，K同学选择以网贷缓解经济压力，虽然他也深知网贷的危害，但实属无奈。好在K同学在寻求网贷公司借贷时，都多留了一份心眼，选择相对正规的，而且他借贷的金额不高，最多几千元。最初，K同学仅向一家网贷机构借贷，通过自己多方兼职，能按期偿还本息。但没有料到的是，网贷就像具有磁力的无底深渊，有了第一次借贷经历，就会继续后面的若干次借贷，最终在半年之内，K同学共向6家网贷机构进行了借贷，本金总金额约为两万元，每月还本付息面临巨大压力，虽然他已经很努力兼职，但杯水车薪，他渐渐感到无力支撑。屋漏偏逢连夜雨，K同学由于长期兼职，学习方面自然落下很多，而为了满足兼职需要，在大二第一学期的期末考试中，K同学又有五门课程缺考，加上其他未及格的课程，总计有八门课程之多，不合格学分达高到33分，已经达到退学的条件。K同学不甘心就这样放弃学业，于是申请了降级试读。根据相关要求，降级试读的一年间，若修够之前不合格课程的规定学分，可以解除试读转为正常学习，但迫于偿还网贷本息的压力，K同学不得不继续寻求兼职，并不能将主要精力放在课程学习上，但即便他努力兼职，如期偿还网贷本息的压力丝毫未减。某日，K同学思前想后，终于鼓起勇气拨通了辅导员的电话寻求帮助，辅导员立刻要求与K同学面谈。通过半天的谈心交流，辅导员对K同学的际遇深表同情，表示在职责和能力范围内尽力协助K同学处理好学业及网贷方面的问题。

二、分析处理

K同学所面临的问题有学业和网贷两个方面，并且相互作用相互影响，由于其家庭情况特殊，无法从家庭及亲属方面获得经济上的支持，不得不通过兼职补贴家用，维持必要的生

活开支,而作为一名在读大学生,通过兼职所得收入也不高,经济方面的困难仍然存在,且短时间内不能消除,通过家庭经济困难认定获得国家助学金,可以得到一定的帮助,但鉴于K同学与其年事已高奶奶相依为命,开支仍面临一定缺口,在这种情况下,虽知网贷有危害,但无奈之下他仍然尝试了网贷,并且一发不可收拾,陷入了网贷泥潭。这种情况直接导致了他的成绩一落千丈,好在还有降级试读的机会,但学业上的困扰和压力大,学习进度落下太多,要补起来必须将重心放在学习上,但他目前面临的实际问题又导致了补课难度较大。各方面问题交叉,要妥善解决,需要各个击破,科学合理地制定解决方案。

针对K同学家庭实际情况、偿还网贷本息压力以及学业方面的困难,辅导员通过与K同学促膝长谈,提出了三点建议:一是务必停止新增网贷,在力所能及的范围内对存量网贷进行消化,避免在网贷的道路上越陷越深,及时止损;二是在兼职和学习上作出平衡,不仅是要充分意识到降级试读期间学业的重要性,更要积极付诸行动,将重心放在学业上,珍惜仅此一次的机会,不为今后的人生留下遗憾;三是如实向学校反映学生所面临的具体问题,寻求学校帮助。针对辅导员的建议,K同学表示了充分认可与接受,并愿意正视问题,着手解决,及时使学习和生活步入正轨,以学业为重,努力完成学业。

三、反思启示

逆境更能磨炼人的意志,遇到逆境不可怕,关键是用怎样的态度面对逆境。在困难面前犹豫不决、畏首畏尾,只会任由困难所摆布,而逐渐消磨意志,失去战胜困难的勇气与信心。正视困难,冷静思考,科学分析,将意志付诸行动,也许过程很煎熬,但至少在战斗,点滴的获得将会带来最后的胜利。以K同学为例,对于K同学所面临的特殊情况,除了提出科学合理的解决方案外,更重要的是帮助K同学树立信心与勇气,K同学家庭的特殊情况,使其更加独立坚强,但这种情况下的独立让人心酸,从其内心而言,他希望自己能够在困难面前有所依靠和庇护,让自己不那么独立,所以此时解决问题的信心和勇气显得尤为重要,让其深刻感受到自己并不是一个人在战斗,外部的温暖和鼓励能使其更加坚强。因此,持续的正向鼓励和激励以及正能量的不断输入显得尤为重要。大学生在校学习期间,总有遇到学业、情感、社交、家庭等不同方面困难的时候,只是困难的类型、影响程度、持续时间等有所不同,解决这些困难,内因是关键因素,内心强大,才能赋予自己解决问题的能量,外因是重要影响因素,周围环境若能起到积极作用,则会促进问题的解决。在帮助大学生处理相关问题的过程中,辅导员要付出足够的耐心,走进学生内心,发挥主观能动性,内外结合,发挥积极帮扶作用。

案例八十三　学生工作无小事

一、案例呈现

Y同学，男，平时表现中规中矩，和辅导员接触较少，对集体活动和荣誉也不太在意，到了大四面临毕业就业时，该同学报名参加"西部计划"，在网上提交申请的过程中遇到照片审核不通过的情况，他很着急地通过网络联系辅导员，问是否可以帮忙解决。刚开始，该生辅导员判断这是一个技术问题，可以自行联系报名系统的主管单位解决。当天晚上10点，Y同学再次电话联系辅导员，反映平台客服没有回复，也联系不到任何单位，由于报名时间比较紧迫，他担心如果再解决不了，很可能会影响就业，希望辅导员一定帮他想想办法。第二天上午学生再次找到辅导员，非常着急，因为还有几个小时报名就要截止了。考虑到就业是关乎学生本人和家庭切身利益的问题，辅导员登录网站了解了报名流程，确实没有找到在线解决的方法，随后又联系了团委的同事，了解是否有其他报名同学出现类似问题，通过团委了解到确实有类似的情况，于是通过团委联系到学校教务处，跟教务处老师沟通后得知学生上传的照片和学籍系统照片出入较大，导致审核不通过，最后通过协调"西部计划"报名项目办解决了该问题。学生成功报名后非常激动，表示感谢，最终学生如愿通过了该项目的审核，在后来的相处中，辅导员通知和要求参加的活动，Y同学都积极参与，在毕业时还专门到办公室和辅导员道别，表示感谢，自己也很开心能到心仪的工作单位去锻炼。

二、分析处理

事情解决后，辅导员认识到Y同学在处理问题时的方法和态度都有待完善，于是从以下几个方面给他提了建议：

1. 分析研判事情的轻重缓急

当辅导员反复问Y同学什么时候得知这个报名，又是从什么时候开始准备报名相关事宜，是否知道报名截止时间，对报名程序是否清楚时。Y同学的回答是早就得知，但一直没有认真学习文件并提前准备，临近截止日期了才想到未通过审核。辅导员便趁机引导，重要的事情要优先处理、提前处理，既然知道重要性还不放在心上认真准备，那是对自己不负责任的表现，由于自己的时间安排不合理，在非工作时间联系老师，也是没有照顾他人感受的不成熟表现,希望他未来到新的工作岗位上,在遇到问题时能对事情的轻重缓急做到心中有数。

2. 积极主动联系主管部门,坚持不懈,努力寻找解决问题的办法

指导Y同学学会看文件,读要求。既然是系统报名,如遇到问题第一时间就该通过网上平台联系后台客服,了解提交不成功的原因,另外,通过报名通知上的联系方式也可以联系到主管部门,简单沟通之后也就解决问题,这些都是处理问题的常规思路,而不是等遇到问题时手忙脚乱、不知所措。

三、反思启示

日常事务管理作为辅导员九大基本职责之一,从开展入学教育到毕业生教育、军训、奖贷困补、勤工助学等,围绕学生学习生活的方方面面,成为辅导员日常工作中很重要的内容。由于工作的范围广、事务杂、持续时间较长,相较于学生的心理健康建设和突发事件处理,日常事务管理没有明显的系统性、专业性和紧迫性,也容易被忽视或者做惯性处理。

然而,日常事务管理过程是服务和引导学生的最好时机。如何做到通过解决一个问题,打开一扇心门,感动一个灵魂?如何在平凡而琐碎的日常事务工作中做到灵活创新处理,在帮助学生解决实际困难的同时起到润物细无声的育人效果,开辟出一条有效的大学生思想政治教育途径,需要更多的思考。

"这学期什么时候放假?""老师,教学办在哪个地方?""老师,教《理论力学》老师的联系方式你有吗?"辅导员在日常工作中会经常遇到类似简单的提问,然而,学生工作无小事,思想政治工作必须围绕学生、关照学生、服务学生。这些看似不大的琐事,在学生心里也许就是大事。解决好了,学生必定心存感激,日积月累,在学生心中的认可度自然提升。问题解决了,学生从心里对辅导员认可了,再谈思想引领,再教给学生处理类似问题的思路和途径就容易很多。

事情虽小,但具有代表性和典型性,能否及时妥善处理,解决根本问题,是对辅导员工作能力的考验,也会对学生产生重大影响。如何做到把看似普通的日常事务管理变成大学生思想政治工作的创新途径,可以从以下几个方面入手:

1. 制定常规事务处理的基本制度和流程,组织学生集中学习,特别适用于新生和有学生交接的辅导员。规范的办事流程不仅可以提高办事效率,也会给学生公正透明的感觉,预防攀关系、讲义气的风气形成,使学生对辅导员产生负面情绪,进而影响日常思想政治教育的效果。

2. 转变观念,对学生多一些耐心、信心和爱心。当学生提出常规制度和流程解决不了的问题时,需要辅导员多理解多宽容,仔细研判可能的解决方案,并主动帮学生协调处理。当学生提出的要求看似不合理,甚至有些强人所难时,需要辅导员更有耐心,换位思考,学生为什么会提出这样的要求?是不是学生确实急需解决这个问题,但又找不到别的办法?或者他已经找了相关部门,没办法解决,想到辅导员是可以信任的人,相信辅导员会帮他想办法?多一点耐心,多想想学生对自己的信任,就多一点再想办法的动力。同时,越是难以解决的问题,越是需要更多的努力和付出,而学生也能从这个过程中感受到辅导员为此付出的努力和关心,自然也会对辅导员心存更多感谢,一个良好的沟通渠道就建立了,而这位学生在日后的常规思想教育过程中,会更容易接受辅导员传递的信息并被她的话语和行为所影响。

综上,如何在平凡的日常事务管理中做到创新思想政治教育途径,这需要辅导员们不忘初心,倦怠的时候想想选择这份职业的初衷;拥有一颗大爱的心对待学生,他们虽已成年,却是这个社会的孩子,被孩子们依赖,是幸福,不是负担;用耐心去培养他们的责任心,做到孜孜不倦,不要认为任何要求说一遍学生就能理解并接受。如果人人都能做到军人一般的执行力,那辅导员的思想政治教育工作就失去了发挥作用的阵地。最后怀有满满的信心,相信学生能够不断成熟成长,相信辅导员是支持学生转变的重要力量,哪怕只是一个小小的习惯和思维方式。

案例八十四　如何缓解紧张的师生关系

某年3月,按照规定,某级硕士研究生已完成开题答辩工作,辅导员找到学院负责学位工作的老师了解情况,得知Z同学通过学院分小组开题报告答辩,但未提交相关材料至学院审查。该生辅导员又找到Z同学了解情况,原来他提交开题报告给导师审核签字时,导师认为该课题研究难度较大,建议更换研究内容。他们交流时大多是导师在阐述个人意见,学生并无积极响应,导师向学院反映该生能力不足,建议不予通过其开题报告;而学生则向学院反映导师对他不够重视,认可度低,要求换导师。

刚开始面对导师的严厉批评,Z同学并没有抗拒和抵触,他认为这是导师的关心,但是随着批评和打击次数的增加,他们逐渐产生了隔阂、不和谐、不融洽、甚至不交流。他总是担心、恐惧、烦躁,害怕被叫去交流,尽管内心有主动交流的想法,但始终没有踏出这一步。随着负面情绪不断累积,Z同学每天过得特别压抑,凡是遇到涉及导师的事情时,就会害怕,学习也受到很大的影响,畏首畏尾,生怕被导师"灵魂拷问"。尽管花了大量时间看论文,但常常是走马观花，论文涉及的知识点又多又难，在短时间内很难全部弄清楚，而且他没有关注到研究问题的重点，走偏了方向，导致心里越来越恐惧、焦虑、烦躁，认为自己什么都做不好。

二、案例分析

造成上述现象的原因有如下几点：

1. 每次交流讨论时，导师认为Z同学懒惰，不努力学习，没把心思花在学业上，并严厉地批评他；但Z同学自身能力欠缺，达不到导师的要求，被严厉批评后大受打击，逐渐拒绝和导师沟通交流，抵触情绪日益严重，双方的误解逐渐加深，最终导致师生关系紧张。

2. 由于该导师是校外兼职导师，在同年级中仅有其一个学生，因此，Z同学缺乏与同伴分享交流和讨论学习情况的机会。而作为导师，关注点只集于在Z同学身上，关注越多越希望其优秀，但是结果却事与愿违，学生的学习效果不理想，导师"恨铁不成钢"，用严厉的言语表达对学生科研成果、学习成果的不满。

3. 通常研究生导师与学生之间年龄差距较大，在人生观、价值观上存在较大差异和代沟。导师当年考入大学十分不易，付出了巨大的努力，优中选优，而自身的优秀导致他对学生抱有极大期望，要求非常严格。但随着大学生和研究生的扩招，学生自身能力水平有所下降，也缺乏吃苦耐劳的精神。

追根溯源，这是人与人之间的沟通问题。师生间的沟通既有普通人际交往的特点，又有其特殊性，主动权主要掌握在导师手中。导师对学生的培养计划安排、论文写作方向与具体的实验指导、学术论文、答辩情况等关键环节，都有非常重要的决定权。学生对导师是尊重，甚至是敬畏的，不敢与导师说出内心真实的想法。导师和研究生的关系一旦不和谐，研究生的心理压力会非常大，长期处于这种状态中，研究生的心理健康会出现问题。

三、反思启示

1. 辅导员与导师加强交流、协调，建立师生和谐关系

导师对学生严格要求理所当然，但是不能一味地严厉，需要耐心、爱心，需要倾听研究生同学的心声，真正地解决问题，不能简单粗暴地只看研究成果。导师应用自身的科研精神和人格魅力感染学生，帮助低年级研究生尽快适应科研学习生活。学生只有体验到成功的快乐，才能进一步激发求知的力量，建立科研工作的信心。

辅导员平常加强与导师的交流，了解导师、学生的关系相处情况，协调两者关系，最终建立和谐的人际关系，导师可以根据学生的实际情况因材施教，不能都以最高标准来要求所有学生，及时调整培养策略。

2. 辅导员加强研究生教育引导

研究生是成年人,知识面广,成熟理智,是主观能动性很强的群体,具备良好的自我教育能力。辅导员加强教育引导,让研究生注重提高自我管理、调节情绪的能力,提升心理调适能力,让研究生同学更有韧性,克服更多困难,掌握心理调适的正确方法是保持积极、正面、阳光的心态。研究生同学遇到科研难题时,要学会放松,可通过体育锻炼或其他健康的方式排解不良情绪。其次,如果研究生通过自我调节还是无法克服这些不良情绪,需及时向学院、学校有关部门和辅导员反映,详细说明自己近期焦虑和精神压力大的情况和原因,咨询解决的办法,分析是由哪些因素造成,是否可以继续学习,是否需要休学调整。

3. 辅导员工作思路

在该案例中,由于导师和研究生之间长期处于不见面、不交流、不沟通的状态,两人之间产生了难以消除的隔阂。辅导员老师作为在校研究生的思想引导者和心理疏导者,在该同学反映相关问题之后,及时与该同学进行沟通交流,调节学生心理、平复学生情绪。此外辅导员老师也作为研究生与导师的桥梁,将相关问题客观公正并及时地反映给该生导师,以期和研究生导师一道,对该生面临的问题进行妥善解决。

通过本案例可以看出,辅导员老师在协调过程中应尽可能地耐心、细心,同时要做好应对其他状况的准备,若出现不可抗力或突发情况,需要及时向学校、学院各相关领导汇报。

学校要重视研究生教育,建立起研究生成长成才的关心帮扶机制。学校、学院老师(心理咨询中心工作人员、学院辅导员)、导师、学生三方面加强沟通,各司其职,协调解决导师和学生沟通中存在的问题,共同促进学生成长成才。

学校要建立研究生退出机制,对于不适合参与研究生教育的学生,经过教育后仍然达不到导师要求时,可予以延期毕业,延期仍然达不到要求、在规定的学制年限内仍然没有达到毕业条件的,应做退学处理。

第十篇
疫情防控期间学生管理篇

疫情防控期间的学生管理教育工作除了以上九个篇章的常规工作以外,在高校学生教育管理工作中仍面临着极大的考验与挑战。许多发生在常规时间的普通问题在特殊时期下难以及时有效处理,同时,学生居家时期对其开展教育活动也遇到一系列新的问题。学生工作的特点就是与时俱进,要结合时代和环境的变化及时调整,不仅要创新工作方式方法,还依靠工作经验和日常积累,既有创新亮点,又有扎实基础,才能有效应对疫情考验。最后,辅导员要通过疫情防控期间暴露出的问题及时反思,加强剖析和总结,以利于更好地开展工作。

案例八十五　疫情期间困扰多，疏导情绪理思绪

一、案例呈现

C同学，男，某学院大四学生，学习成绩中等，遵守纪律，各方面表现一般，在班级里属于默默无闻的一类，不经常与老师沟通，但性格也不算太内向，有几个关系比较好的同学，在校期间心理状况良好，各类心理量表测试也无特别需要注意的异常情况。作为大四毕业生，C同学还没有签工作，但在上学期的校园招聘会上有两三家单位都有意向和他签协议，只是他仍在犹豫。

2020年的寒假很特殊，受疫情影响，大多数人都在家隔离，各高校也三令五申不允许学生提前返校，于是大学生们只能长期待在家里和父母一起生活。期间，C同学曾多次通过QQ向辅导员询问开学时间及返校事宜，得知开学时间尚未明确还需要等候通知，他非常失望。辅导员敏锐地察觉到异常，便在网上与C同学交流近期的学习生活。C同学的态度很消极，与辅导员的对话也很敷衍，辅导员感受到时机还未成熟，也并不强求，过了两三天再找C同学聊天，仍无进展。当辅导员第三次主动联系C同学时，他表示学校再不开学他就要疯了，在家里也待不下去了，又不能出去，感觉自己被困住了，什么都做不成，又看不到希望，非常烦躁。随着辅导员积极地回应和倾听，C同学慢慢地把他近期的情况说了出来，疫情期间C同学在家与父母长期相处产生了很多矛盾，原本可以宣泄的不良情绪由于疫情找不到发泄方式全都堆积起来。打开新闻媒体看到的都是消极氛围也感染了他，他觉得生命很脆弱也很渺小。自己上学期挂科的课程因为没开学不能补考，可能影响毕业。目前工作也没有落实，而就业形势更加严峻。他觉得自己一事无成，而父母在家整天地唠叨又充满控制欲，让他觉得完全没有自由，心情不好，状态消极，熬夜晚起，不良的生活习惯和状态又被家长"教育"……

二、分析处理

了解完C同学目前的生活状况和心理状态后，辅导员判断这是特殊时期引发的关于生命价值、情绪管理、家庭关系处理等方面的问题，于是采取以下做法：

1. 化零为整，帮助他梳理归纳主要问题

C同学在QQ里的聊天内容很分散，零散琐碎，大部分都是在描述自己郁闷悲观的心

情,辅导员一边倾听一边整理思路,待他把情绪都表达出来后,和他一起把内容分块整理。"所以,我们一起来看看目前让你感到郁闷的几个主要方面。"辅导员引导他暂时抛开情绪,冷静下来就事论事地思考。经过分析总结,C同学自己概括出以下几个方面:一是疫情引发他对生命脆弱的感慨,二是开学延后担心不能补考影响毕业,三是与父母长期相处矛盾突出,四是工作还没确定感觉未来没有着落,五是在家隔离不利于情绪宣泄。

2. 各个击破,帮助他正确看待困扰他的难题

根据之前归纳的5个让他困扰的难题,辅导员耐心地和他逐一探讨,以启发式提问引导他正确认识问题。

第一个问题,生命是脆弱的,个体是渺小的,我们每一个人都只是一个普通人,这是我们必须接受的无奈,但普通人的价值远远超过我们自己的想象。而且,普通的我们并不是一个孤独的存在,在生死时刻,都是普通人救了普通人,一位位普通的医生、志愿者、捐赠者、施工者坚持在没有硝烟的战"疫"前线与病毒作斗争。团结起来的普通人有着伟大的精神力量,这是人性的光辉,也是普通人的价值。

第二个问题是关于学业的,如果上学期C同学挂的那科补考能通过,并且完成毕业设计和实习,那他就能顺利毕业,但开学时间没定,他担心计划受到影响。其实这件事更多的是听从学校的安排,什么时候开学,以什么方式组织实习,什么时候补考,而他现在能做的就是好好复习准备补考,多和毕业设计指导老师沟通,按时完成毕业设计。过多地担心未发生的事或自己控制不了的事只能徒增烦恼,不如把精力花在自己能做好的事情上,为时机成熟时的行动做好准备。而一旦行动起来不仅能把自己的精力放在具体工作中,而且能减少内心的焦虑,让自己更有信心面对未来。

第三个问题是关于家庭关系的,虽然每个家庭的具体情况不同,家庭氛围差异很大,但成年孩子与父母长期相处确实会引发一些矛盾,加上疫情期间在家隔离,心情焦虑,对他人的容忍度也会下降。而C同学的问题是个体追求独立自由与父母的控制管理之间的矛盾,这个问题一时半会是不能解决的,只能随着他年龄、能力和阅历的增长,慢慢理解,学会从容应对,而目前辅导员只能教给他一些与父母沟通的方法,促进他们之间真诚的交流。首先,要尊重理解父母,避免在情绪激动时发生正面冲突;其次,平和地表达自己的想法和需求,还有内心的感受;再次,承担自己应该承担的责任,证明自己有能力独立照顾自己,让家人放心;最后,求同存异,对于两代人观念上的差距不要强迫父母改变。除此之外,辅导员还主动联系C同学的家长,告知他们C同学最近的心理状态和思想困惑,请他们多理解、关心他,帮助他解决实际问题,并且加强交流,共同努力,帮助他平稳度过这个阶段。

第四个问题其实也不是大问题,C同学所学的专业比较好就业,而且目前也有几家有签约意向的单位,他可以和家人商量对比后签约,也可以再继续寻找更心仪的单位。关键问题是在没有决定以前有些迷茫,担心选错,辅导员关于职业抉择的建议是,没有对的选择,而是努力让选择变得正确,所以等他一旦决定后这个问题也就迎刃而解了。

第五个问题是关于情绪宣泄的方法,疫情期间在家隔离,大学生常用的解压方式(运动、找朋友倾诉、吃东西等)都派不上用场,可以调整生活状态,尝试新的解压方式,比如发展一项兴趣爱好,读书、看电影、学厨艺等,热爱生活、积极向上的生活方式本身就是保持健康心态的方法。

3. 授人以渔,帮助学生掌握分析处理问题的方法

把以上5个问题都分析完后,C同学的困扰几乎都解决了,他也轻松了下来,这时辅导员告诉他,如果以后心情不好、迷茫困惑时,也可以这样:首先把情绪放一边,冷静地归纳主要问题,再思考这些问题能不能通过自己的努力解决,如果不能,那现在能做些什么准备,如果可以解决,需要掌握哪些方法去做,等事情全部梳理后,就会发现事情其实没有自己想象中的杂乱、繁复、压力巨大,任何问题都能找到很多种方法应对,关键是要有不被情绪左右、清醒冷静的头脑。

4. 由点及面,帮助更多同学学会思考总结

解决了C同学的困扰后,辅导员想到C同学所反映的问题可能也是很多同学正面临的,于是,辅导员利用网络会议的形式召开了疫情期间的主题班会,针对特殊时期可能引发同学们情绪波动的生命观、价值观、责任感、人际关系问题和大家交流探讨,同时也积极宣传心理健康知识,给予同学们更多的关心和支持。

三、反思启示

1. C同学在校期间的心理状态良好,而疫情期间产生了较大波动,对于原本心理素质较差的同学在特殊情况下更应该被重视,辅导员应主动联系这些同学,了解他们的心理动态,并且积极与家长沟通,确保及时、全面掌握信息。

2. 通过网络谈心谈话和进行面对面交流的心理疏导不同,学生的状态更隐蔽,同时也掌握一定的交流主动权,在未完全建立信任关系前他可能逃避交流,因此,需要辅导员更耐心、更主动地介入,同时,也要把握好度,适可而止。

3. 疫情期间是特殊时期,学生的心理状态出现波动可能是由于疫情本身、学业问题、就业问题、感情问题、人际关系问题等等多个因素共同作用引起的,而在家隔离的环境不利于情绪的宣泄,如果出现问题,学生可能第一时间不会与辅导员联系,因此平时建立良好的家校联系显得尤为重要,同时,在日常管理教育中,辅导员应加强学生分析和解决问题的能力、情绪调节能力及自我管理能力的培养。

案例八十六　一句牢骚，变成全民谴责的焦点

Q同学，男，性格较为内向，与同学交流不多，也很少积极主动参加集体活动，课余时间喜欢打游戏。该生自入校以来无违反校纪校规的行为，成绩在本专业排名中等偏上。

2020年4月4日上午，正值全国人民停止公共娱乐活动，深切哀悼在抗击新冠肺炎疫情斗争中牺牲的烈士和逝世的同胞之时，Q同学因不能正常打游戏，在某平台上发表偏激、不当言论。Q同学的举动和言论，在平台上引发了广泛的关注并引起了公众愤慨。短短十几分钟，已有许多学生跟帖评论，对Q同学的行径予以谴责，其中不乏一些侮辱性语言，还有同学对Q同学进行"人肉搜索"，曝光了他的宿舍号。Q同学意识到事态严重之后，选择了消极回避的处置方式，既不删帖，也不再查看回帖消息。学校信息管理部门在发现这一情况后，迅速报告了学校相关部门，并联系Q同学所在学院的领导和辅导员及时进行处理。

1. 事件分析

基于Q同学的平时表现，并深入了解Q同学发帖时的想法之后，辅导员可以认定Q同学的行为属临时起意，并非计划性蓄意发泄。在举国哀悼之时，Q同学的偏激、不当言论引起了同学们的强烈愤慨。虽然Q同学已删除帖子，但有同学将Q同学的帖子在QQ空间、微信朋友圈以及新浪微博进行转载传播，引起了社会上较大的关注，并出现了任意曲解、过分夸大等情况，从而成为一个较为重大的舆情事件。

2. 事件处理

事情紧急且影响较大，学校和学院立即从不同层面入手，开展应急处置。

学院层面，主要领导和分管领导安排工作人员收集学生的资料、梳理事件的过程和关键时间节点，并对学院处理事件的情况进行详细记录。辅导员第一时间联系学生删除帖子，了解学生发帖的动机，以及学生在看到大量回帖之后的想法，并及时和学生家长取得联系，沟通学生的情况，叮嘱家长密切关注学生的动态。

辅导员通过和学生的交流沟通，发现学生心理压力非常大，主要担心两个方面的问题：

第一,担心返校之后的人身安全和人际关系。Q同学发帖之后,看了一部分跟帖,其中不乏侮辱和谩骂的语言,还有些提到返校后要到宿舍找他。这给了Q同学造成很大的精神压力。Q同学也意识到自己的不当言论给同学们造成的情感伤害,担心返校后熟悉的同学们对自己另眼相看、孤立、排斥自己。第二,担心学校给予的纪律处分,会直接影响自己的考研计划和人生前途。学生手册中针对学生发布不当、不实言论造成恶劣影响的情况,有相关的处罚规定,但是,处罚类型自学院严重警告直至留校察看,跨度较大。判定处罚类型,取决于事件的严重程度,但对于事件严重程度的认定,则缺乏明确的规定,较为模糊。这种不确定性导致了Q同学的过分担忧和恐惧,他甚至担心自己因为受处分无法参加研究生入学考试。

针对Q同学发帖之后的身心状态,辅导员首先对Q同学进行了严厉的批评教育。通过事件梳理和解读,使Q同学深刻地认识到自己的错误,并认识到自己的偏激、不当言论造成的恶劣影响。Q同学表示真诚悔过、道歉,愿意接受学校的处罚,并撰写了检讨书。在批评教育之后,针对Q同学担心的问题,辅导员和他进行了深入的交流。辅导员分析了问题的实质和关键,以及解决的方式、方法,逐步打消了Q同学的疑虑,并极大地减轻了Q同学的心理压力。

学校层面,学校主要领导和相关部门负责人及时开会部署工作,采取有效措施,成功地化解了此次舆情事件。本着批评和教育相结合、关心学生成长成才的原则,学校最终给予Q同学相应的纪律处分。

三、反思启示

1. 疫情期间,更要强化纪律教育,倡导网络文明

受疫情影响,自2月初至4月初,绝大多数学生一直在家隔离,从未外出。一方面,脱离了校园生活环境,部分学生纪律意识逐渐淡化;另一方面,长时间待在固定、狭小、封闭的空间,部分学生产生了焦躁、抑郁等情绪,这些情绪极易导致学生的认知和言行出现偏差。由于环境隔绝的因素,学生群体的认知和言行偏差,往往会在网络上以不实消息、不当言论、不文明用语等形式表现出来。

这就需要辅导员通过年级会议、主题班会等形式,结合相关案例,切实做好法制和校纪校规教育,强化纪律意识,倡导网络文明,督促学生时刻绷紧纪律之弦,时刻将网络文明放心间。

2. 疫情期间,更要注重工作实效

疫情一方面冲击了传统的教育、教学模式,另一方面也推动了现代信息化教学手段的广泛应用。在线教育优点突出,缺点也同样明显。缺少了现场面对面的交流,不免造成信息在

传递过程中效果的严重衰减,交流的成效也会随之大打折扣。

思想政治教育工作一方面要适应新形势,积极使用现代信息手段;另一方面,基于现代信息技术的缺点,不能简单、机械地将以往线下的教育活动搬到线上,而更应思考创新方式、方法,更要关注工作实效。

辅导员要围绕高校思想政治教育的目标,精心组织教育内容、合理设置教育环节,做到宣讲与自学相结合,理论学习与实践探究相结合,输入与输出相结合。让学生来讲、来写,真正激发学生的积极性和主观能动性。通过学生在思想政治教育活动中的角色调整,最大限度地弥补线上教育的缺陷,保障思想政治教育的效果。

案例八十七　疫情阻不断工作,远程心与心相连

一、案例呈现

为做好新冠肺炎疫情防控,坚决防止疫情在校园蔓延,教学实现"停课不停教不停学",学生管理实现"不断档不缺位",辅导员要严格按照学校要求逐步落实学生思想政治教育引领、疫情防控知识教育、复学返校安全教育等,确保学生无感染,将风险降到最低。在开展学生教育管理工作过程中,学生们通过QQ、微信、手机咨询"什么时候返校?能不能提前返校?返校是否需要做核酸检测?健康状况如何填报?健康状况填报错误怎么办?本学期课程怎么上?没有教材怎么处理?考研复试如何开展?是否有单位来校进行线下招聘?课程考试怎么安排?任课教师怎么讲课?上学期补考如何开展?图书馆是否开放?重修课程如何选?复学休学手续如何办理?住宿费是否要退?网费是否要退?返校后是否发放口罩?返校后学习校园是否封闭?什么时候放假?下学期什么时候开学?"等疫情防控不同阶段的问题,了解最新的疫情防控要求和政策规定,便于提前做好下一段工作计划或打算。辅导员及时汇总相关信息,并将学生关注的问题分成"疫情防控政策、教学工作安排、招生就业、日常生活、学科竞赛"等模块分别向学工部、疫情防控办、教学办、招生就业处、研究生院、安管处、后勤等职能部门一一反馈。根据学生反馈,学校相关部门及时公开疫情防控期间工作联系方式、发布疫情防控期间教学安排以及复学通知、各职能部门及时发布本部门疫情防控期间要求和工作内容等,帮助学生解答疑惑,以免给学生造成心理压力,提高了学生教育管理质量。

二、分析处理

新冠肺炎病毒传染性强、潜伏期长、种类新,给公共卫生安全治理体系带来严峻挑战,尤其给高校学生教育管理工作带来了前所未有的困难。尽管经历过2003年"非典",国家通过完善公共卫生管理体系、成立应急管理部等举措应对公共卫生突发事件。然而,新冠肺炎疫情影响了全球从学前教育到高等教育各个教育阶段,影响到近15.39亿学生,189个国家实施关闭校园政策,影响大,波及范围广。在此背景下,我国实施"停教不停学""一校一策复学"等系列政策,探索式开展"线上教学""远程管理"。学校按照上级部门要求,制定疫情防控学生教育管理工作方案、疫情防控教学工作方案、疫情防控日常生活工作方案等。最终,疫情没有阻断工作开展,远程开展师生心与心沟通,共同打赢疫情防控的人民战争、总体战、阻击战。师生主要借助媒体工具进行远程咨询沟通交流,有序开展疫情防控期间的学生教育管理工作、教育教学工作、日常生活等,确保返校学生安全,让未返校学生安心。

三、反思启示

新冠肺炎疫情给高校教育管理工作带来诸多困难和挑战,但依据上级疫情防控文件精神,结合学校实际,制定"一校一策疫情防控高校教育管理工作方案",确保校园安全稳定,无疫情蔓延。

然而,学生量大,学生诉求不同,学校政策公开和发布时间节点不同,工作要求不同,工作分工部门不同,不同职能部门工作效率各异,存在学生诉求不能及时反馈等现象,以至于工作效率降低,也造成师生关系紧张。为避免师生间产生误会,高校应从提高治理效率和发挥治理能力角度出发,以"全校一盘棋""以师生为本""管理人员、专任教师、学生全员参与"的思维开展疫情期间的学生教育管理工作。具体路径在于:

1. 高校管理部门体现初心使命和责任担当,及时公开学生教育管理信息

根据不同阶段疫情防控要求,按照上级教育主管部门要求和高等教育规律办事,体现出高校管理部门的使命责任担当,主动思考全校师生的诉求,及时公开"学校复课方式、学生返校要求、校园管理规定"等教育管理信息,便于学生及时应对。

2. 畅通学生诉求信息渠道,鼓励学生积极沟通

新冠肺炎疫情期间,全面居家生活、生活的单调性和诉求的无应性,给学生带来心理压力和情绪波动。为及时反馈学生诉求,高校学生教育管理部门应通过微信公众号、官方网站、辅导员工作媒体平台等及时发布学生诉求相关信息,做到信息公开透明,让学生有诉求能找到人反映,能得到积极反馈,能获得满意答案。另外,要创新工作方式,鼓励学生主动与辅导员、任课教师、管理人员沟通，提高教师服务意识。

3. 发挥信息化便捷优势，深化高校全员信息化工程

疫情防控期间，通过今日校园、腾讯会议、QQ群、钉钉等软件开展远程沟通交流。为发挥信息化便捷优势，在学校现有信息化水平基础上，借鉴兄弟院校信息化工程建设经验，培育全校师生建立信息化思维，提高全校师生运用信息化平台意识，管理人员要主动用信息化工作思维解决面临现实问题，继而推动高校全员信息化工程，提高高校信息化水平，打通不同职能部门间的联系，确保数据畅通。

4. 统一全员育人思想，提高教师育人意识

全体教师通过自学和集中学习方式，学习全员育人思想，提高教师育人使命担当，秉持"学高为师，身正为范"的教师准则，主动育人。

5. 加强辅导员量子管理水平，提高辅导员教育领导与管理能力

辅导员不仅要遵循辅导员条例开展思想政治教育工作，而且要加强自身管理水平，能够从价值观、兼容并包、激活个人、动态复杂、不确定性、情怀、主动参与性等方面引导学生、管理学生。同时，需要辅导员积极与学院、学工部、招生就业处、教务处、产学研处、财务处、安管处、后勤等部门沟通，积极帮助学生解决问题。

6. 强化学生沟通意识，提升学生独立解决问题的能力

学校通过演讲比赛、主题班会、社团活动等渠道有意识地培养学生的沟通意识、沟通能力和沟通效率，提升学生独立解决问题的能力。

案例八十八　宅家当厨神，乡味秀起来

一、案例呈现

一场突如其来的疫情改变了人们的生活，各高校主要通过线上课程的方式进行教学，居家学习成为疫情之下大学生们的新常态。为了丰富大学生的居家生活，强化大学生劳动教育，某高校某学院策划组织了"厨神变形记"活动，向同学们征集自己动手做菜的图文和视频作品，极大地调动了大学生居家劳动的兴趣和积极性。活动得到了同学们的积极响应，他们当中有的是第一次学习做菜，有的是和家人一起合作完成了菜品。

作品收集后，学院组织评委小组对所有作品进行评奖，并在学院微信公众号、微博、官网进行推广，收到了良好反响，还受到新华网的关注。连续几周的主题推送营造了良好的参与家务劳动的氛围，有的同学对自己精心制作的菜品非常有成就感，有的同学对自己用心设

计、拍摄、制作的视频作品非常满意,还有的同学借此机会为父母做美食,表达对父母的感恩之情。

二、分析处理

1. 选择合适的时机

在疫情期间,活动能取得圆满成功,并引起良好反响,主要因为选择了合适的时机。这个特殊的战"疫"时期,全国各地都倡导人们居家生活,减少外出,自觉居家生活就是对抗击疫情的最大支持。但居家隔离时间太长,难免也会产生无聊和压抑的情绪,大学生们非常需要和期待参加这样有意义的活动,不仅可以调剂生活,而且能提高生活能力和劳动意识。

此项活动如果选择在高校正常的教学时段举行,缺乏厨房厨具设备等条件,可行性不强。居家生活时,利用家庭现有的厨房资源条件,保证学生们在家就能大显身手。虽然正常情况下的寒暑假也能举行这个活动,但相比疫情下的居家生活,策划举办类似活动更有意义。

2. 丰富学生的居家生活

疫情期间,很多学生想静下来做点有意义的事情或学习必备技能,但找不到合适的方式。"宅家当厨神"能加强大家的劳动意识,让更多同学参与,使居家生活丰富多彩。据了解,有的同学为了制作出活动作品,尝试了很多次,每一次尝试都是一次进步。活动也激发了学生们热爱劳动的内生动力,教育引导他们学会劳动、学会勤俭,在居家劳动中锻炼自我。

3. 培养学生的劳动观念

在长期的应试教育背景下,家长为了保障学生的学习,给他们的生活减负,后勤保障工作一般都由家长负责。部分学生的个人生活能力发展受到很大限制,独立生活能力没有得到应有的锻炼,有的家长溺爱孩子,甚至从未让孩子做过家务。学生在这种观念的影响下,只注重学习,劳动观念淡薄,其他方面选择性放弃,最终导致高校培养的大学生不能满足社会对人才的需求。然而,劳动教育是中国特色社会主义教育制度的重要内容,直接决定社会主义建设者和接班人的劳动精神面貌、劳动价值取向和劳动技能水平。高校应通过劳动教育,使学生能够理解和形成马克思主义劳动观,牢固树立劳动最光荣、劳动最崇高、劳动最伟大、劳动最美丽的观念。

三、反思启示

1. 高校人才培养应注重德智体美劳全面发展

法国教育家卢梭曾说:"在人的生活中最主要的是劳动训练,没有劳动就没有正常人的生活!"从个人生存的角度来讲,也应该重视劳动教育。劳动创造财富,劳动带来快乐,劳动增强幸福感。如果没有基本的劳动技能,学生们今后走向社会也会存在很长的适应期。

2. 高校应建立劳动素质培养体系

人才培养是一个系统工程,涉及家庭、学校、社会各方面,只有把握育人导向,家庭、学校和社会"三位一体"形成合力,承担起相应的主体责任,共同为培养全面发展的大学生尽责,才能更好地促进大学生成长成才。高校作为人才培养的重要阵地,要发挥教育引导作用,深化人才培养体系改革,优化现有的人才培养方案,强化劳动教育理论进课堂。积极搭建劳动教育实践平台,鼓励更多学生主动参与劳动教育实践活动。树立劳动教育榜样,营造劳动氛围,鼓励大学生通过志愿服务、社会实践等活动参与劳动。设置劳动选修课,尝试必修和选修相结合的设置。策划组织与劳动技能提升相关的团学活动,建立劳动教育考核评价体系。

3. 家校共育,全面提升学生的劳动技能

家庭教育在人的成长中起着关键性甚至是决定性的作用,在长期的应试教育影响下,唯分数论盛行,只要学习好,其他都可忽略,这种错误观点在很多家长的观念中根深蒂固。因此,有必要改变这种轻视劳动教育的观念,社会舆论、新闻媒体要多宣传劳动教育的重要性和价值意义。学校应建立家校沟通机制,通过家长会、座谈会、校园开放日、建立家长沟通群等方式主动和家长沟通,强调劳动教育的重要性,引导家长鼓励学生多参加劳动,培养劳动技能。从"厨神变形计"活动来看,优秀的作品都有家长的大力支持,家长应有意识地培养学生做家务,鼓励学生多参与生活技能训练,通过言传身教,让学生形成热爱劳动的观念和习惯。

案例八十九　疫情无情人心有爱

一、案例呈现

A同学,2015级本科生,患有抑郁症,由于病情反复导致多次休学复学,2020年3月复学到2019级某专业。经了解,A同学对自己的专业不感兴趣,曾经想放弃学业,但在家人的反对下没有退学。A同学喜欢文学,爱好写作,自认为有一定天赋,然而学习的专业为理工科,不能满足其学习文学的心愿,低落的情绪长期积压无法排解,家长和同学不理解,久而久之心理出现问题。

受疫情影响,高校普遍推迟了开学时间,为做好工作准备,A同学现任辅导员向其之前的几位辅导员多方打听,了解到:一是他性格孤僻,不爱与人交往;二是他想法奇特,同学和老师理解不了他的想法;三是其家庭情况复杂,缺乏温暖。

二、分析处理

长期以来，辅导员对于患有心理疾病或者有心理疾病史的同学会格外关注，这也是辅导员工作中最为棘手的一个问题。但世上无难事，只怕有心人。

某天上午，辅导员安排A同学到一个比较安静的地方谈心。辅导员很有策略地问道："你现在在哪个宿舍，和同学关系相处如何？"从寒暄开始打开话题。过了一会，见时机成熟，辅导员直接问道："你是因为什么休学的？"A同学直接而简单地回答："我因为抑郁症休学，现在好了复学了。"辅导员继续面带微笑地问道："你认为出现这种情况是什原因造成的？"A同学说："我对专业不感兴趣，父母也不支持我退学，我有文学天赋，也写了很多东西，有个老师说我写得非常好。"辅导员顺势说道："有天赋是好事，要好好利用，喜欢写作可以把写好的东西拿给我欣赏一下。"可能聊到A同学感兴趣的话题，之后A同学敞开心扉，讲了许多他以前的事情。

辅导员联系了A同学的爸爸，他似乎不怎么配合，让辅导员直接联系A同学的妈妈，说很多事都是她在管。辅导员联系了A同学的妈妈，似乎也印证了之前的推测，A同学的家庭不是很和睦。A同学妈妈说，A同学的爸爸长年在外打工，很少过问家里的事情，自己边工作边照顾孩子，A同学是一个非常乖、非常老实的孩子，对父母也孝顺，可能确实因为对专业不感兴趣才导致患病，好在现在已经好了，医生说没问题了，她也跟A同学商量好了，会好好读完大学。之后辅导员与A同学家长长期保持着联系，及时沟通A同学的情况。

辅导员向与A同学同寝室的班干部B同学了解A同学与舍友、班级同学相处的情况。B同学告知，A同学与宿舍同学相处融洽，经常与室友聊天，按时上下课，并没有发现异常情况。辅导员并没有告知A同学的具体情况，只是叮嘱B同学作为班干部要多关心关注A同学，上课或有集体活动时邀请A同学一起参加，每周向辅导员汇报A同学的表现和状态，有任何异常情况要第一时间告知辅导员。

过了段时间，辅导员再次约A同学谈心。谈话中A同学说："老师，以前我认为自己会飞。"辅导员掩饰着内心的担心问道："现在还这样认为吗？"A同学回答说不会了。

又过了段时间，A同学有事情就会直接来到辅导员办公室，与其交流、咨询问题等，有时也会闲聊几句。临近期末，A同学来到办公室说："老师，我考完试就想回去，还需要履行什么手续吗？"辅导员告知其离校相关事项。情况在向好的方向发展。

三、反思启示

对于存在心理抑郁或者曾经患有心理抑郁的同学,辅导员大都会"谈虎色变",不知道如何下手。这次疫情也给辅导员工作提出了新的难题和研究课题。学生工作总是伴随着太多的不可控、不确定因素,作为一名辅导员,细心地关注、关心、关爱心理抑郁同学,会给他们的心里带来阳光。

通过跟 A 同学一学期的相处,辅导员意识到 A 同学其实是一个很单纯很有想法的学生,并没有印象中抑郁症患者存在"常人无法理解的反常可怕的行为"。因此,针对心理抑郁同学,辅导员应从以下着手:

1. 做一个忠实的倾听者,站在学生角度思考问题

针对曾经心理抑郁的 A 同学,辅导员通过变换身份向 A 同学靠近,倾听他内心的真实想法,理解他的言行。辅导员不要听一个学生说了什么,他应该思考学生为什么这样说,从而以身说法、以身说理来影响学生。在 A 同学说话时,辅导员都会静心倾听,并配合相应的表情和语气助词,让 A 同学感受到辅导员在耐心地倾听,并认同自己的观点,从而建立信任关系。

2. 建立良好的家校互动关系

因疫情原因,家长无法到校与辅导员进行交流,辅导员跟 A 同学的家长经常电话沟通有关 A 同学的情况。辅导员会告知 A 同学的在校表现以及学习等情况,家长会把 A 同学与家长交流的内容等告知辅导员,从学校、家庭两个方面对 A 同学进行全方位地了解和跟踪,便于有针对性地开展工作。

3. 专业的心理疏导很重要

针对 A 同学的情况,辅导员报告了学校心理咨询中心,心理咨询中心的老师对 A 同学做了专业的评估、咨询等,为辅导员处理 A 同学的相关问题提供了专业的建议。

4. 建立学生信息员

针对 A 同学的情况,辅导员指定一名学生除了关心照顾 A 同学外,还负责及时反馈 A 同学的情况,以便辅导员及时作出正确判断和处理突发事件。

5. 辅导员的关心、爱心、细心和耐心必不可少,要做好长期准备

心理抑郁同学的问题是长期心理郁闷、不满、消极等情绪没有得到及时有效地疏导而积压下来的,辅导员秉承学生工作所需的初心和爱心,细心而耐心地为学生排忧解难,拨开心里迷雾,才能真正把工作做到学生心里。

慧眼拨开迷雾,芳见金山银花。疫情虽然无情,但心里必定有爱。

案例九十　面对就业,选择性逃避可取吗?

一、案例呈现

S同学,男,大四学生。该生在毕业前面临就业选择时缺乏主动性,不参加宣讲会,不报名线上招聘,也不主动联系辅导员表达自己的就业意愿,当问及有什么特别意向单位或特殊需求时,学生也是敷衍了事,回复"都可以""差不多就行",可以感受到他不想说出自己的真实想法。一个月后,该生仍然没有签约意向单位,辅导员再次和S同学沟通,他反馈投了几份简历,但都没有回复,对话中能明显感觉到,他对辅导员的关心和追问有些无所适从,既不好意思拒绝,也不知道该如何回应,随后辅导员鼓励他多看看线上招聘信息,多投简历。临近毕业前的一个月,S同学仍然没有主动和辅导员联系,甚至从未咨询过关于任何单位的信息,而此时,大部分同学都已经签了工作,得知该生仍然没有签约,辅导员再次约S同学面对面谈心谈话,准备再给他做思想工作,希望他能在毕业前找到自己满意的工作。辅导员以闲话家常开始,学生自述:父母都是农民,通过打零工维持家里基本收入,家庭经济一般,不算困难也不富裕,家里有个姐姐,已经工作并嫁人了。父母对自己比较严厉,希望他能在大学毕业后继续读研究生,工作的方面希望他能考公务员或者找一个有稳定收入的工作。而他自己对继续读研没有太大的兴趣,前几个月研究生考试的失败也是意料之中,也不打算再考。对于工作不知道自己能做什么,没有什么特别感兴趣的行业,有一些想要尝试的工作,又担心离家太远,也担心父母不同意,也就没有积极去找。对于即将毕业自己工作还没定下来的现状,他感到有些迷茫,但也没有很好的办法。

二、分析处理

通过与学生的简短交流,辅导员总结了学生在思想上主要存在以下几个困境:一是缺乏独立自主的思考能力,没有明确的职业规划;二是缺乏主动解决问题的自主意识和积极心态;三是缺乏发自内心的自信,核心竞争能力有待提高。针对以上问题,辅导员主要从亲子关系、独立人格、积极心态和提高个人能力等方面进行沟通交流:

1. 主动和父母交流,勇敢表达自己的真实想法

从他的自述中可以了解到他对于父母的期待和安排有一种逆来顺受的感觉,不赞同也

不拒绝,也正因为如此,他给自己找了一个完美的借口不努力,考不上研究生?父母逼我的,不是我自己选的。找不到体制内的稳定工作?本来就不是我喜欢的,那么多人竞争,考不上很正常。辅导员简单而直接地问他:"这种非暴力不合作,是不是你对家长的无声反抗?导致的种种结果和目前的这种状态,最后伤害的是谁?如果觉得父母的期待和你自己的想法有出入,有没有尝试过沟通,有没有为了得到父母的支持而坚持不懈地给他们解释你为什么这么做,你为此想法做了多少努力?"这一连串问题顿时把他问懵了。随即,辅导员告诉他,刚才的所有问题是她自己在遇到困难需要得到别人支持的时候,认为行之有效的做法。这是提醒他,作为一个独立的人,一个成年人,要为自己的行为和选择负责,如果觉得父母的期待和自己的想法大相径庭,有权利也有必要勇敢地表达出来,用和平的方式耐心地沟通,争取他们的支持,而不是偶尔父母不理解或者骂一句,就断定他们不理解,进而放弃沟通。这个沟通的过程,是向父母证明你已经长大了,在为自己的未来思考和谋划,你需要他们听到你的想法并希望得到他们的支持。当你不懈努力地沟通、解释,他们才会发现,你是认真的,才会真正地听你的想法,独立的人格才得以慢慢建立。当你为了自己的想法努力奋斗,你会觉得所有辛苦和奋斗是幸福,不是压力,是成长和积淀的过程,做起事情来也会更有干劲儿。

2. 办法总比困难多,遇到问题不退缩,主动出击,全方位多途径寻找解决办法

对于S同学不知道自己喜欢什么行业,不知道自己能做什么,辅导员仍然是对他提了几个问题。"你为了确定自己的就业方向,做过几份实习?专业相关技能证书都有哪些?曾获什么奖励和荣誉?"他很尴尬地低下了头,辅导员没有再批评他,因为那已经是过去,再多的责备也只是增加他的无奈和自责。因此,要以鼓励为主,面对困难的时候,不要习惯性退缩,不要对自己一票否决,一定相信办法总比困难多。如果不知道喜欢什么行业,可以有很多的方法快速认识一个行业,可以通过和上一届的学长学姐联系,问问他们现在的工作怎么样,有什么建议;也可以寻求专业老师的帮助,请他们帮忙看一下自己的专业对口单位都有哪些;也可以通过上网搜索,概括性了解不同行业对专业技能有哪些要求,也可以和自己的亲朋好友打听他们所熟悉的行业。了解一个知识很容易,知道有哪些途径可以解决自己的困难却需要思想上的转变。同时,辅导员告诉他,这只是一个很小的问题,算不上真正的难题,更多的原因在于他自己不想主动就业,没有真正花心思去钻研解决办法,一直拖着不解决,通过漠视来麻痹自己。问题是自己的,办法也得自己想,保持坚定的信心,自己想不出来,就多方位去寻求帮助,不怕丢人,不怕向别人求助,只要问题解决了,经验也就更多了。

3. 放平心态,放下"身段",从头做起,练就自己的看家本领

对于S同学不知道自己能做什么,也不确定是不是有单位愿意接收自己,根本原因是他没有核心竞争力,没有从心底建立根本的自信。以至于还没努力尝试推销自己,就默认自己什么都不行。能力的锻炼是一个过程,不论选择什么行业,担任什么岗位,只要保持学习的心态和积极上进的态度,都会收获内心的成长。鉴于S同学没有太多技能性证书,也没有特别擅长的优势,辅导员建议他对工作的岗位不要太挑剔,可以先找一个专业对口的单位试一试,不论工资高低,毕竟对口专业的工作相对来说更容易起步,选择机会也更多,也可以把学校学习的知识和实践结合起来。静下心来,好好在普通的岗位上磨炼,从头学起,从一点一滴学起,当在某个行业某个岗位上有了一定的经验,他的能力也就慢慢积累起来了。由于和本专业对口的工作大部分都是外地的,他刚开始还有些犹豫,辅导员鼓励他,好男儿志在四方,年轻人,有梦就去追,不试试又怎么知道你的能力边界在哪里呢?国家的发展,民族的复兴,需要更多的年轻人,特别是受过高等教育的大学生,勇于到偏远艰苦的地方去创造打拼,个人的成长成才也需要平台去施展,把个人的发展和国家的战略结合起来,到祖国最需要的地方去艰苦奋斗,从头再来,在苦难中磨炼你的意志和能力,练就属于你的看家本领。

三、反思启示

1. 原生家庭对一个人的影响会持续一辈子,特别是当代大学生,经历了高考到大学的跨越,学习环境陡然有了很大变化,很多学生出现各种适应问题、心理问题、学业问题和感情问题。很多问题的诱因都来源于原生家庭,大多长期缺乏父母的爱护,或者是和父母长期的沟通不畅。大学是塑造学生的价值观、世界观和人生观的重要阶段,作为辅导员,能发现问题的源头并直接和学生面对面沟通,帮助他们梳理并正视自己的弱点和短板,引导他们直面问题,勇敢走出舒适区,成为他们的人生导师和知心朋友,无论对于学生还是对于辅导员自己,都是一次成长的过程。

2. 授之以鱼,不如授之以渔。学生的社会经验相对较少,在遇到学习中的困惑或者人生选择上的犹豫时,不同的选择会对他们的一生产生重大影响。当学生的问题暴露出来时,辅导员不要急着"替他"想解决办法,习惯做学生的"保姆"和"小灵通",有问必答,有求必应。但是,有时候快速的解决办法反而把问题埋得更深,不利于真正解决。S同学在遇到对专业不感兴趣,就业不主动的困境时,真正反映出来的是学生在遇到问题时的习得性无助,不知道应该寻找什么途径打破这种僵局,同时缺乏自信。学生缺少灵活的思维方式,在遇到问题时缺乏迎难而上的韧劲,因此,辅导员更应该指出他的问题的症结,鼓励他勇敢地正视问题,同时提供经验参考,以点带面,指导和教育存在更多有类似情况的同学。